Édition : Catherine Bourges, Pascaline Citron, Stéphanie Dizel-Doumenge
Maquette intérieure et mise en pages : Richard Takvorian, Presse & design
Couverture : Julie Lannes
Schéma : Renaud Scapin

Crédits photo
Bruner DR ; **Durkheim** Archivo L.A.R.A/Planeta ; **Fayol** DR ; **Freinet** © INRP ; **Gardner** Leemage/Opale/© Basso Cannarsa ; **Houdé** DR ; **Meirieu** Leemage/Opale/© Philippe Matsas ; **Montessori** Archivo L.A.R.A/Planeta ; **Pestalozzi** Archivo L.A.R.A/Planeta ; **Piaget** BIS/© Archives Larbor ; **Rousseau** BIS/Ph. Jean Tarascon © Archives Larbor ; **Vygostski** Cosmos/Ria Novosti.

FSC®
www.fsc.org
MIXTE
Papier issu de sources responsables
FSC® C022030

Achevé d'imprimer en juillet 2017 sur les presses de la SEPEC (France)
Numéro d'impression : 06601170682 - Dépôt légal : juillet 2017
Numéro d'éditeur : 10237943

EPS Éducation physique et sportive
ER Enseignant référent
EREA Établissement régional d'enseignement adapté
ESPE École supérieure du professorat et de l'éducation
FCPE Fédération des conseils de parents d'élèves
FLE Français langue étrangère
GRETA Groupement d'établissements pour la formation continue
GS Grande section
HALDE Haute autorité de lutte contre les discriminations et pour l'égalité
HCE Haut conseil de l'éducation
IA Inspecteur d'académie
IAA Inspecteur d'académie adjoint
IA-DASEN Inspecteur d'académie - directeur académique des services de l'Éducation nationale
IDEN Inspecteur départemental de l'Éducation nationale
IEN Inspecteur de l'Éducation nationale
IENA Inspecteur de l'Éducation nationale académique
IEN-ASH Inspecteur de l'Éducation nationale pour l'adaptation scolaire et la scolarisation des élèves handicapés
IFE Institut Français de l'Éducation
IGEN Inspection générale de l'éducation nationale
IME Institut médico-éducatif
IPR-IA Inspecteur pédagogique régional-inspecteur d'académie
JO Journal officiel
LV Langue vivante
L Licence
LPC Livret personnel de compétences
MA Maître auxiliaire
MAFPEN Mission académique à la formation des personnels
MDPH Maison départementale des personnes handicapés
MEEF Métiers de l'enseignement, de l'éducation et de la formation
MEN Ministère de l'Éducation nationale
MS Moyenne section
OCCE Office central de la coopération à l'école
PAC Projet artistique et culturel
PAF Plan académique de formation
PAI Projet d'accueil individualisé
PAP Plan d'accompagnement personnalisé
PE Professeur des écoles
PEAC Parcours d'éducation artistique et culturelle
PEEP Fédération des parents d'élèves de l'enseignement public
PEL Projet éducatif local
PISA Programme for international student assessment (Programme international pour le suivi des acquis des élèves)
PNF Plan national de formation
PPRE Programme personnalisé de réussite éducative
PPS Projet personnalisé de scolarité
PS Petite section
RAR Réseaux ambition réussite
RASED Réseau d'aides spécialisées aux enfants en difficulté
REP Réseau d'éducation prioritaire
RRS Réseaux de réussite scolaire
SCEREN Réseau du Centre national de documentation pédagogique
SEGPA Section d'enseignement général et professionnel adapté
SRAN Stages de remise à niveau
TBI/TNI Tableau blanc interactif/tableau numérique interactif
TIC/TICE Technologies de l'information et de la communication/pour l'enseignement
TPS Toute petite section
ULIS Unité localisée pour l'inclusion scolaire
UNAAPE Union nationale des associations autonomes de parents d'élèves
VAE Validation des acquis de l'expérience
VS Vie scolaire
ZEP Zone d'éducation prioritaire
ZPD Zone proximale de développement

Démarche expérimentale D

Le modèle OHERIC propose une codification de la démarche expérimentale.

Le modèle OHERIC	
Observation	Analyser une situation-problème. Poser des questions.
Hypothèse	Formuler une hypothèse : rechercher des relations possibles entre deux grandeurs physiques, formuler le but d'une expérience.
Expérience	Préparer, réaliser une expérience.
Résultats	Constater des faits. Communiquer les résultats d'une expérience (texte, tableau, graphique, schéma...).
Interprétation	Lire, traduire, interpréter des données (d'un texte, d'un tableau, d'un graphique, d'un schéma...).
Conclusion	Tirer une conclusion (une définition, une règle, une convention, une représentation...). Modéliser. Faire évoluer un modèle.

Document de référence

dessins, des traces écrites, aussi bien personnelles ou individuelles que des écrits collectifs (d'un groupe, de toute la classe). Le questionnement, les conclusions favorisent la structuration d'une pensée rationnelle et la construction d'un savoir méthodique. Ce cahier est à la fois un outil pour un travail scientifique et un outil éducatif.

Éclairage

Flotte ou coule ?

L'expérimentation "flotte ou coule ?" a été menée auprès de classes de cycle 2, en faisant appel à la démarche expérimentale. Première phase : des objets sont présentés, la question est de savoir s'ils flottent ou s'ils coulent si on les place dans un récipient rempli d'eau (un pamplemousse, une gomme, une bouteille en verre remplie d'eau, du papier d'aluminium, un clou...). Les conceptions premières des élèves sont recueillies à l'aide d'un questionnaire introductif, auquel ils répondent individuellement. Les résultats sont synthétisés au tableau. La consigne est donnée : "Pour chacun de ces objets, écrivez s'ils vont flotter ou couler et expliquez pourquoi vous pensez qu'ils vont flotter ou couler". Les élèves essayent de faire des prévisions "argumentées", ce qui permet de faire apparaître leurs représentations. Les explications le plus souvent énoncées sont liées au poids de l'objet : plus un objet est lourd, plus il coule. Elles sont déterminées aussi par la taille de l'objet : plus un objet est petit, mieux il va flotter. Les expérimentations dans la phase suivante permettront de confronter les contradictions apparues en phase 1 et de valider ou d'invalider les hypothèses, pour comprendre le phénomène de flottabilité (densité de l'objet). ■

Témoignage ou exemple de pratique professionnelle

« S'engager dans une démarche expérimentale implique : avoir envie de se poser des questions (curiosité) ; avoir confiance en soi ; être critique (esprit critique) ; être créatif (imagination créatrice) ; avoir envie de chercher par soi-même ; avoir envie de communiquer ; avoir envie de travailler en groupe. »

André Giordan, www.andregiordan.com/investigation/objectifsposs.htm

Citation de professionnels de l'éducation

→ Compétences / Conceptions premières / Méthodes / Théories de l'apprentissage

Liens renvoyant vers des articles associés

Pour aller plus loin

- Jean-Pierre Astolfi, *Comment les enfants apprennent les sciences*, Retz, 2006.
- André Giordan, *Une didactique pour les sciences expérimentales*, Belin, 1999.
- http://eduscol.education.fr/pid26231-cid46919/ressources-pour-l-enseignement-des-sciences-et-des-technologies-a-l-ecole.html
- www.fondation-lamap.org

Prolongements bibliographiques ou sitographiques

47

En début d'ouvrage

En fin d'ouvrage

Sommaire

Le système éducatif

L'enseignant

Sommaire

L'enfant/l'élève

Les grands noms de la pédagogie

Annexes

Introduction

L'école est un système complexe, pour les parents qui lui confient leurs enfants, pour les enseignants qui y travaillent, pour les élèves qui apprennent.

Des notions soigneusement choisies

Ce dictionnaire propose les notions essentielles à connaître pour comprendre l'école d'aujourd'hui. Ces notions constituent le socle de connaissances indispensables aux étudiants qui préparent leur entrée dans le métier d'enseignant, et à tout enseignant qui souhaite les actualiser. Il est aussi un outil de référence pour tous les acteurs de la communauté éducative, professionnels ou parents d'élèves concernés par l'école.
Conçu comme un outil d'information et de formation, il ne prétend pas traiter de façon exhaustive de la réalité complexe et évolutive de l'école, mais plutôt d'en saisir les enjeux actuels. Synthétique, il a pour objectif d'apporter une vision globale du système éducatif français.
Présentées par ordre alphabétique, les notions sont développées chacune sur deux pages. Une définition concise présente le sujet ; le contexte historique ou réglementaire permet d'en rappeler l'origine et de le mettre en perspective ; il est éclairé par un témoignage ou un exemple de pratique professionnelle, illustré par un chiffre-clé et la citation d'un professionnel de l'éducation, le plus souvent complété par un texte ou un tableau de référence.

Des clés pour comprendre

Outil pratique à consulter, ce dictionnaire a pour ambition de rendre accessibles les termes du langage professionnel et pédagogique et les concepts qui les sous-tendent.
En détaillant les modes d'enseignement et les pratiques pédagogiques, il éclaire les modalités d'apprentissage et explique les réalités qui se cachent derrière tout un langage propre au monde de l'école. Il livre les clés de compréhension de l'institution, du métier d'enseignant, des moments déterminants du parcours scolaire d'un élève. En disposant des connaissances les plus récentes sur l'éducation et la formation, les démarches pédagogiques et le sens des apprentissages, le lecteur comprend comment un enfant d'aujourd'hui peut apprendre et progresser. S'appuyant sur le référentiel de compétences du professeur des écoles, les articles mettent en lien les attendus officiels et les modalités de leur mise en œuvre.

Une organisation en quatre parties

Le classement thématique des articles entre quatre parties, présentées dans le sommaire, offre la possibilité au lecteur de se forger une vue d'ensemble du domaine pour lequel il est à la recherche d'informations.

La première partie regroupe les notions qui permettent de comprendre le fonctionnement du système éducatif, à travers le cadre réglementaire, les réformes et les textes en vigueur, les prescriptions pour se repérer comme usager ou acteur au sein de l'école. Elle met aussi en lumière les inflexions majeures qui en marquent l'évolution, telles que les notions de cycles d'apprentissage ou d'inclusion scolaire par exemple.

La deuxième partie fédère les notions liées aux méthodes, aux démarches et aux outils de l'enseignant. Elle détaille les pratiques, en rappelant les théories de l'apprentissage et les orientations pédagogiques sur lesquelles elles s'appuient. Les notions proposées permettent d'étayer et d'objectiver toute action éducative et pédagogique, de afin de l'analyser et de la préciser.

La troisième partie est consacrée à l'enfant qui apprend. Elle fournit les repères indispensables sur la recherche scientifique du développement de l'enfant et sur sa manière d'apprendre. Elle précise les éléments déterminants de l'opérationnalisation de l'enseignement dans l'appropriation des compétences.

La quatrième partie présente quelques-unes des grandes figures de l'éducation. Leur biographie, leurs conceptions pédagogiques, leurs recherches éclairent les pratiques d'aujourd'hui et fournissent un étayage à toute action pédagogique.

Les liens entre les notions, présentés à la fin de chaque article, permettent de tisser un réseau de connaissance sur l'ensemble des questions d'éducation et de formation. Les pistes bibliographiques permettront à ceux qui le souhaitent d'aller plus loin.

Ève Leleu-Galland

Académie

L'académie est le niveau d'administration du système éducatif qui regroupe en région les services déconcentrés du ministère de l'Éducation nationale. Les académies couvrent plusieurs départements et correspondent le plus souvent au territoire de la région.

Contexte

Les services déconcentrés

Les services déconcentrés du ministère sont placés sous l'autorité des recteurs d'académie et, par délégation, sous l'autorité des adjoints, en général un inspecteur d'académie à la tête de chacun des départements (décret n° 2012-16 du 5 janvier 2012 relatif à l'organisation académique). L'organisation académique se fait à différents niveaux. Le **niveau régional** du rectorat constitue le siège de l'académie. Le **niveau départemental** des directions des services départementaux de l'Éducation nationale est assuré par des inspecteurs d'académie (IA-DASEN). Le **niveau local** est représenté par les établissements scolaires (écoles, collèges, lycées, écoles régionales du premier degré et établissements régionaux d'enseignement adapté).

Le recteur d'académie

Le recteur d'académie est nommé par décret du président de la République en conseil des ministres. Il est responsable de la totalité du service public de l'éducation, de la maternelle à l'université, avec des compétences dans l'enseignement privé sous contrat. Il exerce dans l'académie les missions relatives au contenu et à l'organisation de l'action éducatrice. Il représente le ministre au sein de l'académie et des départements qui la constituent. Il veille à l'application de toutes les dispositions législatives et réglementaires se rapportant à l'éducation. Il définit la stratégie académique d'application de la politique éducative. Il assure avec ses services administratifs la gestion des personnels et des établissements. Il doit installer des relations avec les autres services de l'État, les milieux politiques et économiques, les collectivités territoriales. Le préfet de région est son interlocuteur pour définir des politiques et des actions concertées. Il intervient dans le programme régional de formation conduit par le conseil régional. Le recteur est assisté par ses adjoints (comité de direction de l'académie), les services du rectorat, le directeur de cabinet, les conseillers techniques, les personnels d'inspection du premier et du second degrés. Les services administratifs sont placés sous la responsabilité du secrétaire général d'académie.

Le directeur académique des services de l'Éducation nationale

Dans chaque département, le recteur s'appuie sur le travail de l'inspecteur d'académie (IA) qui a pris depuis janvier 2012 (décret n° 2012-16) le titre de directeur académique des services de l'Éducation nationale (DASEN). Celui-ci est désormais l'un des adjoints du recteur et son représentant à l'échelon départemental. Il est nommé par le président de la République, sur proposition du ministre de l'Éducation nationale. Il dirige les services de l'Éducation nationale et représente le recteur dans le département. Il participe à la définition d'ensemble de la stratégie académique pour les enseignements primaire et secondaire.

30

C'est le nombre d'académies en France.

Il est le délégataire du recteur pour prendre l'ensemble des actes relatifs aux affaires des services placés sous son autorité. Il est assisté par les inspecteurs de l'Éducation nationale (IEN en circonscription, IEN de l'enseignement technique, IEN information et orientation).

Les axes de projet

Chaque académie définit pour plusieurs années les axes de son projet. Celui-ci prend appui sur des indicateurs de diagnostic liés à ses caractéristiques démographiques, géographiques, sociales, culturelles… et les résultats des élèves pour définir des axes prioritaires d'action. Les écoles et les établissements définissent leur projet en intégrant les axes prioritaires de la politique académique.

La LOLF et la nouvelle gouvernance académique

En 2001, la loi organique relative aux lois de finances (LOLF) n° 2001-692 a été votée. Entrée en vigueur au 1er janvier 2006, elle encadre désormais l'administration budgétaire des académies. Elle a enclenché un processus de transformation des règles budgétaires et comptables de l'État, qui n'avaient pas évolué depuis plus de 40 ans. L'ambition de la loi est de réformer la gestion de l'État et de contrôler la façon dont l'argent public est utilisé. Avec la réforme, les moyens sont alloués en vue d'une action précise. La totalité du budget est examinée avec un vote pour chacune des 34 missions. Les parlementaires peuvent ainsi contrôler l'efficacité des dépenses publiques. Chaque année, l'administration doit rendre compte de son action, qui est évaluée par des indicateurs précis. La "performance" des services est mesurée de façon plus concrète. La réforme budgétaire responsabilise davantage les gestionnaires publics.

Éclairage

Le projet académique de Toulouse

Le projet de l'académie (2015/2017), fruit d'une large concertation, s'appuie sur les caractéristiques de l'académie : de bonnes performances globales dans une région attractive et dynamique ; des résultats qui pourraient être meilleurs ; des inégalités scolaires persistantes que n'expliquent pas seulement les inégalités économiques et sociales.

1er axe : plus d'ambition scolaire de certains territoires, avec, par exemple, un accueil des nouveaux élèves, la pédagogie de projet, le numérique pédagogique, les arts, le sport et la culture comme leviers de réussite.

2e axe : cohérence des parcours d'élèves, de l'école primaire à l'enseignement supérieur, en luttant contre le décrochage scolaire, en proposant le droit au retour en formation.

3e axe : mobilisation des ressources humaines, avec un effort de formation et d'accompagnement comme dimension essentielle de l'action.

4e axe : une école qui sait inculquer et faire vivre les valeurs de la laïcité et de la démocratie. ■

> « L'académie, circonscription régionale, apparaît en l'An VIII avec l'Université impériale. »
> Claude Durand Prinborgne, *Dictionnaire encyclopédique de l'éducation*, Nathan, 1994

→ Circonscription / Décentralisation / Système éducatif

Pour aller plus loin

- www.education.gouv.fr/cid3/les-rectorats-services-departementaux-education-nationale.html
- www.education.gouv.fr/cid56332/geographie-ecole.html

Adaptation

Les actions d'adaptation pédagogiques sont toutes les mesures qui sont prises par l'équipe pour détecter, prévenir, prendre en charge les difficultés des élèves et répondre à leurs besoins. Elles vont de la différenciation pédagogique au sein de la classe à l'aide personnalisée. "Différencier et apporter les aides adaptées" est une des compétences du référentiel du professeur des écoles.

Contexte

Une évolution des pratiques

Quand un élève rencontre des difficultés passagères ou plus durables, il peut bénéficier d'aides et de prises en charge qui sont inscrites dans le champ de l'ASH. L'appellation générale de l'enseignement spécialisé adaptation scolaire et scolarisation des élèves handicapés (ASH) s'est substituée en 2005-2006 aux termes adaptation et intégration scolaire (AIS). L'officialisation de cette nouvelle appellation est faite dans l'article 7 de l'arrêté du 17 mai 2006, qui crée un bureau de l'adaptation scolaire et de la scolarisation des élèves handicapés au sein de la direction générale de l'enseignement scolaire (DGESCO). La loi d'orientation pour la Refondation de l'École de la République (2013) affirme la notion d'école inclusive, qui implique une personnalisation des parcours.

Les classes et les regroupements d'adaptation décrits dans la circulaire n° 2002-113 du 30 avril 2002 ont progressivement laissé la place à l'adaptation des actions au sein de la classe. Dans les réseaux d'aide, l'enseignant spécialisé E est chargé des aides à dominante pédagogique. Son rôle est de construire ou de consolider les "fondations" en travaillant les domaines "déficitaires", notamment les stratégies d'apprentissage des élèves qui se révèlent inefficaces (cognitif et métacognitif).

Les formes d'aides

Après avoir évalué et caractérisé la nature des difficultés, les aides apportées peuvent être de natures diverses :

- Différenciation dans la classe, organisation de groupes de besoins, d'ateliers, de décloisonnements.
- Organisation d'une aide personnalisée dans le cadre du dispositif des activités pédagogiques complémentaires (APC), qui a remplacé les aides personnalisées (AP) en 2012.
- Mise en place d'un programme personnalisé de réussite éducative (PPRE). Il est obligatoire si un maintien est proposé.
- Mise en place d'un plan d'accompagnement personnalisé (PAP) pour les élèves dont les difficultés sont la conséquence d'un trouble des apprentissages, ou d'un trouble déficitaire de l'attention.
- Intervention du Réseau d'aides pour des aides à dominantes pédagogiques (E) ou rééducatives (G) plus spécifiques dans le cadre d'un Projet d'aide spécialisée (PAS).
- Proposition aux élèves en difficulté de cycle 3 de stages de remise à niveau (SRAN) pendant les vacances de printemps ou d'été.
- Mise en place, avec le médecin de l'Éducation nationale, d'un projet d'accueil individualisé (PAI), à dominante médicale.

Le dispositif "plus de maîtres que de classes" mis en place en 2012 vise également à renforcer l'encadrement des élèves dans les zones les plus fragiles. Il permet de nouvelles organisations pédagogiques au sein même de la classe.

36379

C'est le nombre de filles que les SEGPA ont accueillies en 2013. En comparaison, les garçons accueillis étaient 58 005.

À l'issue de l'école primaire

À l'issue du parcours à l'école primaire, en cas de difficultés graves et persistantes, qui n'ont pu être réduites, les élèves peuvent être orientés vers les enseignements généraux et professionnels adaptés (EGPA), qui recouvrent les SEGPA (sections) et les établissements régionaux d'enseignement adapté (EREA). Leur dossier est examiné en commission avant la décision qui doit recueillir l'accord des parents. Les enseignements du collège sont adaptés, avec une orientation vers un domaine de professionnalisation au niveau de la classe de 4e.

Éclairage

Projet de regroupement d'adaptation

La circonscription Bouches du Rhône de l'académie de Marseille a mis en place un projet "Groupe de remédiation CP" en lecture/écriture, qui, par ses objectifs, peut s'inscrire dans un projet de regroupement d'adaptation dans une classe de CP.

Deux grands domaines de difficultés constituent les axes du travail dans le regroupement d'adaptation: la conceptualisation de la langue et les capacités d'identification. Les élèves concernés n'établissent pas de relations entre quantité d'oral et quantité d'écrit. La segmentation de l'écriture en mots n'est pas acquise. Ils rencontrent des difficultés dans l'acquisition du sens de la lecture-écriture. Ils ont aussi une faible connaissance du langage technique de la lecture. Le travail d'adaptation met en évidence que l'orientation de l'écrit dans l'espace (gauche, droite) représente le temps de la parole (avant, après), aussi bien au niveau des textes que des mots; que tout ce qui est écrit peut se dire; qu'une phrase correspond à une unité de sens; que la segmentation principale de l'écrit est celle des mots, qu'à l'intérieur des mots on peut isoler d'autres unités (syllabes et phonèmes). Ces prises de conscience se font en faisant interagir travail sur langue orale et langue écrite, afin de permettre aux élèves d'avoir une vision réfléchie de l'oral, régulée par la langue écrite.

Pour les capacités d'identification, les élèves montrent des lacunes dans leur capacité à prélever des indices visuels, s'appuyant souvent sur un nombre de critères insuffisants pour reconnaître le mot ou le mémoriser. La mémorisation des lettres de l'alphabet est aussi incertaine. Il faut donc rendre explicites les diverses stratégies pour mémoriser un mot. La constitution d'un capital-mot initial joue un rôle essentiel dans l'apprentissage du code. Il s'agit d'utiliser ce stock de mots pour repérer les premières analogies, dégager les premières correspondances grapho-phonologiques. (Source: www.marseille-11.ien.13.ac-aix-marseille.fr/spip/IMG/pdf/Projet_groupe_de_remediation_CP.pdf) ■

> **« Le pédagogue, tout en étant convaincu que tout individu peut apprendre et grandir est AUSSI convaincu que nul ne peut contraindre un individu à apprendre ! »**
> Philippe Meirieu, *Pour une pédagogie de la liberté*, Leçon inaugurale de l'Agrégation, École Supérieure des Arts de Saint-Luc (Belgique)

→ **Besoins éducatifs particuliers / Inclusion / Orientation / Parents / Réseau d'aides**

Pour aller plus loin

- Stéphane Bonnery, *Comprendre l'échec scolaire, élèves en difficulté et dispositifs pédagogiques*, La Dispute, 2007.
- www.education.gouv.fr/botexte/bo020409/MENE0201158C.htm
- www.ecolepourtous.education.fr/accueil-scolarisationdeslv.html
- http://inshea.fr/fr/content/ressources

Apprentissages informels

On appelle apprentissages informels ceux qui se réalisent en dehors du cadre structuré de l'enseignement et en dehors des intentions pédagogiques de l'enseignant. L'enfant peut apprendre en observant, selon une logique qui est souvent liée à sa curiosité, son désir de faire ou de savoir immédiat.

Contexte

Apprendre en dehors de l'école

Les occasions d'apprendre ailleurs qu'à l'école sont variées et concernent la vie sociale, les loisirs. Des recherches ont montré qu'on peut considérer l'apprentissage informel comme un processus qui se déroule dans tous lieux, y compris l'école. Il est alors situé hors des *curricula* et des programmes officiels, dans des lieux d'apprentissage informels comme la récréation, les temps méridiens, les clubs… Les apprentissages informels sont incidents et se réalisent en observant des personnes compétentes, en procédant par essais-erreurs, en tirant profit de l'expérience d'autrui pour découvrir les situations déjà rencontrées et apprendre du nouveau.

De l'informel au formel

Des auteurs comme Marsik et Watkins (1990) distinguent l'apprentissage informel de l'apprentissage fortuit, le second étant un co-produit d'une autre activité. Le premier est intentionnel alors que le second est accidentel. C'est en étant confronté à des problèmes, en essayant de les résoudre, en évaluant les résultats, en corrigeant que l'apprentissage s'opère selon un principe de répétition. La capacité d'agir, la prise de conscience des résultats, l'expérience de socialisation qui se produit à travers les cycles d'actions et réflexion permettent des apprentissages. Les notions d'innovation et de créativité sont étroitement liées à ces apprentissages. Une question importante est celle de la reconnaissance de ces acquis et de leur valorisation. Ainsi l'enfant voit certains de ses apprentissages informels, ceux de la maîtrise de sa langue maternelle par exemple, à la fois reconnus mais modifiés par le cadre scolaire. L'éducation formelle se construit, au moins en partie, sur un fond de formalisation de l'informel.

L'éducation non formelle

L'éducation non formelle concerne l'éducation des enfants reçue en dehors d'un environnement scolaire officiel. Par exemple, dans un club de sport l'enfant pratique un sport de combat pour mieux maîtriser ses énergies et son stress, développer des compétences émotionnelles telles que la relation à l'autre, la réflexion critique, en élaborant une stratégie qui utilise les forces de l'autre et ses propres ressources, ainsi que la confiance et l'estime de soi. Cela permet également de faire tomber les barrières entre des enfants de divers milieux, religion, etc.

L'éducation informelle est en général construite dans les relations aux autres, au sein de la famille, dans le réseau de relations et l'environnement de l'enfant. C'est pourquoi l'école doit se préoccuper de développer les relations avec les familles, et

56 %

C'est le pourcentage d'enfants de 5 ans ayant conscience de deux réalités et étant capables d'inhiber une réponse et de jouer avec deux réalités face à un objet ambigu (un galet qui ressemble à un œuf). 86 % des enfants de 7 à 8 ans peuvent le faire.

dans une certaine mesure, impliquer plus les parents. Elles font partie du socle commun de connaissances, de compétences et de culture, ainsi que l'autonomie qui est une des conditions de la réussite scolaire et de l'adaptation aux évolutions de sa vie personnelle et sociale.

Théorie de l'esprit et apparente réalité
Des expériences ont mis en évidence le paradigme "d'apparente réalité". On montre à l'enfant un objet qui fait illusion, une éponge qui ressemble à une pierre, un livre qui ressemble à une boîte, un objet trompeur. On lui pose deux questions: "qu'est ce que c'est réellement?", "à quoi cela ressemble?". Les enfants de 3 ans répondent la même chose aux deux questions. Ils ont du mal à coordonner deux représentations d'un même réel. Avoir une théorie de l'esprit peut faire comprendre ce qu'est l'erreur et ce qu'est conceptuellement le fait d'apprendre. Avoir une théorie de l'esprit, c'est avoir une représentation du monde à un moment donné et savoir qu'il en existe une autre.

Éclairage

Jeux et apprentissages informels
La pratique de jeux de rôle en ligne développe chez les enfants et les adolescents certaines modalités d'apprentissages, l'apprentissage du jeu lui-même est étroitement lié à la pratique du jeu. Des regroupements de joueurs en guildes ou clans constituent des échanges indispensables parce qu'ils permettent de survivre et de réussir, mais aussi de s'initier, de progresser, de développer son personnage en appui sur l'expérience des autres. Tel joueur a déjoué une épreuve en utilisant une stratégie dont il va négocier l'information. La formalisation de l'apprentissage se réalise par la construction de hiérarchies, par l'évaluation des situations auxquelles chaque joueur doit faire face, mais aussi au travers de la fiction, du faire semblant qui maintient la logique du jeu auquel la guilde participe. La logique ludique, le maintien du divertissement sont essentiels. Ces apprentissages polymorphes concernent le jeu, l'informatique, Internet, mais aussi le quotidien et ses "savoirs minuscules", ce qui relève de la stratégie liée à la connaissance des univers et des logiques des personnages. Il y a à la fois connaissance et construction de soi. Derrière la formalisation d'un curriculum ludique apparaissent d'autres apprentissages informels, échappant au curriculum ludique (Brougère, 2007). ■

« Les apprentissages ne relèvent pas uniquement d'une éducation formelle, de situations qui sont conçues, reconnues ou vécues comme éducatives. [...] En participant à diverses activités, qu'il s'agisse de travail, de loisir, de vie associative, du plus ordinaire de la vie quotidienne ou d'événements exceptionnels qui traversent une vie, les personnes apprennent sans que la situation ait été pensée pour cela, sans qu'elles en aient l'intention, voire, parfois, sans qu'elles en aient conscience. »

Gille Brougère, "Les jeux du formel et de l'informel", *Revue française de pédagogie*, n° 160, 2007

→ Compétences / Développement / Méthode / Pédagogie

Pour aller plus loin

- Gilles Brougère, Hélène Bézille, "De l'usage de la notion d'informel dans le champ de l'éducation", *Revue française de pédagogie*, n° 158, 2007.
- Janet Wilde Astington, *Comment les enfants découvrent la pensée. La théorie de l'esprit chez l'enfant*, Retz, 1999.

Arts

Les arts sont des activités et des productions qui s'adressent aux sens, aux émotions et peuvent orienter les manières de sentir, de penser. Les arts à l'école représentent à la fois les disciplines enseignées, arts visuels et musique, et les pratiques artistiques menées dans le cadre de projets, en partenariat avec des artistes et des lieux culturels.

Contexte

Les arts à travers les programmes

Les éléments du dessin, du modelage et de la musique sont présents dans les premiers programmes de l'école en 1882. Aujourd'hui, on parle d'une éducation artistique qui met en jeu émotion et connaissance, approche sensorielle des objets et des formes de représentation, attention esthétique et production. Elle est liée à l'histoire des arts et à l'enseignement de l'histoire. Les connaissances, les pratiques artistiques et les repères culturels mis en place au fur et à mesure de la scolarité participent à la formation du spectateur par une rencontre de plus en plus riche et éclairée avec l'art. 6 grands domaines artistiques sont concernés : **les arts visuels** qui intègrent les arts plastiques (dessin, productions plastiques) et les domaines de l'image (cinéma, photographie, arts numériques) ; **les arts du son** (musique instrumentale, chants) ; **les arts du langage** (récits, poésie) ; **les arts de l'espace** (architecture, jardins, urbanisme) ; **les arts du spectacle vivant** (théâtre, danse, cirque) ; **les arts du quotidien** (objets d'art, bijoux, mobilier).

Art et histoire

L'enseignement de l'histoire des arts, introduit en 2008, convoque tous les arts en traçant les liens qui existent entre les différentes formes de création. Son objectif est de faire connaître aux élèves les repères artistiques qui ont marqué l'évolution des civilisations. Cet enseignement donne les clés qui permettent de comprendre les œuvres, d'en révéler le sens, la beauté, la diversité, l'universalité. Il se développe en lien avec d'autres disciplines comme l'histoire, la géographie, les sciences et techniques, les mathématiques…

Les programmes et le socle de 2015

Dans le nouveau programme 2015 de la maternelle, le domaine "Agir, s'exprimer, comprendre" à travers les activités artistiques, occupe la troisième position. Il s'agit de faire pratiquer les enfants mais aussi de développer leur intelligence sensible. Sont concernés les arts du visuel, du son et du spectacle vivant. L'école maternelle est la première étape du parcours d'éducation artistique et culturelle que chaque élève va accomplir durant ses scolarités primaire et secondaire. C'est l'acquisition d'une culture artistique personnelle, fondée sur des repères communs, qui est visée.
Dans le nouveau programme de l'école élémentaire, le domaine des arts plastiques et visuels ainsi que la musique instaurent une relation spécifique au savoir ; l'articulation entre pratique et réflexion est constante. Les arts plastiques et visuels permettent

30 %

C'est la part d'enseignants français, allemands et hongrois qui ont répondu positivement à la question *"La créativité joue-t-elle un rôle important dans le curriculum ?"*. Les enseignants italiens ou britanniques étaient 75 %, les finnois et les suédois 60 %.
(Source : Enquête réalisée en 2009 pour la commission européenne.)

l'utilisation de langages, de gestes plastiques familiers ou spontanés, explorent de nouveaux territoires d'expression. L'éducation musicale développe la perception et la production, le plaisir de chanter, de faire de la musique comme d'en écouter.

Le domaine 5 du socle commun (décret n° 2015-372 du 31-3-2015) inscrit les arts dans le domaine large des productions humaines. Les apprentissages de l'école doivent permettre à l'élève de construire des connaissances pour penser les arts et pouvoir à son tour utiliser ses capacités expressives et inventives pour produire.

L'enseignant incite les élèves à s'exprimer devant les œuvres, à formuler des hypothèses pour affiner leur jugement. L'interprétation se fait sur des aspects formels et esthétiques qui sont enseignés. Les sorties scolaires permettent de découvrir en dimension réelle des œuvres appartenant au patrimoine national et mondial, comme à la création contemporaine.

L'imagination, la créativité

Pour la psychologie cognitive, les capacités à imaginer sont assimilées à une situation de résolution de problème. En cherchant des solutions inventives, l'enfant explore les différentes dimensions d'un problème de représentation, d'utilisation d'une technique, du choix d'une couleur… L'imaginaire possède une fonction puissante d'analyse, d'invention au-delà du connu qui est une voie d'accès à la pensée.

Les philosophes, Kant en particulier, considéraient l'imagination comme la plus dynamique des facultés qui conditionne la liberté de l'homme. Dans le monde d'aujourd'hui, il s'agit de faire preuve d'inventivité pour trouver des solutions originales à des problèmes inédits. L'école doit contribuer à l'éveil de l'ingéniosité et du sens créatif, qui amène l'enfant à réfléchir, à se concentrer en faisant l'effort d'aller jusqu'au bout d'une démarche.

Éclairage

Les classes à PAC

Les classes à PAC (projet artistique et culturel), instaurées par la circulaire n° 2001-104 du 14 juin 2001, sont ouvertes aux domaines des arts et de la culture (cinéma, danse, théâtre, patrimoine, etc.). La classe à PAC est une organisation pédagogique qui vise à bâtir un projet avec le concours d'artistes et de professionnels de la culture autour d'une réalisation artistique et culturelle (œuvre plastique, exposition, document audio, exposé oral, etc.). Cette réalisation est l'expression d'un travail collectif qui s'inscrit dans le cadre des horaires habituels de la classe et dans le prolongement des programmes d'enseignement. ■

> **« L'œuvre d'art implique la notion de production, la notion de beau, la notion de sacré (ce qui transfigure la réalité quotidienne). Elle séduit l'imagination, elle provoque des émotions, elle appelle à la rêverie. »**
> Daniel Lagoutte, IA/IPR arts plastiques, chargé d'une mission d'inspection générale

→ **Culture / Compétences / Partenariat / Programmes / Socle**

Pour aller plus loin

- Françoise Barbe-GAL, *Comment parler d'art aux enfants*, édition Adam Biro, 2002.
- Paul L. Harris, *L'imagination chez l'enfant, son rôle crucial dans le développement cognitif et affectif*, Retz, 2007.
- Alain Kerlan, *l'Art pour éduquer ? La tentation esthétique*, PU de Laval, 2004.
- www.education.gouv.fr/cid20725/l-education-artistique-et-culturelle.html

Autonomie

Du grec *nomos* "loi" et *autos* "de soi-même", l'autonomie regroupe un ensemble de compétences qui résulte à la fois d'un développement et d'un apprentissage. Pour l'élève, elle renvoie à la capacité d'organiser lui-même son rapport aux lieux et aux objets, aux autres et aux savoirs. Apprendre par soi-même est le but et le moyen de l'apprentissage.

Contexte

L'autonomie figure comme idéal éducatif, synonyme d'exercice libre de ses facultés chez le philosophe Kant. Elle est une condition incontournable du déploiement de la compétence, parce qu'elle n'existe que si on se donne une marge d'initiative, si on ne se borne pas à suivre des prescriptions.

Autonomie et pédagogie

La notion d'autonomie occupe une grande place dans les conceptions éducatives de grands pédagogues. Pour Maria Montessori, l'autonomie est la base du développement de l'enfant. La relation qu'il construit envers les objets et les savoirs est médiatisée par l'adulte. L'adulte se rapproche de la zone proximale de développement de l'enfant (ZPD mise en évidence par Vygotski) pour l'aider à faire ce qu'il ne pourrait pas faire sans son aide. Très vite, l'enfant doit lâcher ces appuis pour prendre lui-même ses décisions et faire ses choix.

Jean-Pierre Astolfi souligne que "*le travail autonome produit du jeu, provoque des changements de point de vue sur ce qu'est la connaissance, et c'est peut-être cela qui fait le plus défaut aux élèves; se faire une idée suffisamment précise de ce qu'est l'appropriation de la connaissance qu'ils pratiquent de manière trop aveugle*" (*Cahiers Pédagogiques* n° 263).

Une compétence du socle

La compétence 7 du palier 2 (fin de cycle 3) du socle concerne l'autonomie et l'initiative. L'autonomie est définie comme la capacité à échanger, agir, choisir en connaissance de cause et à juger par soi-même. En développant un esprit d'initiative, l'élève doit concevoir, mettre en œuvre et réaliser des projets individuels ou collectifs. On précise qu'en établissant pour lui-même des parcours réalistes, il doit atteindre les objectifs qu'il s'est fixés. Les ressources à sa disposition, le recours aux méthodes qu'il connaît et qu'il a éprouvées vont l'amener à savoir s'auto-évaluer.

Les enseignants sont invités à observer en situation l'investissement concret des élèves dans les activités, leur motivation pour les tâches scolaires, mais aussi leur participation active à la vie de l'école.

Le nouveau socle qui entre en vigueur à la rentrée 2016 précise qu'il doit donner aux élèves les moyens de s'engager dans les activités scolaires, d'agir, d'échanger avec autrui, de conquérir leur autonomie et d'exercer ainsi progressivement leur liberté et leur statut de citoyen responsable.

Éléments de progression

L'autonomie de l'enfant est visée dès l'école maternelle. Les programmes de 2008 parlent "*d'aider chaque enfant à devenir autonome, et à s'approprier des connaissances et des compétences pour réussir ultérieurement les apprentissages fondamentaux*". L'autonomie apparaît comme une compétence à acquérir en fin de cycle 1. Le nouveau programme de 2015 insiste sur la nécessaire autonomie de l'enfant à construire, au moment des transitions entre le milieu familial et l'univers scolaire, mais aussi

grâce à des ateliers autonomes, des activités libres où l'enfant doit pouvoir opérer des choix. L'organisation matérielle de la classe doit favoriser l'autonomie de l'enfant ; des casiers à disposition, un affichage explicite des lieux, des étiquettes (ou des images-empreintes) pour retrouver la place des objets et les ranger…

À l'école élémentaire, l'autonomie sollicite plusieurs capacités ; elle s'appuie sur un schéma corporel bien construit. L'autonomie matérielle sert à se situer dans l'organisation de la classe et de l'école, à gérer son matériel d'écolier ; l'autonomie spatiale et temporelle permet de se projeter ; l'autonomie affective consiste à se libérer d'une trop grande dépendance vis-à-vis des adultes ou de ses pairs.

Au collège, quand les enseignants disent que les élèves manquent d'autonomie, ils évoquent la difficulté que certains ont à prendre en charge l'organisation de leur travail selon le rythme spécifique du collège.

Éclairage

Le tableau de responsabilité

Au cycle 2, ce tableau donne aux élèves la possibilité de prendre en charge des tâches et de participer concrètement à la vie de la classe. Le chef de rang ouvre la porte de la classe et allume la lumière. Il mène la classe en silence et en sécurité lors des déplacements dans l'école. Le responsable du tableau l'efface le soir, range les craies et tape les tampons. Le facteur apporte ou va chercher des documents dans les autres classes. Le distributeur distribue feuilles, cahiers, fichiers et tout le matériel. Le responsable de la poubelle et de la propreté s'occupe de la propreté de la classe et du tri des déchets en cas de tri sélectif. Le responsable de la date et de la météo met les affiches à jour.

Le plan de travail autonome

Dans la pédagogie Freinet, le plan de travail est un outil de planification qui permet à l'élève de s'organiser de manière plus responsable. Un “outil” est un “objet fabriqué dont on se sert pour exécuter une tâche, un travail”. Cet outil permet : d'accéder à l'autonomie ; d'être responsable de ses apprentissages ; de mettre en œuvre des démarches personnelles d'investigation menant à la réussite ; de s'approprier ou d'améliorer une notion ; d'accompagner ou d'améliorer une démarche ; de structurer des comportements visant à comprendre, expliquer ; de réinvestir ses acquis dans d'autres situations ; de contrôler, d'évaluer des acquis ; d'inciter les enfants à imaginer, à créer des travaux de même type ; de tenir compte des rythmes de l'enfant ; de faciliter l'instauration de rapports de confiance. ■

> **“Tous nos élèves peuvent être autonomes, mais ils ne le sont pas encore […], c'est à nous, dans nos classes, d'inventer des dispositifs qui développent chez eux des capacités qui contribueront à construire leur autonomie. Si le néologisme n'était pas un peu lourd, je dirais volontiers que nos élèves ne sont pas autonomes mais “autonomisables”.”**
> Philippe Meirieu, www.meirieu.com

→ Compétences / Estime de soi / Freinet / Montessori / Motivation

Pour aller plus loin

- Vincent Liquète, Yolande Maury, *Le travail autonome : comment aider les élèves à devenir autonomes*, Armand Colin, 2007
- Alain Simonato, *Rendre les élèves autonomes dans leurs apprentissages*, Chronique sociale, 2007.
- www.icem-pedagogie-freinet.org/node/14228

Autorité

Du latin, *auctor* "garant, modèle, source" et *auctoritas*, "garantie, exemple, qui impose la confiance", l'autorité est une posture nécessaire pour enseigner. L'enseignant qui a de l'autorité est celui qui est à la fois le garant des savoirs et un exemple pour ses élèves.

Contexte

Le latin distingue la *potestas* et l'*auctoritas*. La *potestas* est le pouvoir qui repose sur la fonction, le grade ou le statut. Il est légal, reconnu et accordé par des instances, judiciaires, scolaires, militaires… Il permet de décider, de commander, d'exiger l'obéissance en recourant le cas échéant à la contrainte. L'enseignant est investi d'un pouvoir légalement reconnu pour exercer sa fonction. Il a notamment le droit de réprimander un élève si besoin est. L'*auctoritas* émane de la personne. Elle est l'art d'obtenir l'obéissance sans recours à la menace ou à la contrainte.

Le terme rassemble trois significations: être l'autorité ("Je suis le maître"), avoir de l'autorité comme capacité à imposer des choix de travail, faire autorité par les connaissances que l'on possède et que l'on transmet.

Autorité et éducation

Même si l'enfant est traité comme un interlocuteur, il n'est pas un alter ego de l'enseignant. Il existe un rapport asymétrique entre l'adulte responsable et l'enfant qui dépend de lui, qui est à la fois semblable et différent. La posture éducative se construit sur la dialectique entre la construction de l'identité et le respect de l'altérité de l'enfant. La relation est fondée sur le respect mutuel, un respect qui est aussi estime, bienveillance, considération réciproque. L'autorité autoritariste, à l'inverse, a recours à différentes pressions exercées sur l'enfant (menaces, séduction, culpabilisation…), en utilisant la double injonction : renvoi à la communauté des pairs, la mise en compétition, la rivalité.

En pédagogie institutionnelle, l'asymétrie de statut entre l'enseignant et les élèves est clairement posée: l'enseignant n'est pas un copain. Cette loi est non négociable: "Ici, c'est une classe, je suis là pour enseigner et chacun est là pour apprendre". Il n'est l'enseignant d'aucun élève en particulier, mais celui de tous les élèves. Il s'interdit toute relation privilégiée qui pourrait installer des phénomènes de "chouchou" ou d'élève "tête à claque". Des paroles rappellent les statuts et les rôles: "Je ne suis pas ton copain", "Je ne suis pas ta maman", "C'est ton travail, pas le mien". La distinction est posée entre la loi de l'école et la "loi" du quartier ou de la maison ("ici, tu es à l'école").

L'autorité de l'enseignant n'est jamais acquise une fois pour toutes. Elle s'établit en situation dans un réglage constant, instable entre être, avoir et faire.

Il semblerait aujourd'hui que certains enseignants aient du mal à faire respecter leur autorité. Dans sa *Lettre à tous ceux qui aiment l'école*, en 2002, le ministre Luc Ferry estime que l'indispensable restauration de l'autorité des enseignants doit s'appuyer sur deux idées: premièrement sur leur mission de transmettre des savoirs

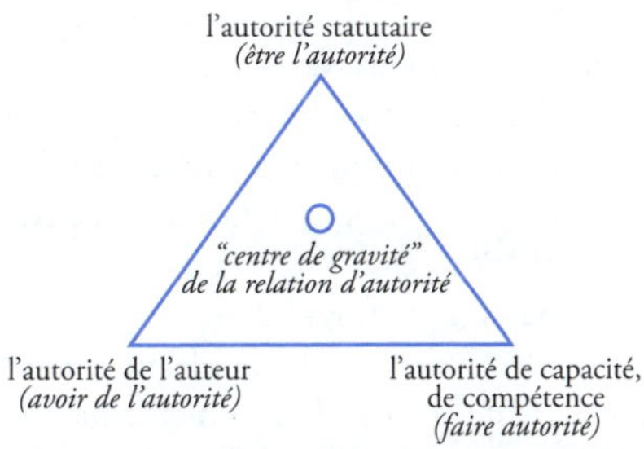

(Source: Bruno Robbes, *Cahiers pédagogiques*, 2006.)

L'autorité éducative

L'autorité éducative est une autorité de référence qui possède des caractéristiques :
- C'est une influence libératrice. L'autorité fait croître, elle augmente l'enfant, elle le fait grandir. C'est une influence positive.
- C'est une action indirecte. Elle n'est pas une volonté qui s'oppose et s'impose à une autre volonté pour la soumettre, mais une volonté qui s'allie à une volonté naissante pour l'aider à vouloir.
- C'est une influence temporaire. L'influence éducative travaille à sa propre disparition parce qu'elle entend faire émerger un alter ego.
- Elle présuppose la reconnaissance. C'est une influence qui pour se déployer implique qu'elle soit reconnue par celui qui en sera le bénéficiaire.

et non pas sur la reconnaissance par leurs élèves au détriment de l'autorité de l'institution ; deuxièmement sur l'utilisation de sanctions efficaces. Il parle de restauration de l'autorité envisagée dans un sens de réaffirmation des valeurs morales et de rappel des fonctions statutaires des adultes.

Autorité et violence

La violence chez l'enfant signifie généralement que l'autorité n'est pas intégrée comme une dimension de régulation des comportements. Le rappel du cadre des règles qui permettent de protéger chaque enfant au sein du groupe est nécessaire mais il ne suffit pas. Une des réponses éducatives possibles est de chercher à accroître la capacité de résilience de ces enfants, notamment par rapport à des situations violentes qu'ils vivent à l'extérieur de l'école. Par des actions éducatives, il s'agit de renforcer la capacité d'empathie chez les élèves qui la possèdent dans le groupe et de tenter de la greffer chez ceux qui en sont démunis.

75 %

Dans une enquête publiée en 2011, 75 % des parents se jugent trop peu autoritaires avec leurs enfants, 46 % ont une mauvaise image d'eux-mêmes et se trouvent trop stressés. 75 % estiment qu'il est plus difficile d'élever un enfant aujourd'hui qu'autrefois.

Éclairage

Le recours à un code non-verbal

Avoir une certaine autorité face au groupe n'est pas uniquement une question d'exigence verbale. Une enseignante de maternelle remarque qu'un élève bouge trop pendant un moment d'échanges collectifs au moment du regroupement du matin sur le tapis. Pour ne pas s'interrompre, elle le regarde d'une certaine façon, elle lui jette un regard noir et fronce les sourcils. Elle fait en même temps un signe de la tête ou de la main pour lui indiquer d'aller sur un autre banc à côté. Ce code non-verbal fonctionne dans cette situation, car il est reconnu par l'enfant et par le groupe. ■

« L'autorité exclut l'usage de moyens extérieurs de coercition ; là où la force est employée, l'autorité proprement dite a échoué. [...]. S'il faut vraiment définir l'autorité, alors ce doit être en l'opposant à la fois à la contrainte par force et à la persuasion par arguments... »

Hannah Arendt, *Juger. Sur la philosophie politique de Kant*, Seuil, 2003

→ Discipline / Punitions / Vie scolaire

Pour aller plus loin

- Eirick Prairat, *Sanction et socialisation*, PUF, 2002.
- Alain Renaut, *La Libération des enfants*, Bayard, 2002.

Besoins éducatifs particuliers

Un besoin éducatif particulier, propre à un individu et donc peu courant, recouvre ce qui lui est nécessaire pour se développer comme enfant et devenir élève selon ses particularités développementales ou de fonctionnement.
Le terme couvre et concerne les handicaps, la maladie, les situations familiales difficiles, la précocité intellectuelle, les primo-arrivants, les enfants du voyage, les mineurs en milieu carcérale.

Contexte

Un besoin est défini comme "*une exigence pour l'être humain ou l'animal, provenant de la nature ou de la vie sociale*" (dictionnaire Le Robert).

Il existe différentes sortes de besoins, que l'on peut organiser de manière hiérarchique: les besoins de niveaux inférieurs devant être satisfaits pour accéder aux besoins des niveaux supérieurs. Abraham Maslow a ainsi établi une pyramide des besoins (Pyramide de maslow, 1943):
- au bas de la pyramide sont les besoins physiologiques (faim, soif, sommeil...),
- puis viennent les besoins de sécurité (protection, ordre...),
- ceux d'appartenance, d'estime (réussite, reconnaissance...),
- en haut de la pyramide les besoins de réalisation de soi (créativité, développement personnel...).

Les dispositifs d'accompagnement

La circulaire 2004-026 du 10 février 2004 introduit la notion de besoins éducatifs particuliers (BEP), liés à une situation de handicap, une maladie ou à des difficultés scolaires graves. Elle précise que l'école doit rechercher pour chacun de ces enfants les conditions optimales d'accès aux apprentissages scolaires et sociaux. La pratique enseignante doit s'adapter pour répondre aux BEP.

Pour l'école, prendre en compte ces besoins se traduit en objectifs à atteindre pour que l'enfant se développe au plan cognitif, affectif et social et trouve une certaine autonomie et adaptation sociale. Pour les enfants handicapés, ces objectifs sont définis dans le projet personnalisé de scolarisation (PPS). Pour les difficultés autres, ce sont les plans d'accompagnement personnalisé (PAP), projet d'accueil individualisé (PAI) et programme personnalisé de réussite éducative (PPRE) qui permettent de planifier des stratégies. Les objectifs peuvent viser des compétences scolaires, comportementales ou des composantes cognitives ciblées: par exemple, pour les enfants autistes, le besoin de structurer visuellement le temps et l'espace pour comprendre ces concepts. L'enseignant spécialisé intervient en classe en complément du travail du professeur. Il met en œuvre des pratiques pédagogiques différenciées et adaptées aux besoins de l'élève, en concertation avec l'équipe pédagogique, en prenant en compte les données de leur environnement scolaire, familial et social.

Éclairage

Exemples de prise en charge d'élèves présentant des besoins éducatifs particuliers

Pour chaque BEP identifié, une remédiation est proposée.

Besoins affectifs et sociaux: l'élève a un comportement changeant: il peut être calme et travailleur pendant quelques jours, puis devenir instable et apathique. Remédiations possibles: discuter avec l'élève des

changements de comportement pour savoir d'où le problème vient. Expliquer systématiquement aux élèves l'objectif.
L'élève a tendance à imiter ses camarades qui se font remarquer. Remédiation possible : montrer à l'élève qu'il n'a pas besoin d'avoir un comportement inadapté pour qu'on s'occupe de lui.
Besoins cognitifs et métacognitifs : l'élève a des difficultés de planification. Remédiations possibles : proposer un référent qui découpe les étapes à utiliser pour réussir la tâche.
L'élève a des difficultés à réutiliser les connaissances récemment acquises dans différents contextes (en orthographe par exemple). Remédiation possible : grille d'autocorrection qui force l'élève à se relire.
Les difficultés sont au niveau de la mémorisation. Remédiation possible : travailler sur la méthodologie en montrant les façons de mémoriser des leçons.
L'élève agit sans réflexion préalable, sans anticiper et planifier la démarche. Remédiation possible : faire verbaliser l'élève sur sa procédure avant qu'il commence à travailler. (Source : Agnès Desbiens Gouzien, maître de conférences, psychologie du développement, ESPE Lille, 2011.) ■

> **« Le besoin pris comme un trou à combler désigne encore l'élève sans prendre en compte sa dimension de personne, capable de demande et de désir. »**
> Eric Plaisance, *Autrement capables*, 2009, éditions Autrement

→ **Adaptation / Différenciation / Handicap / Inclusion**

Pour aller plus loin

- "Les besoins éducatifs particuliers", *La nouvelle revue de l'AIS*, n° 22, 2003.
- www.versunecoleinclusive.fr
- http://inshea.fr/fr/content/ressources

Cartable

Le cartable est un bagage destiné à transporter le matériel scolaire entre la maison et l'école. Il contient les outils pour écrire, découper, coller (etc.) dans une trousse et les supports pour apprendre : cahiers, livres, fichiers...

Contexte

La fonction du cartable

L'étymologie le rattache au mot "carte" ; le cartable était un portefeuille dans lequel on mettait des feuilles. Au début du XXe siècle, on parle de "carton" pour désigner la matière dans laquelle il est fait. Il était souvent porté en bandoulière. Pour être plus facile à porter, il est devenu un sac à dos. Personnalisé avec les logos de personnages ou des univers aimés des enfants, il est une propriété personnelle de l'élève.

Apparu il y a quelques années, le terme "cartable électronique" désigne un emplacement virtuel sur un serveur ou une clé USB qui contient des ressources, souvent une version numérique des manuels. L'objectif est de réduire le poids du cartable réel qui comporte des risques sanitaires pour le dos des élèves. Le cartable électronique introduit toutefois des questions comme celles du financement et de la maintenance du matériel, et de la formation des utilisateurs, élèves, enseignants, parents.

Le contenu du cartable

La circulaire n° 2013-083 du 29 mai 2013 indique une liste des fournitures scolaires pour guider les équipes d'enseignants dans l'équipement de leur classe. Cette liste est soumise au conseil d'école, ce qui donne aux parents un droit de regard. En application du principe de gratuité, le financement du matériel, livres, cahiers et crayons est assuré par la commune. Les parents fournissent le cartable, la trousse et les équipements spécifiques, pour l'EPS par exemple. L'école leur demande de couvrir livres et cahiers et d'en surveiller leur usage pour qu'ils soient maintenus en bon état. La circulaire incite les enseignants à développer auprès de leurs élèves une pédagogie des pratiques de consommation responsables. L'utilisation de fournitures excessivement coûteuses constitue un facteur de discrimination qui agit sur le climat scolaire.

Les aides financières

Une allocation de rentrée scolaire (ARS) est versée par l'État, sous conditions de ressources, aux familles ayant au moins un enfant scolarisé et âgé de 6 à 18 ans. Elle permet d'aider les familles à financer les dépenses de la rentrée scolaire. Son montant dépend de l'âge de l'enfant.

À l'école primaire, la commune alloue des moyens à l'école pour les achats du matériel de base. Le niveau de cette allocation varie d'une commune à l'autre. À titre d'exemple, la commune de Villeneuve-le-Roi (94) fournit l'ensemble du matériel scolaire. Pour 959 élèves accueillis, la dépense est de 23 000 euros.

Le poids des cartables

En 1994, une étude portant sur une centaine d'élèves de 6e dans la région de Grenoble a montré que le poids du cartable

362,63 €

C'est le montant de l'allocation rentrée scolaire (ARS) pour la rentrée 2015 perçue par la famille pour un enfant scolarisé entre 6 et 10 ans (sous réserve du plafond de ressources).

Liste indicative de fournitures individuelles établie par le MEN

- Cahiers : grands et petits formats, 96 pages
- Feuilles mobiles et copies doubles perforées
- Classeurs rigides et souples
- Stylos à bille
- Crayons à papier
- Pochettes de 12 crayons de couleur et 12 feutres
- 5 tubes de gouache
- Gomme, stylo correcteur, colle
- Rouleau de ruban adhésif
- Porte vues

(Source : circulaire n° 2015-086, 11 juin 2015.)

peut atteindre près du 1/3 de celui de l'enfant. En octobre 1995, une circulaire ministérielle précise que le poids du cartable ne doit pas représenter plus de 10 % de celui de l'élève. Mais étant donné les demandes réitérées des fédérations de parents d'élèves, il semble que les enseignants ont du mal à prendre en compte cette directive. Des médecins ont mis en évidence des problèmes de dos (scoliose) rencontrés par de nombreux enfants, notamment à l'adolescence, à cause du poids jugé trop lourd de leur cartable. Celui-ci n'est pas le seul responsable des problèmes de dos mais peut les aggraver. Il doit être choisi par les parents, en veillant à son adaptation au niveau d'enseignement, à l'âge et à la morphologie de l'élève. Il doit être pratique et facile à manipuler.

Éclairage

Comment aider les élèves à gérer leurs affaires

“Maman, j'ai pas mon livre de lecture” et “Maîtresse, j'ai oublié mes crayons de couleur !” sont deux grands classiques des débuts d'année scolaire. Quelques conseils permettent à l'enfant de mieux s'organiser dans la gestion de ses outils d'écolier. Au CP, les enfants ont souvent du matériel en double : une trousse pour la maison et une pour la classe, dont le contenu est fourni par l'école. Pour les plus grands, la trousse effectue la navette, du matériel peut se perdre en cours de route. Il est nécessaire de responsabiliser l'enfant. Certains enseignants organisent de véritables séances de méthodologie pour que les élèves apprennent à s'y retrouver. Le soir, après avoir noté leur travail, ils leur demandent ce qui doit être emporté dans le cartable. Au fur et à mesure, chaque élève remplit et vérifie le sien. Au bout de quelque temps, les enfants ont gagné en autonomie. Le travail de l'enseignant consiste alors à vérifier un ou deux cartables pour s'assurer que cette compétence est bien acquise par l'ensemble de la classe. L'autonomie et le sens des responsabilités sont une question de maturité. Un petit coup de pouce de la part des adultes est forcément facilitant. L'enfant apprécie de se sentir aidé par ses parents. Savoir faire son cartable et plus généralement gérer son matériel suppose attention et soin. ■

“ Si le code du travail protège les salariés notamment concernant le poids de charges qu'ils doivent porter, aucun code ne protège le dos de l'enfant lorsque la circulaire ministérielle n'est pas respectée. ”
www.slate.fr/story/77844/cartables-trop-lourds

→ Devoirs / Manuel / Méthodes / Parents

Pour aller plus loin

- Fournitures scolaires : www.education.gouv.fr/pid25535/bulletin_officiel.html?cid_bo=72083
- Poids du cartable : www.education.gouv.fr/bo/2008/3/MENE0701925C.htm
- www.education.gouv.fr/cid22481/les-bonnes-postures-et-le-poids-du-cartable.html

Circonscription

La circonscription est le territoire d'administration de proximité qui résulte d'un découpage du département. Il englobe une ou plusieurs communes et regroupe un certain nombre d'écoles, maternelles, élémentaires, primaires, qui peut varier d'un département à l'autre. Ce territoire est placé sous l'autorité de l'inspecteur de l'Éducation nationale (IEN) qui l'administre.

Contexte

Un territoire administré par l'inspecteur de l'Éducation nationale (IEN)

Le niveau d'encadrement le plus proche des maîtres est celui de la circonscription, l'école n'ayant pas le statut d'établissement (statut qui confère l'autorité à son "chef"). Elle est le lieu de la mise en œuvre de la politique éducative locale, qui décline les instructions ministérielles de l'académie.

Les inspecteurs sont des cadres supérieurs de l'Éducation nationale; ils administrent la circonscription. Leur corps a été créé en 1837 par le ministre Guizot, pour sortir les instituteurs de la tutelle du curé et du maire qui, le plus souvent, ne s'entendaient pas. Les IEN ont des missions de pilotage pédagogique, de management et de conseil. Ils évaluent l'enseignement et le travail des enseignants par le biais d'inspections individuelles, de cycles et/ou d'écoles. Ils participent à l'animation pédagogique de la circonscription, dont ils établissent le programme. Ils conseillent et assistent les enseignants, les directeurs d'école. Ils sont les supérieurs hiérarchiques de tous les enseignants, directrices/directeurs compris. Ils ont des responsabilités de gestion administrative locale, notamment par le biais du service de remplacement des enseignants absents, la préparation de la carte scolaire. Ils travaillent en coordination avec les services de l'État, en particulier les maires des communes.

Ils sont associés à la formation initiale en ESPE, et à la formation continue départementale, ainsi qu'au recrutement des professeurs des écoles par concours et à leur titularisation.

L'équipe de la circonscription

La plupart des circonscriptions comprennent un inspecteur, deux conseillers et un(e) secrétaire qui assiste l'inspecteur pour toutes les tâches administratives. Autour de ce noyau central, intervient une équipe élargie de conseillers spécialisés en arts visuels et musique, des animateurs en technologies de l'information et de la communication pour l'enseignement (TICE), des animateurs ou coordonnateurs en zones d'éducation prioritaire. Le réseau d'aides spécialisées aux élèves en difficulté (RASED) intervient selon les modalités arrêtées par l'inspecteur. Le suivi de la scolarisation des enfants handicapés est assuré par l'enseignant référent (ER).

Certains inspecteurs peuvent avoir des missions académiques spécifiques telles que l'ASH, l'école maternelle, la politique de la ville…

113

C'est le nombre de circonscriptions que compte l'académie de Versailles. Première de France par ses effectifs, elle comprend 3 359 écoles et 626 104 élèves. Elle regroupe 4 départements. En comparaison, l'académie de Limoges compte 16 circonscriptions pour 982 écoles (dont 60 à 80 % ont 2 classes et moins) et 60 882 élèves. Elle regroupe 3 départements.

Le projet de circonscription : quelques indicateurs pour le construire

- État des maintiens de classes et du retard scolaire dans la circonscription.
- Nombre de projets personnalisés et niveau (PPRE - PAI - PPS...).
- Mise en place des actions autour du langage et bilan des compétences évaluées en fin de grande section.
- Analyse pluriannuelle des résultats enregistrés aux différentes évaluations.
- Bilan des compétences en langue vivante étrangère par l'évaluation académique.
- Acquisition des compétences référées au B2I au travers de l'enquête académique.
- Bilan de la mise en œuvre des programmes personnalisés de réussite éducative (PPRE) et des projets personnalisés de Scolarisation (PPS) pour l'année scolaire en cours.
- Place de chacune des ambitions du projet académique au sein de chaque projet d'école.
- Prise en compte des conclusions et préconisations des visites d'inspection : la mise en œuvre des programmes et du socle.
- Bilan des actions de formation : nombre de journées stagiaires - retombées.

Éclairage

Le pilotage de la circonscription

Pour assurer le pilotage de la circonscription, l'inspecteur s'appuie sur un tableau de bord comportant plusieurs ensembles d'indicateurs. Parmi ceux-ci figurent :

- **Pour les élèves :** taux d'absence, résultats aux évaluations, suivi de cohortes, taux de retard en CP et en CM2, taux de couverture des langues vivantes étrangères, intégrations et suivis RASED, nombre de projets particuliers (PAI, PPS, PPRE...) ;
- **Pour les enseignants :** sexe, âge, échelon, ancienneté, mobilité (ancienneté dans le poste actuel), taux d'absence, formations suivies, analyse des rapports d'inspection ;
- **Pour les écoles :** taille, direction, taux d'encadrement, équipement informatique, crédits alloués aux écoles, projets d'école ;
- **Pour l'équipe de circonscription :** tableau de bord d'activité de chaque membre de l'équipe. ■

> « Les corps d'inspection se voient confier prioritairement, par l'autorité académique, des missions contribuant à l'amélioration constante de l'acquisition par les élèves des savoirs et compétences définis par les programmes pour les différents niveaux d'enseignement »
> Circulaire n° 2009-064 du 19 mai 2009

→ Académie / Direction / ESPE / Primaire / Système éducatif

Pour aller plus loin

- www.education.gouv.fr/cid3/les-rectorats-et-services-departementaux-de-l-education-nationale.html
- Rapport de l'IGEN sur l'organisation pédagogique des circonscriptions de l'enseignement primaire, 2003 : http://media.education.gouv.fr/file/11/5/6115.pdf

Civique (Éducation)

L'éducation civique est le nom généralement donné à l'enseignement d'attitudes et de valeurs qu'un système éducatif veut promouvoir et faire acquérir. Elle est présentée dans les programmes comme l'un des deux axes structurant de l'école élémentaire. Elle est placée au cœur de la loi pour la Refondation de l'École de la République.

Contexte

Trois termes ont une origine semblable: **civisme**, **civilité**, **citoyenneté**. L'adjectif *citoyen* a été créé à partir du nom citoyen qui qualifiait à la Révolution un monsieur. Un citoyen est un être qui estime que tout ce qui est politique le regarde. Est citoyen toute personne qui, au sein de la cité, espace politique, se conduit à la fois en gouverné et en gouvernant. La citoyenneté se distingue de la civilité, qui est une sorte de bienveillance, et du civisme qui est l'obéissance active aux règles et aux lois. Cette notion est souvent située à mi-chemin entre civilité et citoyenneté. Être citoyen donne des droits et des devoirs. La citoyenneté repose sur l'idée de l'égale dignité de tous. On associe généralement **éducation civique** et **apprentissage de la citoyenneté**.

Une introduction lente dans les programmes

Sous l'impulsion de Jules Ferry (loi du 28 mars 1882), l'instruction morale et religieuse est remplacée par l'instruction morale et civique. Elle est abandonnée après 1968. En 1985, l'idée de l'instruction civique est réintroduite par Jean-Pierre Chevènement, qui plaide pour que *La Marseillaise* soit enseignée aux élèves. En 1995, François Bayrou renforce la place de l'instruction civique dans les programmes des collèges dispensée par les professeurs d'histoire et géographie. En 1999, Claude Allègre et Ségolène Royal, introduisent l'éducation civique, juridique et sociale au lycée. En 2002, la loi Fillon rend obligatoire l'apprentissage de *La Marseillaise* et de son histoire. En 2008, "l'instruction civique et morale" fait son retour dans les programmes de l'école primaire. Le terme "éducation civique" maintenu au collège devient "éducation civique, juridique et sociale" au lycée.

Le programme d'enseignement moral et civique (EMC)

L'EMC fait l'objet d'un programme spécifique du cycle 2 au cycle 4 depuis la rentrée 2015. Il encourage la culture de l'engagement, la culture du jugement, celle de la règle et du droit, la culture de la sensibilité. Ce programme est articulé selon les finalités éducatives définies par la loi d'orientation et de programmation pour la Refondation de l'École (8 juillet 2013). Il décline les principes inscrits dans la Déclaration des droits de l'homme et dans la Constitution de la Ve République. Les valeurs et les normes de l'école républicaine sont enseignées selon une attitude à la fois compréhensive et ferme. Les connaissances et compétences s'intègrent dans une culture

52 %

C'est le pourcentage des élèves qui déclarent se sentir "tout à fait bien" à l'école. 37 % se sentent "plutôt bien", 8,4 % "plutôt mal à l'aise" et 2,7 % "pas bien du tout".
(Source : Observatoire International de la Violence à l'École pour l'UNICEF, mars 2011.)

qui développe les dispositions à agir de façon morale et civique, à penser et à agir par soi-même et avec les autres pour pouvoir **vivre ensemble**.

Éducation civique et fraternité

Jean Houssaye, professeur en sciences de l'éducation, propose de réfléchir "aux dimensions conjointes de la valeur fraternité dans les pratiques de coopération à l'école". Les valeurs sont regroupées en trois catégories:
- celles liées au principe d'autonomie et à celui de la coexistence des libertés, c'est-à-dire la liberté de conscience, d'expression, l'ouverture aux autres et la tolérance réciproque;
- celles liées au principe de discipline et au principe de la communauté des citoyens: le respect des droits et de la loi, l'égale considération des personnes, le refus de toute discrimination, la solidarité, l'entraide, la coopération, le sens de l'intérêt général et de la participation à la vie démocratique;
- celles des conditions morales et civiques sans lesquelles les apprentissages scolaires n'ont pas de dimension émancipatrice: le goût du dialogue et de la confrontation des idées, le développement de l'esprit critique, l'intérêt porté à la recherche de la vérité.

Éclairage

Parler d'un sujet d'actualité difficile
Les attentats de Charlie Hebdo ont fait ressortir les difficultés auxquelles peuvent être confrontés les enseignants pour parler d'un drame de l'actualité à des élèves. Voici quelques principes:
Accueillir l'expression de l'émotion des élèves, sans sous-estimer, y compris chez les très jeunes enfants, leur capacité à saisir la gravité des situations.
Les rassurer: l'école est un espace protégé; l'événement s'est déroulé dans un lieu et un temps circonscrit, même si les médias diffusent des images en continu.
Être attentif au "niveau de connaissance" que les élèves ont de l'événement: certains peuvent n'en avoir aucune connaissance; d'autres ne disposer que d'éléments partiels, voire erronés, provenant de sources variées. Il faut aider à clarifier les termes entendus et répétés, pour que les enfants ne restent pas enfermés dans un présent dominé par la peur.
Respecter la sensibilité des élèves (le sentiment de peur, d'incompréhension, d'injustice, de révolte…).
Construire une réflexion problématisée, par-delà le seul événement, qui s'inscrive dans le cadre des programmes d'enseignement (enseignement moral et civique, littérature, histoire, arts…).
Définir en équipe pédagogique les actions envisagées, en prenant appui sur tous les acteurs de la communauté éducative.
Informer les responsables légaux des actions pédagogiques entreprises. ■

> **“Le premier des droits de l'homme c'est la liberté individuelle, la liberté de la propriété, la liberté de la pensée, la liberté du travail.”**
> Jean Jaurès, *L'histoire socialiste*, volume I, 1924

→ Collège / Discipline / Primaire / Rousseau / Valeurs / Vie scolaire

Pour aller plus loin

- Jean Houssaye, *La pédagogie traditionnelle*, Fabert, 2014.
- www.ijvs.org/4-6035-L-Observatoire-International-de-la-Violence-a-l-Ecole-OIVE.php
- www.ecolechangerdecap.net/spip.php?article47
- www.education.gouv.fr/cid90776/l-enseignement-moral-et-civique-au-bo-special-du-25-juin-2015.html

Classe

Du latin *classis*, “groupe de citoyens”, la classe est un mode collectif d’enseignement fondé sur un groupe (le groupe-classe) rassemblé dans un même espace (la salle de classe). Elle détermine des relations duelles et unilatérales qui reposent sur l’autorité du maître (qui fait classe).

Contexte

La classe est un archétype scolaire, qui apparaît à la fin du Moyen-Âge et se distingue de la leçon ou du cours. Dans l’Ancien Régime, la formule dominante de l’enseignement était le préceptorat. Au XVIIe siècle, Jean-Baptiste de la Salle, puis les frères de l’École Chrétienne inventent l’organisation en classes et l’idée d’un enseignement collectif simultané, frontal. La méthode individuelle est abandonnée et entraîne une transformation du matériel pédagogique.

Le groupe classe

Le terme de “classe”, dans le premier degré, correspond à un groupe d’élèves scolarisés ensemble au même niveau pendant une année scolaire. Pour des raisons pratiques, elle s’identifie souvent au “cours” (cours préparatoire, cours élémentaire 1). Elles sont appelées “classes à cours unique”. Dans certaines écoles, en milieu rural, les effectifs sont tels que des élèves de niveaux différents sont regroupés dans une même classe, appelée “classe multiniveaux”. Dans les écoles rurales, certaines écoles ne comportent qu’une seule classe, regroupant tous les élèves, c’est une “classe unique”.
Cette réalité scolaire existe depuis longtemps partout à travers le monde : en Suisse, 23 % des classes sont à niveaux multiples ; aux Pays-Bas, 53 % du personnel enseignant travaille dans des classes à niveaux multiples ; en Australie occidentale, plus de 85 % des écoles ont recours aux classes à niveaux multiples. Les classes multi-âge sont parfois constituées par les équipes pédagogiques, essentiellement à l’école maternelle, où on regroupe des petits, des moyens et des grands. Elles procèdent du principe que l’hétérogénéité est un atout pour les apprentissages. La coopération, la personnalisation du travail, le tutorat développent l’autonomie des enfants.

Un espace d’apprentissage

La classe est un lieu animé par l’enseignant et la cohorte annuellement renouvelée de ses élèves. Il crée pour eux un cadre et une expérience qui ne ressemble à aucune autre. Les classes sont souvent “personnalisées” par les travaux des élèves. Elles fonctionnent selon une unité de temps, de lieu et d’action, même si des moments d’enseignement se passent hors de la classe (dans l’espace bibliothèque, dans la cour pour l’EPS…) et si des moments de décloisonnements permettent à des élèves de différentes classes de travailler ensemble.
Hors du cadre de la classe, il existe d’autres manières d’apprendre ; l’enseignement à distance, les classes virtuelles, le travail personnel en petits groupes en périscolaire…
La classe est un espace de communication et d’interactions entre l’enseignant et son groupe. La passivité apparente des élèves à certains moments est liée à la communication selon les rôles partagés. C’est un espace de vie et de travail qui repose sur

49 %

C’est la part des classes multiniveaux dans le premier degré public (en 2014).

La classe

Philippe Meirieu donne quelques repères pour organiser une classe porteuse d'apprentissages pour chaque élève.

1. La classe est organisée comme un "espace hors menace".

2. Les temps et les lieux correspondent à des activités à mettre en œuvre et à des comportements attendus qui sont clairement identifiés par les élèves.

3. L'articulation des temps et des lieux fait l'objet de rituels qui permettent de préciser ce qui est attendu des élèves.

4. Le travail s'effectue sur des "objets de savoir" qui se constituent comme une réalité extérieure à l'enfant et lui permettent de s'exprimer dessus.

5. La présentation par l'enseignant, et l'arbitrage autour de ce qui s'apprend, fondent la relation pédagogique et l'autorité de l'enseignant.

6. C'est un lieu où la valeur de la parole, de ce qui se dit, n'est pas conditionnée par le statut de celui qui l'énonce.

7. La vie de la classe est en permanence renvoyée aux apprentissages préparés et organisés par l'enseignant.

8. Le travail demandé et attendu est explicité par des consignes claires qui conditionnent la réussite des apprentissages proposés.

une ergonomie relativement stable, le tableau ou les tableaux, les cahiers et les outils pour apprendre, les livres et les manuels scolaires. Le temps de la classe est structuré par l'emploi du temps et l'utilisation de supports scolaires individuels, les mêmes pour tous les élèves, construisant une identité de classe.

À l'école maternelle, l'organisation matérielle de l'espace-classe répond aux besoins des enfants. Elle est porteuse d'apprentissages. Dans la pédagogie préscolaire d'Emilio Reggia (Italie) elle est considérée comme le "troisième professeur".

Éclairage

L'efficacité des classes à cours multiples

Une étude de la DEEP réalisée en 2010 sur les acquis des élèves provenant de ces classes, leurs résultats aux évaluations nationales et leur réussite au collège, montre que les élèves de cours doubles et classes constituées en logique de cycle ont : de meilleurs résultats aux évaluations CM2 ; une meilleure intégration en sixième ; une autonomie plus importante. La classe multiniveaux met en place les conditions pour un apprentissage de l'autonomie qui leur permet de travailler et de s'évaluer davantage seuls, et de mieux s'organiser. Son efficacité repose sur une organisation pilotée par l'enseignant.

Ce qui parle en faveur de ces classes : une individualisation des parcours, une organisation qui favorise la continuité des apprentissages, une bonne connaissance des élèves et de leurs parcours.

En leur défaveur : pour l'enseignant, une charge de travail accrue, une connaissance pointue des programmes, une construction rigoureuse des programmations, la nécessité d'une bonne gestion du temps. ■

« Alors que le cours magistral est peu développé, la classe au XIXe siècle ne s'explique ni par les élèves ni par les maîtres mais par les exercices (on dicte des devoirs, on corrige) ; la classe est un relais entre deux études. »

Antoine Prost, *Histoire générale de l'enseignement et de l'éducation en France*, Perrin, 2004

→ Didactique / Groupe / Pédagogie / Programmation

Pour aller plus loin

▪ Philippe Meirieu, *Faire l'École, faire la classe*, ESF, 2004.

Collège

Du latin *Co-lugum* "qui a la même loi", le collège est un établissement d'enseignement secondaire. Il est le niveau de plus élevé de la scolarité obligatoire. Il accueille tous les élèves à la sortie de l'école primaire, de la sixième à la troisième.

Contexte

Le collège unique

Dans sa forme actuelle, le collège est une institution récente, celle d'une école moyenne entre l'école primaire et le lycée. Il accueille l'ensemble d'une classe d'âge au sein d'un cadre commun pour valider les compétences du socle commun, à la fin de la scolarité obligatoire. La réforme Haby de 1975 (loi n° 75-620 du 11 juillet 1975) a mis en place le collège unique et supprimé le palier d'orientation de fin de cinquième. Ceci traduisait la volonté d'intégrer tous les élèves à un système commun en abandonnant les filières techniques courtes.

Les collèges publics sont des établissements publics locaux d'enseignement (EPLE). Ils définissent et mettent en œuvre un projet d'établissement, qui leur permet de prendre des initiatives et d'être autonomes d'un point de vue administratif et financier.

Le parcours scolaire

Jusqu'à présent, le collège se composait du cycle d'adaptation (6e), du cycle central (5e et 4e) et du cycle d'orientation (3e). Le décret n° 2013-682 du 24 juillet 2013 redéfinit les cycles d'enseignement à l'école primaire et au collège: la classe de 6e fait désormais partie du cycle 3, dit "cycle de consolidation", au même titre que le CM1 et le CM2; les classes de 5e, 4e et 3e font partie du cycle 4, dit "cycle des approfondissements". Le décret n° 2015-1023 du 19 août 2015 prévoit leur mise en œuvre pour la rentrée 2016.

Le conseil école/collège

La loi du 8 juillet 2013 pour la Refondation de l'École a créé le conseil école-collège: "*En cohérence avec le projet éducatif territorial, il propose au conseil d'administration du collège et aux conseils des écoles du secteur des actions de coopération, des enseignements et des projets pédagogiques communs visant à l'acquisition par les élèves du socle commun de connaissances, de compétences et de culture* [...]". Il a pour objectif de renforcer **la continuité pédagogique et éducative** entre les deux degrés. Il comprend le principal du collège ou son adjoint, l'inspecteur de l'Éducation nationale ou son représentant, des personnels désignés par le principal du collège sur proposition du conseil pédagogique, des membres du conseil des maîtres de chacune des écoles du secteur. Il est présidé par le principal du collège et par l'inspecteur de l'Éducation nationale. Il se réunit au moins deux fois par an et établit son programme d'actions pour l'année scolaire suivante ainsi qu'un bilan de ses réalisations. Il peut créer des commissions école-collège chargées de la mise en œuvre d'une ou plusieurs des actions de son programme.

815 723

C'est le nombre de candidats au DNB en 2014 (France métropolitaine + Dom). Ils se répartissent en 2 séries: 732 660 candidats dans la série générale, 83 063 candidats dans la série professionnelle. En 2013, 798 989 candidats étaient inscrits.

(Source: Note d'information n° 07, DEPP, mars 2014.)

La continuité des parcours

Le collège peut proposer aux élèves repérés à l'école comme les plus fragiles un **suivi particulier**, notamment des stages de remise à niveau (SRAN) pendant les vacances scolaires avant l'entrée au collège. Un **programme personnalisé de réussite éducative** (PPRE) dit “passerelle” est défini. Il s'appuie sur le livret personnel de compétences et sur les résultats des élèves pour déterminer les objectifs d'apprentissage prioritaires et les modalités de poursuite des aides au collège. Il est une alternative au redoublement. Deux heures par semaine **d'accompagnement personnalisé** s'adressent à tous les élèves de 6e, pour répondre à leurs différents besoins. Cet accompagnement peut être assuré par un professeur des écoles, si les lacunes identifiées en maîtrise de la langue et en mathématiques sont importantes.

Les enseignements au collège

Ils sont structurés en disciplines : français ; mathématiques ; histoire-géographie - éducation civique : langues vivantes ; sciences de la vie et de la terre ; technologie ; arts plastiques ; éducation musicale ; éducation physique et sportive ; physique-chimie. L'histoire des arts et l'informatique sont enseignées dans le cadre normal des cours durant toute la scolarité au collège.
De l'école primaire jusqu'à la dernière année de scolarité obligatoire, les élèves acquièrent progressivement les compétences et les connaissances du socle commun. Les objectifs de l'enseignement sont fixés pour chacun des niveaux par des programmes nationaux.

Le Diplôme National du Brevet

Ce diplôme valide la formation acquise à l'issue de la scolarité suivie au collège (niveau VI de qualification) mais ne conditionne pas l'accès à une classe supérieure. Son attribution est conditionnée par : les notes obtenues aux épreuves écrites et orales, les notes de contrôle continu, la maîtrise du socle commun de connaissances, de compétences et de culture (palier 3). Les trois épreuves écrites terminales ont été redéfinies en 2013 : elles concernent le français, les mathématiques, l'histoire-géographie - éducation civique.

Éclairage

Le collège Jean Zay de Bondy (académie de Créteil) et deux écoles élémentaires du réseau ont mis en place une passerelle pour renforcer le lien CM2-6e : conservation du groupe classe de CM2 ; attribution d'une salle spécifique pour les 6e ; intervention du professeur référent de CM2 classe de 6e, en tant que professeur principal dans la mesure du possible ; organisation d'une semaine découverte – familiarisation avec le collège fin août ; continuité des outils (cahiers et classeurs) entre le cycle 3 et la 6e. (Expérithèque, Le top 100 des innovations, DGESCO-DRDIE, 2012.) ■

> **“ L'entrée au collège coïncide avec l'entrée dans l'adolescence. Dans le monde scolaire français, les professeurs s'adressent à des élèves et non à des adolescents. Pourtant, le collège est avant tout, pour ces jeunes, un endroit où l'on vit des histoires d'amour, d'amitié. Dans ce contexte, il est difficile pour le collège de rester un lieu sanctuarisé où les problèmes personnels et sociaux restent à la porte. ”**
> François Dubet, interview sur FranceTVéducation, 2012

→ Cycle / Égalité / Socle

Pour aller plus loin

- www.education.gouv.fr/cid214/le-college.html
- www.youtube.com/watch?v=3znBZJIHxa4

Compétence

Une compétence est la capacité d'agir efficacement dans une situation définie. Elle s'appuie sur une connaissance mais ne s'y réduit pas. Un élève compétent sait mobiliser savoirs, méthodes et réflexion pour pouvoir réaliser efficacement une tâche.

Contexte

La notion de compétence a été introduite en France dans les programmes de l'école primaire en 1991. Elle s'est ensuite répandue pour redéfinir les objectifs d'apprentissage des élèves, avec des variations notables selon les pays. Dans certains (Canada, Brésil), la totalité des objectifs d'apprentissage, dans toutes les matières sont énoncés en termes de compétences.

L'approche par compétences

L'approche par compétences met l'accent sur la mise en œuvre pratique des notions apprises. Elle renvoie à une conception constructiviste de l'apprentissage : l'enfant est un acteur engagé dans une activité au cours de laquelle il construit progressivement ses compétences. Elle invite les enseignants à considérer les savoirs comme des ressources à mobiliser, à travailler régulièrement par problèmes, à créer ou à utiliser d'autres moyens d'enseignement, à réduire le cloisonnement disciplinaire. Elle amène les élèves à transférer ce qu'ils ont appris dans des projets. L'enseignant explicite le contrat didactique et met en œuvre une évaluation formatrice pour aider l'élève à prendre conscience de ce qu'il sait.

Les différentes approches pour l'apprentissage

Une compétence n'est pas un état ou un savoir acquis, elle s'élabore selon un processus gradué qui permet la mobilisation de ressources mais aussi leur transfert vers d'autres situations.

La sensibilisation est une première approche, qui permet la découverte d'un champ de savoirs, de savoir-faire ou de savoir-être. La mobilisation et la prise de conscience suscitent une envie d'aller plus loin.

L'apprentissage initial est constitué des apports de bases permettant de comprendre une notion ; l'élève est capable d'agir et d'interagir avec d'autres élèves dans le domaine concerné, mathématiques, français…

La qualification est l'acquisition d'une maîtrise suffisante des connaissances, des pratiques et des comportements pour pouvoir les utiliser efficacement.

L'expertise, enfin, est l'acquisition d'une maîtrise suffisante pour pouvoir utiliser les savoirs, savoir-faire et savoir-être spécifiques à un champ et en faire une spécialisation. C'est un niveau qui permet la communication vers autrui.

Les compétences du nouveau socle

Le socle commun de connaissances et de compétences introduit en 2005 donne un horizon large au travail d'enseignement ; ce qui s'acquiert à l'école doit pouvoir être mobilisé dans la vie de tous les jours. La validation des acquis est enregistrée sur le Livret personnel de compétences (LPC) selon des indications de paliers données

187

C'est le nombre de fiches proposées sur le site eduscol/banqoutils pour l'évaluation des compétences des élèves en français à l'entrée du CE2 en septembre 2015.

Ne pas confondre

Habileté : activité "routinisée", automatisée, souvent sensorimotrice.
Aptitude : disposition innée ou acquise à effectuer des apprentissages spécifiques.
Capacité : savoir ou savoir-faire vérifiés par des comportements, des productions, des performances (trace évaluative de l'aptitude).
Expertise : compétence dans l'excellence (automatisation, simplification, métacognition).

par le ministère. La loi de Refondation du 8 juillet 2013 redéfinit cinq domaines : les langages pour penser et communiquer ; les méthodes et les outils pour apprendre ; la formation de la personne et du citoyen ; les systèmes naturels et les systèmes techniques ; les représentations du monde et l'activité humaine.

Le dispositif d'évaluation diagnostique des élèves à l'entrée en CE2 a été réévalué par le ministère en 2015. Il fournit une banque d'exercices diversifiés. Les enseignants doivent sélectionner un domaine d'apprentissage, une compétence, un niveau de difficulté pour identifier les aides à mettre en place. Chaque item propose une indexation à quatre niveaux de difficulté pour la vérification des niveaux d'acquisition :

- Niveau 1 : les acquis de base, taux de réussite supérieur ou égal à 80 %.
- Niveau 2 : les acquis approfondis, taux de réussite compris entre 50 % et 80 %.
- Niveau 3 : les acquis remarquables, taux de réussite entre 20 % et 50 %.
- Niveau 4 : les acquis remarquables experts, taux de réussite inférieur à 20 %.

Éclairage

Les compétences du domaine du B2i

Le B2i, brevet informatique et internet existe depuis 2001. Il fournit à chaque élève une attestation de compétences pour la maîtrise des outils multimédias et internet. Cinq domaines d'activité sont concernés. Le domaine 1 "s'approprier un environnement informatique de travail" vise la connaissance et la maîtrise des fonctions de base d'un ordinateur et de ses périphériques. La validation est opérée quand l'élève sait désigner et nommer les principaux éléments composant l'environnement informatique qu'il utilise et sait à quoi ils servent. Il doit savoir se connecter au réseau de l'école, gérer et protéger ses moyens d'authentification (identifiant et mot de passe ou autre authentifiant). Il doit savoir enregistrer les documents dans son espace personnel ou partagé en fonction des usages. Il doit retrouver et ouvrir un document préalablement sauvegardé. ■

> **« Actuellement, on définit une compétence comme l'aptitude à faire face efficacement à une famille de situations analogues, en mobilisant à bon escient et de façon à la fois rapide, pertinente et créative, de multiples ressources cognitives : savoirs, capacités, microcompétences, informations, valeurs, attitudes, schèmes de perception, d'évaluation et de raisonnement. »**
> Philippe Perrenoud, *La formation des enseignants au XXIe siècle*, Université de Genève, 2001

→ Didactique / Évaluation / Parcours / Pédagogie / Socle

Pour aller plus loin

- Philippe Perrenoud, *Construire des compétences dès l'école*, ESF éditeur, 2011.
- Bernard Rey, Vincent Carette, Anne Defrance, Sabine Kahn, *Les compétences à l'école*, De Boeck, 2012.
- http://eduscol.education.fr/pid25572/evaluation-des-competences.html

Conceptions premières

On appelle conceptions premières les modèles d'explication dont dispose l'enfant et qui sont susceptibles d'influencer ses manières d'apprendre. Ces modèles sont liés au niveau de connaissances de l'enfant et à son histoire personnelle. Ces conceptions premières peuvent évoluer pour se rapprocher d'un savoir scientifique à condition que l'enseignant les prenne en compte explicitement.

Contexte

Identifier les conceptions premières

Selon les didacticiens, identifier les conceptions premières a autant d'intérêt pour l'élève que pour l'enseignant. En ce qui concerne l'élève, elles permettent une prise de conscience de représentations mal adaptées à une situation. Elles jouent un rôle de tremplin dans les apprentissages puisque l'enfant va s'appuyer sur elles pour élaborer ses connaissances. Pour l'enseignant, analyser les conceptions lui permet de connaître ses élèves et de déterminer les objectifs de ses apprentissage en tenant compte des représentations.

L'acquisition de connaissances n'est pas la simple mémorisation d'informations fournies par l'enseignant, les livres, les supports d'apprentissages. Ces informations sont filtrées, interprétées, mises en relation et confrontées à des connaissances préalables. L'enseignement de certaines disciplines se heurte alors à des conceptions "spontanées" qui peuvent faire obstacle à l'apprentissage. Un certain nombre de conceptions scientifiques se sont construites contre l'évidence ; ainsi les lois "élémentaires" de Galilée et Newton restent difficiles à comprendre parce qu'elles s'opposent au "bon sens" commun. De nombreuses recherches en didactique ont visé l'identification des conceptions chez les élèves en analysant leurs "erreurs", leurs raisonnements par exemple sur la résolution de problèmes ou en situation de travaux pratiques.

Faire avec pour aller contre

Les conceptions des enfants ne disparaissent pas pour être remplacées mais évoluent progressivement. L'enfant passe d'un niveau de formulation à un autre. Les conceptions évoluent jusqu'à atteindre le niveau de formulation souhaité par l'enseignant. Selon André Giordan, à l'école primaire, ces séquences d'enseignement sont une alternance de phase d'investigation (observation, expérimentation) et de phase de mise en commun (les enfants présentent leurs recherches au reste de la classe). Tout au long de ce travail, les situations de confrontation (débat sociocognitif) entre pairs ou avec la réalité permettent de faire préciser les conceptions et de les faire évoluer.

La construction du savoir par l'enfant lui-même est indispensable et ne doit pas être remplacée par une distribution des connaissances par l'enseignant. Ce dernier joue deux rôles : celui d'animateur lors des discussions pour que les élèves s'écoutent et argumentent ; il apporte les informations pour mettre en place les situations-problèmes ou fournir les documents qui contredisent les conceptions des enfants.

L'enseignant doit aussi s'interroger sur la façon de faire émerger ces conceptions et sur les possibilités de les faire évoluer. Il peut, par exemple, s'appuyer sur le jeu de situations-problèmes, suscitant un conflit cognitif, devant conduire au changement conceptuel attendu.

Comment faire émerger et recueillir les représentations initiales des élèves

- Demander aux enfants de faire un dessin. L'enseignant donne une consigne précise comme "dessiner par où passent l'eau et le pain dans votre corps" pour travailler sur la digestion. Le dessin est un mode d'expression adapté aux enfants. Il faut, pour pouvoir analyser ces dessins, demander aux élèves des détails légendés et conduire des échanges.
- Organiser un débat oral sur un sujet, par exemple "Qu'est-ce que la digestion". L'enseignant peut relever ce que les enfants savent et les questions qu'ils se posent sur le sujet. Il guide le débat, relance la discussion par des questions ponctuelles.
- Poser des questions précises aux enfants et leur demander d'y répondre par écrit. Les questionnaires peuvent être de différents types : très directifs ou non, avec des questions ouvertes ou fermées, sous forme de QCM.

Éclairage

Exemple de recueil de conceptions dans une classe de CM1

Une enseignante souhaite aborder la digestion avec sa classe de CM1. Elle va d'abord faire émerger et recueillir un questionnement chez les enfants. Comment la nourriture arrive-t-elle dans le ventre ? Que devient la nourriture une fois dans le ventre ? Que se passe-t-il quand on avale de travers ? À quoi ressemble l'estomac ? Comment le ventre trie-t-il les aliments ? Est-ce que la nourriture s'accumule dans le ventre ou est-ce qu'elle disparaît ? Est-ce qu'on digère toutes les sortes de nourriture ? Que se passe-t-il quand on n'arrive pas à digérer ? Comment la nourriture devient excrément ? Comment l'eau devient-elle de l'urine ? Pourquoi l'urine est-elle jaune ? Nombre d'enfants pensent, par exemple, que si l'on mange du pain et que l'on boit de l'eau, les deux aliments passent par des "conduits" différents.
À l'issue de ce questionnement, l'enseignante demande aux élèves une représentation schématique de la digestion. En s'appuyant sur ces représentations (conceptions premières), l'enseignante bâtit sa démarche pédagogique et apporte les connaissances. En fin de séance, elle confronte les conceptions premières au schéma réel du système digestif. ■

“ Quand il se présente à la culture scientifique, l'esprit n'est jamais jeune. Il est même très vieux, car il a l'âge de ses préjugés. Accéder à la science, c'est spirituellement rajeunir, c'est accepter une mutation brusque qui doit contredire un passé. ”
Gaston Bachelard, *La Formation de l'esprit scientifique*, Librairie philosophique J. Vrin, 1938

→ Didactique / Erreur / Méthodes / Pédagogie

Pour aller plus loin

- André Giordan, Yves Girault, Pierre Clement, *Conceptions et connaissances*, Peter Lang, 1994.
- André Giordan, Gérard Vecchi, *L'enseignement scientifique : Comment faire pour que "ça marche"?*, Z'éditions, 1994.
- Madeleine Paccaud, "Les conceptions comme levier d'apprentissage du concept de respiration", in *Revue Aster* n° 13, 1991.

Conseils

Les différents conseils de l'école, conseil des maîtres, conseil des maîtres de cycle, conseil d'école sont des réunions de concertation. Elles permettent la coordination nécessaire entre les différents acteurs de l'école. La notion de "communauté éducative", introduite par la loi de 1989, précise le rôle et les missions de chacun.

Contexte

Le conseil d'école

Le conseil d'école est composé du directeur de l'école qui le préside, du maire ou de son représentant et d'un conseiller municipal désigné par le conseil municipal, des enseignants de l'école, des maîtres remplaçants exerçant dans l'école au moment des réunions du conseil et d'un des membres du réseau d'aides spécialisées intervenant dans l'école, des représentants élus des parents d'élèves en nombre égal à celui du nombre de classes de l'école, du délégué départemental de l'éducation DDEN (décret n° 90788 du 6 septembre 1990). L'inspecteur de l'Éducation nationale de la circonscription assiste de droit aux réunions. Le conseil d'école se réunit au moins une fois par trimestre pour voter le règlement intérieur, élaborer le projet d'organisation de la semaine scolaire, et, dans ce cadre apporter tout avis ou suggestion sur le fonctionnement de l'école.

Le conseil des maîtres

Le conseil des maîtres de l'école est composé du directeur qui le préside, de l'ensemble des maîtres affectés à l'école, des maîtres remplaçants exerçant dans l'école au moment des réunions du conseil et des membres du réseau d'aides spécialisées intervenant dans l'école (décret n° 90788 du 6 septembre 1990). Il se réunit au moins une fois par trimestre, en dehors de l'horaire d'enseignement dû aux élèves et chaque fois que le président le juge utile ou que la moitié de ses membres en fait la demande. Le conseil des maîtres donne son avis sur l'organisation du service et sur tous les problèmes concernant la vie de l'école.

Le conseil des maîtres de cycle

Le conseil de cycle fait le point sur la progression des élèves (décret n° 90788 6 septembre 1990). Il s'appuie sur les livrets d'évaluation et les travaux des élèves. Il formule des propositions pour la suite de leur parcours scolaire. L'équipe pédagogique de chaque cycle précise le projet de cycle en appui sur les objectifs du projet d'école. Elle peut consulter des personnes qualifiées qui interviennent sur le temps scolaire, comme la/le psychologue scolaire, un maître spécialisé…

Le conseil école - collège

Ce conseil a été créé par la loi du 8 juillet 2013 pour la Refondation de l'École de la République, pour renforcer **la continuité pédagogique et éducative** entre les deux écoles. Il comprend le principal du collège ou son adjoint, l'inspecteur de l'Éducation nationale de la circonscription, ou son représentant, des personnels désignés par le principal du collège, des membres du conseil des maîtres de chacune des écoles. Il est présidé à la fois par le principal du collège et par l'inspecteur de l'Éducation national. Il se réunit au moins deux fois par an et établit son programme d'actions pour l'année scolaire, ainsi qu'un bilan de ses réalisations.

Des compétences clairement réparties			
	Conseil des maîtres	Conseil des maîtres de cycle	Conseil d'école
Compétences	Assure : l'organisation "administrative fonctionnelle", la préparation du conseil d'école.	- Décide du maintien et des passages. - Assure la cohérence pédagogique.	- Se prononce sur des questions d'ordre administratif et pédagogique : projet d'école, règlement intérieur, mise en sûreté des élèves (PPMS). Le CE donne un avis, sauf sur le règlement intérieur (vote).
Ordre du jour	- Services, sorties, sécurité, organisation de l'école, des enseignements, projet d'école, projets…	- Organisation pédagogique. - Suivi des élèves. - Projet de cycle.	- Validation du règlement intérieur. - Financements liés aux sorties pédagogiques. - Effectifs, répartition des élèves. - Volet sécurité.
Rythme	En fonction des besoins.	Au moins une fois par trimestre.	1 conseil par trimestre.

Éclairage

Le premier conseil d'école de l'année

Le premier conseil d'école de l'année est particulièrement important. Il doit aborder les points suivants :

- l'installation du nouveau conseil d'école,
- le point sur la rentrée scolaire,
- les effectifs, les classes,
- l'aménagement des locaux, les récréations,
- les prévisions d'effectifs pour l'année scolaire prochaine,
- les projets d'action des classes,
- la coopérative scolaire,
- un site pour l'école,
- les différents projets ministériels,
- l'éventuel projet d'agrandissement de l'école,
- les échanges sur l'organisation de la sortie du soir des élèves de l'école.

Cet ordre du jour sera éventuellement étoffé des questions émanant des parents ou de la mairie. ■

> **« L'institution du conseil des maîtres […] fera sortir nos maîtres de l'isolement pédagogique où beaucoup d'entre eux se plaisent, confinés dans le travail de leur classe, sans relations suffisantes avec leurs collègues. »**
> Circulaire du 15 janvier 1908 instituant le conseil des maîtres

→ **Collège / Cycle / Direction / Parents / Partenariat / Primaire / Vie scolaire**

Pour aller plus loin

- www.education.gouv.fr/cid225/les-structures-de-concertation.html

Culture

La culture est considérée comme l'ensemble des traits distinctifs, spirituels et matériels, intellectuels et affectifs, qui caractérisent une société, un groupe social. Elle englobe les arts et les lettres, les modes de vie, les droits fondamentaux de l'être humain, les systèmes de valeurs, les traditions et les croyances.

Contexte

L'école, lieu premier de transmission

L'école est par excellence le **lieu de transmission de la culture**. Elle doit construire la connaissance du patrimoine, développer l'esprit critique et le sens des valeurs. La généralisation d'un enseignement de l'histoire des arts dès l'école élémentaire renforce cette logique. Les élèves doivent apprendre à situer les œuvres dans le temps et les mettre en relation avec les faits historiques ou culturels utiles à leur compréhension. Des références partagées permettent de se sentir appartenir à la même communauté. La fonction humaniste de l'école est d'abord assurée par l'enseignement et soutenue par les projets.

Mise en œuvre d'une éducation artistique et culturelle

L'éducation artistique et culturelle est intimement liée à l'éducation de la personne et est présente dans les programmes, dès l'école maternelle. Elle développe l'aptitude à l'expression et le goût de la création. Elle favorise l'épanouissement de la personne et permet de mieux équilibrer les différentes formes d'intelligence et de développer la sensibilité.

Les trois volets complémentaires de cette éducation sont : une formation de base en arts visuels et en musique selon les programmes ; des activités artistiques intégrées à d'autres enseignements pour renforcer l'approche sensible et la dimension esthétique (théâtre, danse, arts du cirque…) ; la réalisation de projets artistiques et culturels pour approfondir des disciplines ou en découvrir d'autres (photo, calligraphie, céramique, vidéo…).

Au sein des académies, des délégations académiques aux arts et à la culture (DAAC) sont là pour aider les enseignants à monter des projets et à exploiter les nombreuses ressources. L'action éducative s'appuie sur différents dispositifs : ateliers artistiques, classes à projet artistique et culturel (PAC), classes culturelles, ateliers scientifiques et techniques, chorales, jumelages, résidences d'artistes, dispositifs d'éducation à l'image, École au cinéma, etc. L'accompagnement éducatif, dans les écoles élémentaires de l'éducation prioritaire, propose aussi une pratique artistique et culturelle pour les élèves volontaires. Ces dispositifs permettent de décliner le travail éducatif en fonction d'un projet culturel. Ils sont inscrits dans le projet d'école.

Les ressources du partenariat

Les intervenants culturels qui peuvent se mobiliser auprès de l'école sont nombreux : autres ministères, institutions culturelles, associations complémentaires de l'enseignement public, etc. Le développement d'une politique de partenariat culturel bénéficie du

7 207

C'est le nombre de projets culturels comptabilisés en 2005-2006 par la Direction Générale de l'Enseignement Scolaire (DGESCO).
(Source : Enquête de la DEGESCO 2007.)

maillage culturel du territoire réalisé depuis une trentaine d'années, notamment au plan local : réseaux de bibliothèques, fonds régionaux d'art contemporain (FRAC), musées, lieux patrimoniaux et lieux de mémoire, écoles de musique, compagnies théâtrales et lieux dédiés au spectacle vivant. Les partenariats entre l'école et les structures culturelles s'inscrivent dans un cadre institutionnel qui privilégie la démarche de projet et la concertation, au service de l'efficacité de l'action.

Le parcours d'éducation artistique et culturelle (PEAC)

Défini par la circulaire interministérielle du 9 mai 2013, le PEAC a pour ambition de favoriser un accès égal pour tous à l'art. Ses principaux objectifs sont de **permettre l'acquisition d'une culture artistique personnelle** fondée sur des repères communs, d'**initier les élèves aux différents langages de l'art**, de diversifier et de **développer leurs moyens d'expression** pour les aider à s'épanouir. Ils nécessitent de mettre en cohérence les enseignements et les actions éducatives, de les enrichir et de les diversifier, en les reliant aux expériences personnelles des élèves. La complémentarité entre les temps scolaires, périscolaire et extrascolaire est souhaitable.

Éclairage

Exemples de thèmes pour une classe à PAC

La couleur : le thème s'applique à l'art (peinture, mosaïque, céramique, vitrail…) à la chimie (diversité des pigments : nature, origine, fabrication, utilisation), à la physique (couleur du ciel, des objets cosmiques) ou à la biologie (perception des couleurs). Le monde quotidien est inondé de couleurs, des plus évidentes (couleurs des êtres vivants) aux plus inattendues (imagerie médicale, colorants alimentaires, colorants industriels).

Le mouvement : Il est représenté en sculpture, peinture, littérature… Un mouvement peut être décrit, mesuré (vitesse, accélération, frein, frottement, trajet), photographié et filmé (à vitesse réelle, au ralenti) ; il peut être abordé à toutes les échelles de l'inerte et du vivant : des particules et êtres vivants microscopiques jusqu'aux planètes. La réalisation d'un mouvement suppose un moteur : le décollage d'un avion, d'une fusée en sont des exemples.

De la forêt au bois : la forêt est aussi un milieu de vie (animaux, végétaux) et un lieu de détente et de loisir (promenade, cueillette). Elle fait vivre directement ou indirectement de nombreuses professions ; le bois qu'elle fournit est la matière première d'activités économiques indispensables : chauffage, construction, menuiserie, papier, emballage, matériaux agglomérés… Pour toutes ces raisons, elle doit être entretenue (régénération naturelle, plantation) et protégée (surexploitation, incendies, déforestation). ■

> « L'école doit aider à […] interpréter les récits par lesquels nous créons de la signification, comme l'Histoire interprète une période ou la sociologie une société. Ces récits montrent comment une culture façonne les croyances, les désirs, les valeurs de ceux qui y vivent. »
> Jerome Bruner, *Car la culture donne forme à l'esprit*, Georg, 1997

→ Arts / Égalité / Primaire / Projet / Socle / Valeurs

Pour aller plus loin

- Jerome Bruner, *Car la culture donne forme à l'esprit*, Georg, 1997.
- www.education.gouv.fr/cid20725/l-education-artistique-et-culturelle.html

Cycle

On appelle cycle une unité pédagogique fonctionnelle qui permet de respecter les rythmes d'apprentissage. L'enseignement primaire est découpé en trois cycles pluriannuels. Ils couvrent à la fois l'école maternelle, l'école élémentaire et dorénavant la 1re année du collège. Cette forme de pédagogie prend en considération les décalages d'apprentissage entre les enfants dûs aux différences de maturité.

Contexte

La notion de cycle a été définie dans la loi n° 89-486 du 10 juillet 1989 d'orientation sur l'éducation. Le Conseil supérieur de l'éducation (CSE) rappelle que l'école primaire doit ajuster l'organisation scolaire à la psychologie et au cheminement des enfants. Ce découpage des apprentissages en trois cycles distincts vise notamment à reconnaître et à respecter les différences entre les élèves. Des objectifs sont définis pour chacun des trois cycles, dans les différentes disciplines d'enseignement, et déclinés en compétences à travailler avec les élèves. C'est la somme des acquisitions de compétences qui permet de déclarer un objectif atteint ou non en termes d'apprentissage. Ces objectifs doivent être atteints non plus à la fin d'une année scolaire, comme auparavant, mais en fin de cycle. Des compétences qui n'auraient pas été acquises en fin de cycle peuvent donner lieu à un "maintien", pour laisser à l'enfant une année supplémentaire pour combler des besoins spécifiques et travailler des compétences qui ne sont pas encore acquises.

Le socle commun de connaissances, de compétences et de culture, tel que défini par le décret n° 2015-372 du 31 mars 2015, rappelle par ailleurs que "la maîtrise des acquis du socle commun doit se concevoir dans le cadre du parcours scolaire de l'élève et en référence aux attendus et objectifs de formation présentés par les programmes de chaque cycle."

De nouveaux cycles définis en 2013

De nouveaux cycles sont définis par la loi de 2013 (décret n° 2013-682 du 24 juillet 2013 modifiant l'art. D. 311-10 du Code de l'éducation). La scolarité de l'école maternelle à la fin du collège est organisée en quatre cycles pédagogiques successifs :

- **le cycle 1, cycle des apprentissages premiers**, correspond aux trois niveaux de l'école maternelle : respectivement petite section, moyenne section et grande section ;
- **le cycle 2, cycle des apprentissages fondamentaux**, correspond aux trois premières années de l'école élémentaire : cours préparatoire, cours élémentaire première année et cours élémentaire deuxième année ;
- **le cycle 3, cycle de consolidation**, correspond aux deux années de l'école élémentaire suivant le cycle des apprentissages fondamentaux et à la première année du collège : cours moyen première année, cours moyen deuxième année et classe de sixième ;
- **le cycle 4, cycle des approfondissements**, correspond aux trois dernières années du collège : classes de cinquième, de quatrième et de troisième.

38 %

C'est le pourcentage des jeunes Français de 15 ans qui déclarent avoir au moins une fois redoublé.

Le conseil des maîtres de cycle

Ce découpage a eu pour conséquence une restructuration en profondeur des équipes de travail en école, notamment au travers des "conseils des maîtres de cycle" et des "conseils d'école", instances qui ont à évaluer continuellement leur approche globale des objectifs et des compétences. Le conseil de cycles formule les propositions concernant le passage des élèves d'un cycle à l'autre. Il est chargé de proposer un "maintien" si des compétences ne sont pas acquises en fin de cycle. Les parents peuvent faire appel de la décision.

Le programme personnalisé de réussite éducative (PPRE)

Lorsqu'un élève risque de ne pas maîtriser les compétences de fin de cycle, le PPRE permet à tout moment du parcours de mettre en place un dispositif écrit de soutien. Il s'appuie sur un document discuté avec les parents, qui précise et coordonne les différentes formes d'aides apportées à l'élève. Il est obligatoirement mis en place en cas de maintien d'un élève dans un cycle. Pour le collège, un programme personnalisé de réussite éducative (PPRE) dit "passerelle" est défini. Il s'appuie sur le livret personnel de compétences et sur les résultats de l'élève pour déterminer les objectifs d'apprentissage prioritaires et les modalités des aides.

Éclairage

Adaptation des parcours scolaires

Le passage anticipé au CP peut être envisagé par la famille ou/et l'enseignant(e) en respectant une procédure. Le conseil des maîtres de cycle 1 (maternelle) formule un avis motivé en particulier sur l'acquisition des compétences de fin de cycle 1. L'avis du (de la) psychologue scolaire est sollicité. Le(a) directeur(rice) notifie la proposition aux parents par écrit. La famille a la possibilité d'effectuer un recours de la décision du conseil des maîtres.

En principe il n'y a pas de maintien de la scolarité en maternelle, tous les élèves doivent passer à l'école élémentaire à six ans. La liaison GS/CP permet de définir un projet spécifique pour l'arrivée au CP.

Pour les élèves en situation de handicap, la commission des droits et de l'autonomie (CDA) doit être saisie par la famille à la suite d'une équipe de suivi de la scolarité (ESS). Elle peut proposer un maintien en grande section dans le cadre du PPS (projet personnalisé de scolarisation).

La proposition du conseil de cycle devient décision si les parents expriment leur accord ou s'ils ne répondent pas dans les 15 jours. Ce délai leur permet de formuler un recours auprès de l'inspecteur d'académie. Ils expriment les raisons de leur désaccord dans un courrier qu'ils adressent au directeur de l'école qui le transmettra par la voie hiérarchique à la commission qui statue sur les recours. ■

> **« La raison d'être de l'école, c'est de faire apprendre, tout le reste n'est que moyen. Les cycles n'ont aucun intérêt s'ils ne permettent pas de placer davantage d'élèves, plus souvent, dans de meilleures conditions pour apprendre. »**
> Philippe Perrenoud, "Trois conditions pour apprendre en cycles", *Éducateur* n° 1, 1999

→ Collège / Conseils / Orientation / Parcours / Primaire / Remédiation / Socle

Pour aller plus loin

- Le passage au collège, académie de Paris : www.youtube.com/watch?v=3znBZJIHxa4

Décentralisation

La décentralisation est un processus consistant pour l'État à transférer au profit des collectivités territoriales certaines compétences et les ressources correspondantes. Les communes assurent la charge des écoles, les départements celles des collèges et les régions celles des lycées et des établissements spéciaux (enseignement agricole et autres...).

Contexte

Depuis 30 ans, le système éducatif s'est fortement déconcentré et fonctionne de plus en plus en transfert de pouvoirs de l'État vers les personnes morales de droit public distinctes de lui que sont les collectivités. La déconcentration est un transfert de la décision de l'administration centrale vers les relais locaux. La recherche d'autonomie des acteurs de proximité constitue un axe de politique éducative pour assouplir le fonctionnement uniforme et vertical du système éducatif. Il s'agit de mieux répondre à la diversité des contextes et des territoires et aux spécificités des publics accueillis.

Les lois de 1983, 1985 et 2004 ont transféré aux communes, aux départements et aux régions les charges de fonctionnement et d'équipement des locaux scolaires. Les collèges et les lycées sont devenus des EPLE, établissements publics locaux d'enseignement, mais pas les écoles.

Aujourd'hui, le processus de décentralisation est arrivé à maturité.

Une organisation financière spécifique

L'organisation de l'enseignement primaire est partagée entre l'État et les communes. Les dépenses d'équipements lourds (constructions, reconstructions, extension etc.), le mobilier et matériel pédagogique, les frais d'entretien, les ATSEM en maternelle, les frais de restauration et les activités périscolaires sont entièrement à la charge des communes. L'État assure le recrutement, la formation et la rémunération de tous les personnels enseignants.

Un organisme consultatif : le Conseil départemental de l'Éducation nationale (CDEN)

Le CDEN peut être consulté, donner des avis ou formuler des vœux dans tous les domaines concernant l'organisation et le fonctionnement du service public d'enseignement dans le département. Il est consulté sur :

- la répartition entre les communes intéressées, à défaut d'accord entre celles-ci, des charges des écoles maternelles, des classes enfantines et des écoles élémentaires publiques,
- la répartition des emplois dans les écoles publiques (carte scolaire),
- le règlement type départemental des écoles maternelles et élémentaires,
- la structure pédagogique des collèges, c'est-à-dire le nombre de divisions dans l'établissement, par exemple, 710 élèves répartis en 29 classes, d'enseignement général ou spécialisé comme les ULIS (Unité locale d'intégration Scolaire), les modalités

18 403 000

C'est la part en euros versée par le ministère de l'Éducation nationale pour le financement des écoles primaires publiques en 2012. Les écoles sont financées à hauteur de 53,5 % par l'État, 41,5 % par les collectivités territoriales (et 5 % autres).

d'attribution des moyens en emplois et financiers, les investissements et subventions prévus pour les collèges,
- l'organisation et le fonctionnement des transports scolaires…

Une déclinaison par le projet éducatif local

La notion de projet éducatif local (PEL) est apparue dans les années 1980 dans les politiques publiques d'aménagement des rythmes de vie de l'enfant et de la politique de la Ville. Il s'agissait de mettre de la cohérence entre les activités scolaires et le hors temps scolaire et de répondre aux inégalités sociales des territoires. Il formalise une démarche permettant aux collectivités territoriales volontaires de proposer à chaque enfant un parcours éducatif cohérent et de qualité avant, pendant et après l'école (art. D. 521-12 du Code de l'éducation). Des villes comme Rennes ont avancé l'idée de "villes éducatrices" pour promouvoir des politiques éducatives intégrant l'éducation formelle, non formelle et informelle, et favorisant une conception partagée de l'éducation. Dès lors, la question de l'égalité entre tous les territoires, selon les moyens et ressources présents sur place, est posée.

Éclairage

Exemple de mise en place d'un PEL

La Ville de Blois, la Caisse d'allocations familiales, la direction départementale de la cohésion sociale et de la protection des populations, la Région Centre se sont fixé des objectifs communs au bénéfice des enfants et des jeunes, pour leur développement, leur réussite et leur intégration dans la société et dans l'environnement local. Pour mener à bien ce projet, les acteurs (familles, institutions, associations, habitants…) ont exprimé leurs idées à différentes occasions. Celles-ci se sont traduites par la formalisation d'un PEL, signé pour 3 ans (2014-2016). Il s'appuie sur quatre grands principes : une action éducative nécessairement transversale, accessible à tous, s'appuyant sur le droit à l'expérimentation, durable.
Il poursuit trois objectifs éducatifs : reconnaître les parents comme les premiers éducateurs de leur enfant, respecter l'enfant dans sa singularité (ses rythmes, son âge, ses besoins), favoriser chez l'enfant et le jeune le goût pour la découverte, la nouveauté et l'ouverture sur le monde et leur donner l'envie de s'impliquer.
La gouvernance du PEL a été réfléchie en fonction de sa configuration institutionnelle, prenant en compte l'organisation territoriale et les ressources propres. Elle veille à fédérer l'ensemble des acteurs éducatifs locaux. (Pour en savoir plus : www.blois.fr/1509-le-projet-educatif-local.htm) ■

→ Partenariat / Système éducatif

> **« L'autonomie dont peuvent bénéficier les acteurs individuels et collectifs est incontestablement source, par l'adaptation au terrain qu'elle autorise et par la mobilisation de ressources humaines qu'elle facilite, d'une amélioration du service public. »**
> Robert Ballion, *Consommateurs d'école*, 2000

Pour aller plus loin

- "La décentralisation", *Administration & Éducation*, revue de l'association française des acteurs de l'éducation, n° 140, 2013.
- http://www.education.gouv.fr/cid101238/repartition-de-competences-entre-les-communes-les-departements-les-regions-et-l-etat.html&xtmc=deacutecentralisation&xtnp=1&xtcr=2

Démarche expérimentale

La démarche expérimentale consiste à tester par des expériences répétées la validité d'une hypothèse. L'obtention de données nouvelles confirme ou infirme l'hypothèse initiale. Elle repose sur une méthodologie décrite, exige une démarche que d'autres expérimentateurs pourraient reproduire en obtenant les mêmes résultats.

Contexte

Aussi dénommée "démarche d'investigation" ou "démarche scientifique", la démarche expérimentale permet de construire des savoirs en s'appuyant sur l'expérimentation, elle développe des compétences transversales telles que la curiosité, la créativité, l'esprit critique et l'intérêt pour les sciences. Elle repose en général sur un protocole avec différentes phases : questionnement, observation, expérience, description, raisonnement, conclusion.

Entrer dans la démarche expérimentale

Pour que l'élève entre vraiment dans une démarche expérimentale, il faut qu'il ait envie de répondre à une question qui l'intéresse. Il doit formuler des hypothèses, passer d'une question à une recherche d'explication plausible, ou imaginer des éléments qui pourraient répondre à cette question. Il doit oser se tromper, recommencer, modifier ses hypothèses et rebondir sur d'autres questions. L'expérience permet de rendre sensibles des phénomènes complexes, de les illustrer, de mettre en évidence certaines lois. Faire des expériences intéresse les élèves, les rend actifs et participatifs et les motive pour le travail d'apprentissage.

La démarche de *La main à la Pâte*

La démarche préconisée par *La main à la pâte* (dispositif lancé en 1995 par l'Académie des sciences à l'initiative de Georges Charpak) privilégie la construction des connaissances par l'action, l'interrogation, l'investigation, l'expérimentation. Les élèves réalisent eux-mêmes des expériences, et discutent pour en comprendre les apports. Ils apprennent progressivement, en se trompant, en interagissant avec leurs pairs et avec des experts, en explicitant par écrit leur point de vue, en l'exposant aux autres, en le confrontant à d'autres points de vue et aux résultats expérimentaux pour en tester la pertinence et la validité. L'enseignant propose des situations, guide les élèves sans faire à leur place ; il fait expliciter et discuter les points de vue, en accordant une grande attention à la maîtrise du langage. Il fait énoncer des conclusions valides par rapport aux résultats obtenus, les repère par rapport au savoir scientifique.

Les séances de classe sont organisées autour de thèmes. Des progrès sont recherchés en matière d'acquisition de connaissances, d'acquisition de démarches et d'acquisition de langage oral et écrit. Des éléments de cette démarche sont conservés dans le cahier d'expériences. On y trouve des schémas, des

46,5 %

C'est le pourcentage de filles inscrites en série S au baccalauréat général. Preuve qu'elles ont un esprit scientifique (au moins) aussi développé que chez les garçons, elles sont 93,8 % de cette série à réussir, contre 91,5 % de garçons.

(Source : DEEP MEN, session 2013.)

Le modèle OHERIC propose une codification de la démarche expérimentale.

Le modèle OHERIC	
Observation	Analyser une situation-problème. Poser des questions.
Hypothèse	Formuler une hypothèse : rechercher des relations possibles entre deux grandeurs physiques, formuler le but d'une expérience.
Expérience	Préparer, réaliser une expérience.
Résultats	Constater des faits. Communiquer les résultats d'une expérience (texte, tableau, graphique, schéma…).
Interprétation	Lire, traduire, interpréter des données (d'un texte, d'un tableau, d'un graphique, d'un schéma…).
Conclusion	Tirer une conclusion (une définition, une règle, une convention, une représentation…). Modéliser. Faire évoluer un modèle.

dessins, des traces écrites, aussi bien personnelles ou individuelles que des écrits collectifs (d'un groupe, de toute la classe). Le questionnement, les conclusions favorisent la structuration d'une pensée rationnelle et la construction d'un savoir méthodique. Ce cahier est à la fois un outil pour un travail scientifique et un outil éducatif.

Éclairage

Flotte ou coule ?

L'expérimentation "flotte ou coule?" a été menée auprès de classes de cycle 2, en faisant appel à la démarche expérimentale. Première phase : des objets sont présentés, la question est de savoir s'ils flottent ou s'ils coulent si on les place dans un récipient rempli d'eau (un pamplemousse, une gomme, une bouteille en verre remplie d'eau, du papier d'aluminium, un clou…). Les conceptions premières des élèves sont recueillies à l'aide d'un questionnaire introductif, auquel ils répondent individuellement. Les résultats sont synthétisés au tableau. La consigne est donnée : "Pour chacun de ces objets, écrivez s'ils vont flotter ou couler et expliquez pourquoi vous pensez qu'ils vont flotter ou couler". Les élèves essayent de faire des prévisions "argumentées", ce qui permet de faire apparaître leurs représentations. Les explications le plus souvent énoncées sont liées au poids de l'objet : plus un objet est lourd, plus il coule. Elles sont déterminées aussi par la taille de l'objet : plus un objet est petit, mieux il va flotter. Les expérimentations dans la phase suivante permettront de confronter les contradictions apparues en phase 1 et de valider ou d'invalider les hypothèses, pour comprendre le phénomène de flottabilité (densité de l'objet). ■

> **« S'engager dans une démarche expérimentale implique : avoir envie de se poser des questions (curiosité) ; avoir confiance en soi ; être critique (esprit critique) ; être créatif (imagination créatrice) ; avoir envie de chercher par soi-même ; avoir envie de communiquer ; avoir envie de travailler en groupe. »**
> André Giordan, www.andregiordan.com/investigation/objectifsposs.htm

→ Compétences / Conceptions premières / Méthodes / Théories de l'apprentissage

Pour aller plus loin

- Jean-Pierre Astolfi, *Comment les enfants apprennent les sciences*, Retz, 2006.
- André Giordan, *Une didactique pour les sciences expérimentales*, Belin, 1999.
- http://eduscol.education.fr/pid26231-cid46919/ressources-pour-l-enseignement-des-sciences-et-des-technologies-a-l-ecole.html
- www.fondation-lamap.org

Développement

Le développement est l'ensemble des modifications qui affectent les comportements de la personne au cours de son évolution. Pour répondre au développement spécifique de chacun des enfants, la pédagogie intègre les différences et les logiques individuelles à chacune des étapes de l'apprentissage.

Contexte

Sur le plan affectif comme sur le plan cognitif, le principe le plus couramment admis est celui du "big bang". L'intelligence sous toutes ses formes s'exerce dès le berceau. Les huit premières années et surtout les trois premières années sont déterminantes pour tout le reste de la vie.

Les règles générales du développement

Tous les enfants suivent un schéma de croissance et de développement, mais chaque enfant se développe à son propre rythme. L'affection pendant la première année de sa vie aide le jeune enfant à s'épanouir : le prendre dans ses bras, le cajoler et lui parler stimulent sa croissance et son développement affectif. Les émotions des enfants sont réelles et fortes. Ils peuvent facilement se mettre en colère. Ils ont souvent peur des inconnus ou du noir. Le toucher, l'ouïe, l'odorat, la vue et le goût sont des outils que l'enfant utilise pour explorer le monde qui l'entoure.

L'interaction avec les autres est le meilleur moyen de se développer et d'apprendre. Plus on parle à l'enfant, plus vite il apprend. Lire des histoires ou chanter des chansons, même si tout n'est pas encore compris, développe le langage et les facultés d'apprentissage.

En jouant, en explorant, l'enfant se développe sur les plans social, affectif, physique et intellectuel. Il joue par intérêt pour l'action, le jeu est aussi la clé de son apprentissage. Les enfants apprennent en faisant des tentatives, en comparant les résultats, en posant des questions, en se fixant de nouveaux défis et en trouvant des moyens de réussir. Ils adorent jouer des rôles, cela développe l'imagination, les aide à comprendre et à accepter le comportement des autres.

En observant, en imitant les autres, il apprend à établir des contacts sociaux, à faire la différence entre les comportements qui sont acceptables et ceux qui ne le sont pas.

Développement cognitif : la théorie des trois cerveaux

MacLean donne un modèle de structure avec trois cerveaux, qui correspondent aux trois niveaux de l'encéphale.

Le cerveau reptilien, le plus ancien, le plus simple, le plus profond comporte la plus grande partie du tronc cérébral. Il est rempli de savoir et de mémoire ancestrale. Il prend les décisions de survie et de défense. Il est le centre des habitudes et des automatismes. Il ne sait pas faire face aux situations nouvelles. Il n'innove pas. **C'est le cerveau déclencheur de l'action.**

Le cerveau des mammifères, appelé aussi système limbique, est construit autour du premier. Appelé cerveau émotionnel,

22 m²

La surface du néocortex, si elle était déployée, représenterait 22 m². Il constitue un potentiel d'intelligence et d'apprentissages énormes.

il joue un rôle dans la structuration de l'identité. Il intervient dans la mémoire, permet d'apprendre à partir d'expériences nouvelles qu'il classe en gratifiantes (à renouveler) ou désagréables (à éviter). Il sait généraliser les réponses apprises. Il peut bloquer une information si l'environnement lui paraît menaçant ou déplaisant, en cas de choc affectif... Il donne le sens du groupe et l'altruisme. Tous les stimuli sensoriels (sauf olfactifs) passent par lui. **C'est le cerveau modulateur du comportement.**

Aucun des deux cerveaux ne possède le moyen de s'exprimer verbalement. Il est inutile d'argumenter avec un élève bloqué dans ses apprentissages pour des raisons affectives ou émotionnelles.

Le néo-cortex est la partie supérieure. Il permet la production et la préservation des idées, le raisonnement, le traitement des données. Il permet l'analyse, l'anticipation, la prise de décisions, la résolution de problèmes. Chaque hémisphère du néo-cortex est composé de quatre lobes (occipital, temporal, pariétal, frontal). Il permet le langage symbolique, la pensée et toutes les activités complexes (lecture, écriture, mathématiques...). **Les lobes frontaux** peuvent être considérés comme un quatrième cerveau. C'est grâce à eux qu'on échappe à la boucle stimulus réponse, en donnant le temps du traitement de l'information. C'est le siège de l'empathie, de l'identification avec l'autre, de la réflexion, de la projection dans l'avenir. **C'est le cerveau comparateur et associatif.**

Éclairage

Accompagner le développement de l'enfant

L'enseignant doit mettre en place des médiations.

- **L'enrôlement**. Tenir compte des centres d'intérêt des enfants, c'est créer le désir. Les situations de risque, à intensité émotionnelle forte, introduisent du sens et un enjeu.
- **La réduction des degrés de liberté**. On adapte la situation proposée (matériel, stratégie...). On tient compte de la Zone de Développement Proximal pour organiser les apprentissages.
- **Le maintien de l'orientation sur la tâche**. L'aménagement spatial, l'organisation du matériel, la composition de groupes, la procédure et les stratégies permettent de lutter contre l'impulsivité de l'enfant.
- **La signalisation des caractéristiques déterminantes**. L'enseignant va activer le raisonnement analogique pour savoir si une tâche similaire a été faite, inciter à faire des transferts de procédure.
- **Le contrôle de la frustration**. Pour éviter le sentiment de dépendance, il faut organiser des aides, affichage, outils, tutorat...
- **La démonstration** : Il faut montrer comment il peut faire quand il n'a pas conceptualisé plutôt que ce qu'il faut faire. ■

> « L'élève est un penseur. »
> Jérome Bruner, *L'éducation, entrée dans la culture*, Retz, 1997

→ Compétences / Mémoire / Piaget / Théories de l'apprentissage / Vygotski

Pour aller plus loin

- Olivier Houdé, *La psychologie de l'enfant*, PUF, 2004.
- Catherine Jousselme, *Le développement psychologique de l'enfant*, Nathan, 2014.
- Lev Vygostski, *Pensée et langage*, La dispute, 2003.

Devoirs

On appelle devoirs le travail donné par l'enseignant, qui doit être fait en dehors du temps de la classe. Il s'agit souvent de leçons, les devoirs écrits à la maison étant interdits à l'école depuis un texte officiel de 1956.

Contexte

Une interdiction dans les textes

L'interdiction des devoirs à la maison est renouvelée régulièrement par l'Éducation nationale. "*Il reste interdit dans l'enseignement élémentaire de donner des travaux écrits à exécuter à la maison ou en étude*", rappelle une instruction ministérielle de 1971. La circulaire de septembre 1994 a maintenu cette interdiction car les programmes de 1993 avaient instauré des études dirigées (6e et 5e). La pratique des devoirs s'est pourtant généralisée. Les enseignants considèrent souvent les travaux hors du temps scolaire comme une manière de capter l'intérêt et la considération des familles. Le fait que cet accompagnement soit souvent sollicité par les parents vient renforcer leur action.

Les disparités considérables entre les conditions de logement et d'encadrement familial d'une part, mais aussi la prise de conscience de la longueur de la journée de l'écolier d'autre part, ont conduit le ministre de l'Éducation nationale à fréquemment réitérer cette interdiction.

Efficacité et équité

En 2004, le rapport Glasman interrogeait l'efficacité et l'équité des devoirs. 72 % des élèves estiment que les devoirs font moins aimer l'école. Le report à la périphérie de la classe des moments dans lesquels les élèves sont censés être actifs peut se révéler discriminant. Les familles ne sont pas égales dans la façon dont elles accompagnent leur enfant dans leurs devoirs. S'interrogeant sur les "Formes d'implication parentale et difficulté scolaire au collège" (*Éducation et formation*, n° 36, 1993), Jean-Paul Caille propose une typologie des formes d'engagement parental :

- **Les absents :** ils n'apportent pas d'aide aux devoirs et ne proposent pas de cours particuliers à leur enfant.
- **Les effacés :** ils proposent une aide irrégulière aux enfants et sont absents des autres domaines liés à la scolarité.
- **Les appliqués :** leur soutien est relativement intense puisque la vérification des devoirs et les discussions sur la scolarité sont quotidiennes.
- **Les mobilisés :** ils accordent du temps pour l'aide au travail scolaire, ainsi que pour les relations avec les enseignants ; ils cherchent également à créer un environnement familial favorable à la scolarité.
- **Les attentifs :** ils interviennent rarement directement auprès de leur enfant pour les devoirs mais montrent un intérêt certain pour le suivi de leur scolarité.

En 2008, le rapport sur "Le travail des élèves en dehors de la classe" (rapport n° 2008-086 de l'IGEN) dresse un nouvel état des lieux en s'interrogeant sur les conditions d'efficacité. Les élèves sont rarement initiés aux méthodes qui leur permettraient plus aisément de travailler en autonomie. Dans la très grande majorité des situations, ce travail ne fait pas l'objet d'une forme d'évaluation, mais d'une éventuelle vérification en classe.

68 %

C'est le pourcentage d'élèves qui consacrent plus d'une heure par jour aux devoirs à la maison, selon une étude demandée par le HCEE en 2005 (élèves de primaire et du collège).

Apprendre une leçon de manière autonome en fin de cycle 3

Comment rendre l'enfant autonome dans l'apprentissage à la maison :

Avant de commencer

- Je consulte mon cahier du soir ou mon cahier de textes.
- Je lis le texte de la leçon rapidement pour avoir une idée sur l'ensemble.

Pour apprendre ma leçon

- Je peux lire la leçon à voix haute, à voix basse, la lire des yeux, l'écrire.
- Suivant la longueur, je la fractionne en paragraphes.
- Je souligne les mots importants ou les mots-clés ; je cherche la signification des mots que je ne connais pas.
- Je m'aide du livre, du lexique.
- Je redis le plus important avec mes propres mots.

Pour vérifier que je sais ma leçon si je l'ai apprise par cœur

- Je la récite à quelqu'un.
- Je compare, en écrivant, avec ce qui est écrit dans mon cahier ou mon livre.

Si je ne l'ai pas apprise par cœur

- Je me pose des questions.
- Je réfléchis aux questions qu'on pourrait me poser.
- Je me fais interroger par quelqu'un.
- J'explique ce que je sais en utilisant mes mots.

L'accompagnement à la scolarité

La Charte nationale de l'accompagnement à la scolarité (7 juin 2001) désigne l'ensemble des actions qui visent à offrir l'appui et les ressources dont les enfants ont besoin pour réussir, appui qu'ils ne trouvent pas toujours dans leur environnement familial et social. Ces actions, qui ont lieu en dehors des temps de l'école, sont centrées sur l'aide aux devoirs et les apports culturels nécessaires à la réussite scolaire. Elles sont mises en œuvre à travers un contrat local d'accompagnement à la scolarité (CLAS), piloté par un comité départemental. La circulaire n° 2008-081 du 5 juin 2008 définit la mise en place de cet accompagnement éducatif dans les écoles élémentaires de l'éducation prioritaire.

Éclairage

Le curriculum caché

Le curriculum caché est l'ensemble des règles implicites de l'école, que l'enfant doit comprendre pour être en capacité de les appliquer en dehors de l'école. Ce curriculum caché peut vite poser des difficultés dès lors qu'il n'y a pas de lien explicite entre le savoir transmis par l'école et les élèves. Les enfants en difficultés ne parviennent pas toujours à établir ce lien entre le travail fait en classe et le travail à la maison. Beaucoup d'élèves en difficulté soulignent qu'ils ont du mal à réaliser leurs devoirs si les consignes sont données au dernier moment et si l'enseignant ne s'assure pas que tous les enfants présents en classe ont compris. Faute de maîtrise du curriculum caché, les enfants ne peuvent pas réaliser le travail en l'absence de l'enseignant. ■

> **« Des séquences de classe au cours desquelles les élèves apprennent et s'exercent suffisent largement pour les apprentissages fondamentaux en primaire. »**
> Patrick Rayou, *Faire ses devoirs*, Presses Universitaires de Rennes, 2010

→ Autonomie / Méthodes / Parents / Rythmes scolaires

Pour aller plus loin

- Patrick Rayou, *Faire ses devoirs*, Presses Universitaires de Rennes, 2009
- Rapport Glasman : www.hce.education.fr/gallery_files/site/21/100.pdf
- Rapport IGEN : http://media.education.gouv.fr/file/2008/46/6/2008-086-IGEN_216466.pdf

Didactique

Du grec *didaktikos* "doué pour l'enseignement", dérivé du verbe *didáschein* "enseigner, instruire", le terme désigne l'effort de transmission des connaissances. Les didactiques étudient les conditions d'acquisition et de transmission des savoirs disciplinaires.

Contexte

La didactique se différencie de la pédagogie par le rôle central occupé par les contenus disciplinaires et par la dimension épistémologique qui explique la nature des connaissances à enseigner. Elle a des liens avec la psychologie cognitive, et d'autres sciences humaines, mais elle a aussi créé ses propres concepts, comme celui de didactique des sciences. La didactique repose sur le fait qu'il faut tenir compte de ce que l'élève apprend, en appui sur ce qu'il sait déjà, et qu'il n'est pas un récepteur passif d'un savoir donné par l'enseignant. Les conceptions et les représentations personnelles constituent des biais ou des obstacles à l'élaboration de nouvelles connaissances. C'est en remettant en question la construction des conceptions premières que des savoirs stabilisés vont pouvoir se construire.
Aujourd'hui, on parle plutôt "des didactiques" des différentes disciplines qui travaillent sur les conditions de leur enseignement. La didactique des mathématiques, des sciences, du français, des langues, des sciences de la vie et de la terre, de l'éducation physique et sportive, s'est développée.

Le contrat didactique

Le contrat didactique est un concept qui désigne l'ensemble "des relations qui déterminent ce que chaque partenaire va avoir à charge de gérer et dont il sera, d'une manière ou d'une autre, responsable devant l'autre" (Guy Brousseau). Pour un "bon fonctionnement" de la classe : l'enseignant(e) a des attentes des élèves ; les élèves ont des attentes de l'enseignant(e) ; ces attentes traitent de l'enseignement et de l'apprentissage.
L'efficacité de la relation dépend de la compréhension mutuelle des intentions de l'autre. On parle souvent de transposition didactique du "savoir", mot introduit par Yves Chevallard. Ce savoir est non seulement celui des connaissances livresques, mais aussi celui des savoir-faire associés. Le choix des savoir-faire à faire acquérir aux élèves dépend évidemment de la finalité de l'enseignement et donc des pratiques de référence.

L'importance de la situation de classe

L'enseignant élabore une situation de classe en fonction d'un objectif d'apprentissage, mais en laissant cet objectif imprécis pour que l'élève ne puisse l'atteindre que par une adaptation personnelle à la situation. La résolution de la tâche et l'apprentissage qui en résulte dépendent de la richesse du milieu didactique dans lequel sont alors placés les élèves. Le milieu didactique est la partie de la situation d'enseignement avec laquelle il est mis en interaction. Il est défini par des aspects matériels (instruments, documents, organisation spatiale, etc.) et la dimension sémiotique associée (que faire avec, pourquoi faire avec, comment faire avec…).

Les situations-problèmes

Il s'agit de situations didactiques construites autour d'un "problème", un questionnement, une énigme, issue d'un objet, d'une observation, en général avec un support concret, dont la résolution nécessite l'investissement des élèves. Ceux-ci n'ont pas au départ tous les moyens de répondre à la ques-

Le modèle OHERIC pour enseigner "la" démarche expérimentale

Aucun physicien ni aucun biologiste ne soutiendront qu'il existe une démarche type ou unique. Il existe cependant des simplifications formulées par des didacticiens, qui peuvent être utiles pour l'enseignement à un niveau élémentaire. Par exemple, pour les démarches scientifiques, le modèle OHERIC.

Observation	Analyser une situation-problème. Poser des questions.
Hypothèse	Formuler une hypothèse : rechercher des relations possibles entre deux grandeurs physiques, formuler le but d'une expérience...
Expérience	Préparer une expérience. Réaliser une expérience.
Résultats	Constater des faits. Communiquer les résultats d'une expérience (texte, tableau, graphique, schéma...).
Interprétation	Lire, traduire, interpréter des données (d'un texte, d'un tableau, d'un graphique, d'un schéma...)
Conclusion	Tirer une conclusion (une définition, une règle, une convention, une représentation...). Modéliser. Faire évoluer un modèle.

tion. Ils doivent s'approprier le questionnement et mettre en œuvre leurs connaissances et leur réflexion pour trouver "une" solution. La situation didactique peut être choisie par l'enseignant de façon que le problème révèle un conflit (cognitif) et que la résolution corresponde donc au franchissement d'un obstacle. L'activité n'est pas nécessairement individuelle mais peut reposer sur un travail de groupe pouvant faire apparaître des conflits, sociocognitifs en particulier.

Éclairage

Exemple de situation-problème proposée par Stella Baruk

Le problème suivant a été présenté à 97 élèves de niveau CE : "Sur un bateau il y a 26 moutons et 10 chèvres. Quel est l'âge du capitaine ?" Parmi les 97 élèves, 76 ont donné l'âge du capitaine en utilisant les nombres figurant dans l'énoncé. Le contrat implicite entre les élèves et l'enseignant(e) pour un problème donné peut être interprété par les points suivants : (a) un problème posé a une réponse et une seule ; (b) pour parvenir à cette réponse, toutes les données doivent être utilisées ; (c) aucune autre indication n'est nécessaire ; (d) la solution fait appel aux connaissances enseignées. En conclusion, le contrat implicite entre les élèves et l'enseignant peut être interprété par le fait que l'enseignant ne peut pas donner des exercices impossibles à résoudre. ■

> **"À travers les nombreux débats qui opposent la pédagogie centrée sur l'enfant et la didactique centrée sur les savoirs, se réfractent un très vieux problème philosophique en même temps que des oppositions qui sont stériles, parce que l'apprentissage, c'est précisément la recherche, la prospection permanente dans ces deux domaines et l'effort pour les mettre en contact."**
> Philippe Meirieu, "Pédagogie et didactique", *Didactique, pédagogie générale ?*, MAFPEN de Nancy, 1987

→ Conceptions premières / Erreur / Meirieu / Méthodes / Pédagogie / Piaget / Situation-problème

Pour aller plus loin

- Stella Baruk, *L'âge du capitaine : de l'erreur en mathématiques*, Seuil, 1985.
- Guy Brousseau, *Théorie des situations didactiques*, La Pensée sauvage, 1998.
- Yves Chevallard, *La transposition didactique*, La Pensée Sauvage, 1985.

Différenciation

La différenciation pédagogique est une manière de penser l'action d'enseignement pour qu'elle s'adapte aux besoins des élèves. Elle implique un ensemble diversifié de moyens et d'outils pédagogiques pour permettre à des élèves d'âges, d'origines, d'aptitudes et de savoir-faire hétérogènes de progresser.

Contexte

Un outil de gestion de l'hétérogénéité

L'idée de pédagogie différenciée est présente chez Célestin Freinet lorsqu'il met en place les plans de travail individuel, les fichiers autocorrectifs, les bandes enseignantes et les brevets (système d'évaluation par compétences). Il veut ainsi mieux répondre aux besoins plus spécifiques de ses élèves.

À partir des années 1970 et la massification de l'enseignement, les enseignants sont placés devant la difficulté d'avoir à enseigner un même programme dans des classes devenues hétérogènes. La pédagogie différenciée se présente comme une réponse aux difficultés de certains élèves.

En organisant la scolarité en cycles, la loi d'orientation de juillet 1989 promeut la notion d'équité. Tous les élèves ne sont pas égaux, il faut donc que l'école s'adapte. Les dispositifs de différenciation permettent de gérer des classes dans lesquelles certains élèves n'ont pas atteint tous les objectifs du niveau considéré. La mise en œuvre réelle dans les classes reste modeste ; l'accompagnement des élèves dont les situations sociales et personnelles sont les plus difficiles ne parvient pas toujours à compenser les différences.

Dans le référentiel des compétences professionnelles des métiers du professorat et de l'éducation (arrêté du 1er juillet 2013), la compétence C4 précise qu'il faut savoir adapter son enseignement et son action éducative à la diversité des élèves.

L'enseignant doit prendre le temps de repérer et d'analyser les erreurs de ses élèves en situation d'apprentissage. Il doit rechercher des solutions adaptées, en recourant à différentes stratégies.

Comment différencier ?

L'enseignant prend comme point de départ des évaluations diagnostiques qui permettent d'identifier le niveau de développement d'un élève, son style cognitif (verbal ou non, successif ou simultané…) et ses intérêts. Sur la base de ces évaluations, il fait varier ses pratiques pédagogiques (modes de regroupements, moyens d'informations, actions des élèves, niveau des contenus et les rythmes d'apprentissage).

Ses trois axes de travail sont :

- Se doter d'instruments d'évaluation suffisamment précis et adaptés aux objectifs qu'il poursuit (évaluation diagnostique, formative, sommative critériée).
- Être attentif aux diverses manières de faire, de penser et d'apprendre de ses élèves.
- Mettre en œuvre des démarches pédagogiques et didactiques adaptées, ce qui suppose qu'il dispose d'un répertoire de situations, de techniques et d'outils appropriés et diversifiés.

1979

C'est l'année où le terme "pédagogie différenciée" apparaît pour la première fois dans les Instructions Officielles.

Éclairage

Des ateliers pour différencier

La mise au travail des élèves en ateliers permet de prendre en compte la diversité des rythmes et des manières d'apprendre. En mathématiques, en cycle 3, l'enseignant veut introduire la différence entre aire du carré et aire du rectangle. Il propose 5 ateliers dont le but est de mettre les élèves en recherche dans 5 situations d'apprentissage complémentaires, avec une approche différente. Chaque groupe s'installe dans un atelier et chaque élève tente d'abord de réfléchir et de résoudre le problème proposé. Puis une discussion entre les membres du groupe s'engage pour résoudre le problème. En cas de difficultés, le groupe peut faire appel à l'enseignant. Chaque groupe écrit la solution trouvée en commun sur une feuille blanche. Cette feuille est posée à l'envers sur la table. Les élèves passent d'un atelier à l'autre pour élaborer leurs réponses. Chaque groupe reste environ 15 minutes dans chaque atelier. Après le passage dans les 5 ateliers, tous les groupes doivent avoir les éléments nécessaires pour construire une représentation de ce que sont l'aire du carré et l'aire du rectangle. L'enseignant procède à la mise en commun des propositions des ateliers. La synthèse se fait d'abord au sein de chaque groupe, puis au sein de la classe, avec une trace écrite. Certains ateliers sont plus faciles que d'autres. L'enseignant incite les élèves à approfondir leur questionnement. Il leur propose de transférer les apprentissages réalisés dans une situation-problème. ■

> **« Rien ne garantit jamais au pédagogue qu'il a épuisé toutes les ressources méthodologiques, rien ne l'assure qu'il ne restera pas un moyen encore inexploré, qui pourrait réussir là où, jusqu'ici, tout a échoué. »**
> Philippe Perrenoud, *La pédagogie à l'école des différences*, ESF Éditeur, 2005

→ Difficulté / Égalité / Erreur / Freinet / Remédiation

Pour aller plus loin

- Jean-Pierre Astolfi, *L'erreur, un outil pour enseigner*, ESF Éditeur, 1997.
- Eric Battut, Daniel Bensihmon, *Comment différencier la pédagogie*, Retz, 2006.
- Philippe Perrenoud, *La pédagogie à l'école des différences*, ESF, 2005.

Difficulté

Du latin *difficilis*, “pas aisé à faire”, le mot est utilisé dans un contexte scolaire à travers l’expression “élève en difficulté”. La difficulté, étape normale de l’apprentissage, nécessite une analyse pour trouver les remédiations pertinentes. Elle est un indicateur de l’activité de l’élève.

Contexte

Une confrontation normale

Au cours de leur scolarité, à peu près tous les élèves sont à un moment ou un autre en difficulté d’apprentissage. Les objets scolaires sont d’une appropriation complexe et les enfants ne sont pas naturellement adaptés aux exigences qu’ils introduisent. La difficulté peut être liée aux rapports entre le développement de la pensée de l’élève et les savoirs à acquérir. Elle peut aussi être liée aux relations entre l’élève et le groupe, au contexte du travail scolaire. Un enfant en difficulté confronte l’enseignant à la difficulté de faire apprendre, son efficacité pédagogique tient à sa capacité à comprendre les difficultés des élèves et à concevoir des remédiations pertinentes.

Difficulté et échec

Difficulté scolaire et échec scolaire sont des mots souvent associés. La notion d’échec scolaire apparaît dans les années 1960. Elle ne devient un véritable problème social et politique que dans les années 1980. Pour certains élèves, l’apprentissage du métier d’élève est rendu difficile à cause de leurs conditions de vie et d’éducation. Entre l’enfant qui dispose d’une bibliothèque et d’un ordinateur à la maison, à qui ses parents lisent des histoires tous les soirs, qui bénéficie d’un environnement stimulant… et celui qui, très tôt vit au bas des tours, “l’égalité des chances” ne peut être qu’un leurre.

S’intéresser aux difficultés des élèves pour combattre l’échec à l’école

En conformité avec les orientations ministérielles, toutes les académies ont un plan de prise en charge de la difficulté et de lutte contre l’échec des élèves. On demande aux enseignants de bien distinguer obstacles dans l’apprentissage et difficulté scolaire. Tout élève qui apprend franchit des obstacles, processus inhérent à l’apprentissage. Il faut veiller à ce que ces obstacles ne créent pas de difficultés et que leur franchissement soit accompagné.
Devant un élève affrontant des difficultés, les différents niveaux d’action sont progressifs (*cf.* tableau).

Éclairage

Pour ne pas réduire l’aide personnalisée à du “surétayage”, il faut engager une réflexion sur la construction de l’autonomie de l’élève (construction d’outils utilisables en classe par exemple). Le premier moyen de lutter contre la difficulté scolaire, c’est de ne pas “mettre l’élève en difficulté”. Il s’agit de le préparer et le rassurer sur cer-

24 %

Seulement 24 % des enfants d’ouvriers et d’inactifs parviennent en 6e sans redoublement. 65 % d’enfants de cadres, d’enseignants, de chefs d’entreprise y parviennent. Chaque année, les écarts de réussite entre enfants d’ouvriers et enfants de cadres se creusent de près de 10 %.

(Source : Xavier Nau, *Les inégalités à l’école*, rapport du CESE, 2011.)

Des niveaux d'action progressifs
Actions internes à la classe - Au cours des activités collectives : attention particulière, placement particulier auprès de l'enseignant, auprès d'un élève. - Pendant le travail individuel : soutien particulier de l'enseignant, aide méthodologique. - Aide personnalisée : entretien avec l'élève. - Programme personnalisé associant l'élève, pour travailler des compétences sur une période courte. - Information régulière des parents.
Échanges avec le directeur, conseil de cycle en présence ou pas du RASED - Présentation concise de la situation de l'élève indiquant : l'analyse de l'enseignant, éventuellement le point de vue du maître réseau en observation dans la classe. - Mise en commun des points de vue, des difficultés rencontrées : propositions d'actions comme groupes de besoin, remédiations, APC… La décision d'une aide du RASED peut être envisagée : intervention en aide spécialisée auprès de l'élève en classe ou/et en aide personnalisée, aide spécialisée hors de la classe en groupe ou individuellement.
Le médecin scolaire (dans certains cas) L'avis du médecin scolaire est à solliciter lorsque les inquiétudes concernent des problèmes de vision ou d'audition, des troubles du langage susceptibles d'amener le médecin scolaire à recommander un bilan orthophonique, etc.
Le professeur ressource spécialisé handicap Intervient pour les élèves porteurs de handicap auditif, visuel, moteur. Il peut être de bon conseil pour des élèves n'étant pas reconnus handicapés pour les troubles du comportement, les troubles du langage.
Dans le cas de difficultés graves sur le comportement de l'élève, son assiduité, ses apprentissages, la situation est soumise à l'examen de l'équipe éducative.
Le dispositif départemental Dans le cas de difficultés très graves de comportement, le directeur peut faire une demande écrite avec avis de l'Inspecteur pour obtenir une intervention de l'équipe départementale.

tains contenus d'apprentissages à venir et lui permettre de réussir, donc de prévenir l'échec. À cette fin, des activités peuvent lui être proposées sur l'anticipation des obstacles des nouveaux apprentissages, en réinvestissant les acquis antérieurs.

Les aides au renforcement

Il s'agit d'accompagner l'élève dans les acquisitions en cours et de lui apporter une aide ciblée sur son propre besoin. L'étayage est renforcé en reprenant les contenus d'apprentissage en cours, en diversifiant les stratégies de mémorisation, en variant les situations d'entraînement pour structurer et stabiliser les acquisitions visées.

Les aides à la remédiation

Il s'agit de revenir sur ce qui n'a pas été acquis et de traiter l'erreur en agissant sur ses causes. L'élève est invité à analyser ses erreurs et à identifier les compétences en amont qui font obstacle. Il est accompagné jusqu'à l'automatisation des compétences de base indispensables à l'exercice de compétences plus complexes. ■

> **« Ce qui motive un enfant pour l'école repose sur ce que ses parents pensent et connaissent de l'école et surtout sur la manière dont il est accueilli. »**
> Marcel Rufo, entretien, www.snuipp.fr, 2011

→ **Handicap / Illettrisme / Remédiation / Réseau d'aide**

Pour aller plus loin

- Stéphane Bonnery, *Comprendre l'échec scolaire : élèves en difficulté et dispositifs pédagogiques*, La Dispute, 2007.
- www.educationprioritaire.education.fr/agir/aider-et-accompagner.html

Direction

Le directeur, la directrice d'école est un professeur des écoles nommé sur un poste de direction après avoir été inscrit sur une liste d'aptitude départementale. Diriger une école, c'est l'administrer et encadrer le travail de l'équipe pédagogique. Le directeur est l'interlocuteur des partenaires mais n'est pas le supérieur hiérarchique de ses collègues.

Contexte

Le directeur prend toutes les dispositions pour que son école assure sa fonction de service public. Ses attributions s'appliquent dans trois domaines de responsabilité : le pilotage pédagogique, le bon fonctionnement de l'école et les relations avec ses partenaires. Les missions du directeur sont refondées par la circulaire n° 2014-163 du 1er décembre 2014 sur le Référentiel métier des directeurs d'école. Il bénéficie d'un régime de décharge partielle ou totale d'enseignement ; dans les écoles de petite taille, les décharges sont inexistantes.

Responsabilités pédagogiques

Le directeur assure la coordination entre les enseignants, anime l'équipe pédagogique et veille au bon déroulement des enseignements. Il veille à la mise en œuvre des instructions et des programmes officiels. Il s'assure que les dispositifs de soutien aux élèves qui ont des besoins spécifiques sont proposés. Il préside les travaux de l'équipe éducative. Il pilote la mise en œuvre du projet d'école en veillant à ce qu'il décline les orientations académiques, prenne en compte les spécificités de l'école et prévoie un dispositif d'évaluation. Il sensibilise l'équipe pédagogique à la qualité du climat scolaire et suscite si nécessaire les initiatives.

Responsabilités administratives

Le directeur est garant de la sécurité des biens et des personnes. Il veille au respect de la réglementation et à l'application des obligations. Il procède à l'admission des élèves inscrits par le maire. En cas de changement d'école, il délivre le certificat de radiation et remet le livret scolaire aux parents. Il organise l'accueil et la surveillance des élèves, veille au contrôle des présences, s'assure d'une fréquentation régulière. Il préside le conseil d'école, en établit l'ordre du jour et le communique aux membres du conseil. Il établit le procès-verbal de chaque séance et en assure la diffusion et l'affichage. Il organise l'élaboration du règlement intérieur en référence au règlement type départemental des écoles. Il répartit les moyens d'enseignement, fixe, après avis du conseil des maîtres, les modalités d'utilisation des locaux scolaires pendant les horaires d'enseignement. Il répartit les élèves en classes et arrête le service des enseignants. Il contrôle l'activité des personnels territoriaux, pendant leur temps de service à l'école. Il est responsable de la mise en œuvre des dispositions relatives à la sécurité et à la mise en sûreté face aux risques majeurs. Il peut, en cas de nécessité, être amené à prendre lui-même toutes mesures d'urgence propres à assurer la sécurité des personnes, avant d'en référer au maire et à l'inspecteur de l'Éducation nationale (IEN).

20 %

C'est le taux de l'indemnité de sujétion spéciale attribuée aux directeurs d'école pour la rentrée 2014 pour les écoles en ZEP ; 50 % pour les écoles en zone ECLAIR.

De nouveaux moyens pour exercer les missions de direction

- Mise en place d'une décharge dite de rentrée scolaire de 4 jours pour tous les directeurs d'école de 1 à 3 classes, contre 2 jours précédemment;
- Augmentation des décharges de direction sur 2015 et 2016, pour les directions d'école de 8 et 9 classes.
- Augmentation de la part annuelle complémentaire de l'indemnité de sujétions spéciales pour les directeurs d'école de 1 à 3 classes (passage de 300 à 500 €), les directeurs d'école de 4 classes (passage de 300 à 700 €) et les directeurs d'école de 5 à 9 classes (passage de 600 à 700 €);
- Amélioration des perspectives de carrière grâce à un accès à la hors classe grâce à une élévation progressive du taux des promus/promouvables qui est passé de 2 à 3 % au 1er septembre 2013, 4 % au 1er septembre 2014 et 4,5 % au 1er septembre 2015.

(Source : "Modernisation des métiers de l'Éducation nationale", Communiqué du ministère de l'Éducation nationale, novembre 2014.)

Relations avec les parents et les partenaires de l'école

L'interlocuteur hiérarchique direct du directeur est l'inspecteur de la circonscription. Le directeur représente l'institution scolaire auprès de la commune, notamment pour la définition et le pilotage des politiques éducatives territorialisées (projet éducatif territorial ou pour le volet éducatif des nouveaux contrats de ville, programmes de réussite éducative). Il peut participer à des groupes de travail dans le cadre de politiques de sécurité publique et de prévention. Il entretient avec le responsable des activités péri-éducatives les relations qui favorisent la complémentarité des activités avec le projet d'école. Il facilite la participation des parents à la vie de l'école et favorise leur implication dans les projets initiés. Il veille à ce qu'une réponse soit donnée à leurs demandes d'information et d'entrevues et organise les élections des représentants de parents au conseil d'école. Le cas échéant, il assure la transmission des informations préoccupantes au président du conseil général et des signalements concernant les élèves en danger ou en risque de danger.

Éclairage

Réussir une réunion à l'école

Quelles sont les questions à se poser avant de lancer une convocation ?

- Quel type de réunion ? Conseil des maîtres, de cycle, d'école, équipe éducative...
- Quelle est la fonction de la réunion ? Informer ? Présenter un projet ? Débattre ? Rendre compte ? Évaluer ?...
- Qui convoquer ? (Participants réglementaire)
- Qui inviter ? Si la présence de l'IEN paraît indispensable, le contacter personnellement en lui expliquant la situation.
- Quels sont les objectifs de la réunion ?
- Quel est le résultat attendu ? ■

"Il est important que le directeur soit un enseignant, les élèves ne se gèrent pas comme des boîtes de conserve sur une étagère dans une réserve bien ventilée avec un code barre sur le front. Il est nécessaire d'être réactif en situation de crise, et donc de connaître le monde des enfants."

Yann Bloyet, interview pour *Le Café pédagogique*, avril 2011

→ Conseils / Parents / Partenaires / Primaire / Projet / Vie Scolaire

Pour aller plus loin

- *La direction d'école,* coll. "Livres bleus", CRDP de l'académie d'Amiens, 2013.
- http://eduscol.education.fr/pid23380-cid48582/missions-du-directeur-d-ecole.html

Discipline

Du latin *disciplina* "action d'instruire" et *discipulus* "élève", "celui qui suit un personnage ou une vérité", la discipline à l'école est l'obéissance à un ensemble de règles connues des élèves, qui organisent la vie du groupe et le travail scolaire. Le mot discipline est utilisé à l'école dans deux sens : un ensemble de règles à suivre, et une branche de la connaissance.

Contexte

Conçue dans une dimension instrumentale, la discipline définit ce qui est permis, autorisé. Elle aide chaque enfant à entrer dans une culture de la responsabilité, d'en saisir ce qu'elle a de positif pour lui permettre de grandir et de trouver sa place dans un groupe.

La discipline à l'école

Le règlement intérieur de l'école est garant du cadre de la discipline. Il permet la régulation de la vie au sein de l'école et des rapports entre les différentes personnes. Les enfants, comme leurs parents, doivent être conscients de l'intangibilité de ces dispositions et de la nécessité d'adhérer à ces règles. Il rappelle les droits et les obligations de chacun des membres de la communauté éducative et fixe les règles d'organisation. Il précise les modalités selon lesquelles ces droits et ces obligations s'appliquent dans l'école. Dans chaque classe, la discipline fonctionne grâce aux règles de vie établies au début de l'année. Elles sont indispensables pour apprendre à travailler et à vivre ensemble. Elles sont reprises dans les attendus du socle commun sous l'appellation "compétences sociales et civiques".

L'enseignant est responsable de la mise en œuvre des mesures qui assurent l'ordre et la sécurité pour ses élèves. Il veille aussi à l'épanouissement individuel de chaque enfant et à sa réussite. Il installe dans la classe un certain nombre de règles pour que l'ambiance soit propice à la mise au travail. Il lui revient de superviser le fonctionnement du groupe, de bien gérer le rythme de travail, d'intervenir autant que de besoin sur des comportements perturbateurs. Il fait preuve de compréhension en analysant les réactions de ses élèves et peut recourir à la mise à distance par un humour de bon esprit. Il doit aussi rappeler l'importance du respect des règles collectives.

Les lois de la classe

Réfléchir sur les lois de la classe et les faire comprendre est une nécessité fonctionnelle. L'enseignant ne travaille pas dans une classe mais avec une classe ; les règles de vie sont à la fois normatives et fonctionnelles. Un règlement n'est pas une liste de "tu dois" ou de "il faut" ; toute socialisation s'inscrit en équilibre entre le devoir et la contrainte. Cependant, le rappel à la loi est opéré à chaque fois qu'il y a des paroles ou des actes qui sont incompatibles avec les règles de la vie collective et le respect nécessaire du cadre institutionnel. L'expérience montre que l'usage excessif d'ordres et d'injonctions est souvent le signe d'une pratique de classe défaillante. Mobiliser et réactiver l'attention des élèves est une part importante du travail de l'enseignant. D'une certaine manière il "habite sa classe", en occupant l'espace, en se mettant en scène, en posant sa voix. Théâtraliser sans excès la classe incite les élèves à y jouer le rôle attendu. Un enseignant qui repère les signes d'ennui par un niveau de bruit qui monte, des mouvements et déplacements du corps, des expressions du visage… sait qu'il doit agir pour reprendre la situation en main.

Comment intervenir lors de problèmes de comportement ?

- Conserver son calme durant l'intervention auprès de l'élève.
- Éviter de monter le ton pour ne pas inquiéter le reste de la classe.
- Prendre sa respiration et parler avec une voix calme, ralentie et ferme.
- Attendre quelques secondes avant d'intervenir auprès d'un élève perturbateur.
- Ne pas hésiter à reporter une intervention lorsque l'état émotif est intense.
- Opter pour une intervention économique et efficace, courte et claire: rappel de la règle, injonction à ce que le comportement "déviant" cesse.
- Choisir une intervention qui favorise l'apprentissage de comportements adaptés, en essayant de ne pas menacer de punitions.
- Encourager par une remarque positive tout changement.

Chahut et indiscipline

Les chahuts traditionnels un peu ritualisés témoignaient d'une adhésion à la règle. Les désordres diffus et peu ritualisés avec une désacralisation des règles sont une mise en cause de l'institution et une fragilisation de la personne de l'enseignant. On parle aussi de "chahut endémique" qui vise à empêcher toute communication dans la classe. Il est caractérisé par des perturbations de type bavardage, déplacements, interpellations bruyantes, désintérêt ouvertement montré... Sans véritable agressivité à l'encontre de l'enseignant, le désordre alourdit le climat.

Éclairage

Mise en œuvre d'une discipline

Les écoles Murat (Paris 16e arr.) ont mis en place une discipline positive. Cette approche a été introduite par Jane Nielsen, une psychologue américaine, mère de sept enfants. Elle décrit une démarche éducative qui s'appuie sur la mise en confiance de l'enfant. La discipline positive se concentre sur les améliorations attendues chez l'enfant. L'enseignant adopte un esprit d'ouverture qui permet de voir les difficultés ou les erreurs comme des opportunités d'apprentissage. Il s'agit de susciter les compétences de vie dont chacun a besoin pour devenir un adulte épanoui. Depuis 2013-2014, les deux écoles Murat sont les premières écoles publiques françaises pilotes en discipline positive. Les enseignants ont reçu une formation pour pouvoir appliquer dans leur classe un certain nombre de principes et d'outils. Les méthodes sont présentées comme ni permissives ni punitives; elles développent chez l'enfant l'auto discipline, le sens des responsabilités, l'autonomie, l'envie d'apprendre, le respect mutuel et les qualités essentielles dans la relation aux autres. L'autorité de l'enseignant s'exerce sans soumission, en conciliant fermeté et bienveillance. ■

> **« Les États parties prennent toutes les mesures appropriées pour veiller à ce que la discipline scolaire soit appliquée d'une manière compatible avec la dignité de l'enfant en tant qu'être humain et conformément à la présente Convention. »**
> Article 28 de la Convention des Nations Unies sur les droits de l'enfant

→ Autorité / Punitions / Vie scolaire

Pour aller plus loin

- C. M. Charles, *La discipline en classe, modèles, doctrines et conduites*, De Boeck, 2009.
- Jane Nielsen, adaptation Béatrice Sabaté, *La discipline positive*, Éditions du toucan, 2012.
- Eirick Prairat, *Questions de discipline à l'école*, Erès, 2013.
- http://eea162murat.net/spip.php?mot305

Droits de l'enfant

Les droits de l'enfant sont l'ensemble des droits fondamentaux établis par les Nations Unies et définis dans la Convention internationale des droits de l'enfant (CIDE), qui opère comme un instrument juridique et politique de référence. En tant qu'usagers du service d'éducation, les enfants ont des droits, en particulier, le droit à l'instruction.

Contexte

Janus Korczak, précurseur

Janus Korczak, médecin dévoué à la cause des enfants s'emploie, dès les années 1920, à promouvoir une éducation ambitieuse et respectueuse des enfants et milite pour la reconnaissance de droits par l'adoption de nouvelles postures éducatives de la part des adultes. Dans les orphelinats de Korczack, les conflits et les délits étaient cogérés par les enfants. Des dispositifs éducatifs institutionnels, tels que les conseils, la boîte aux lettres… aidaient chacun à progresser et à grandir. Ce pédagogue, auteur de littérature de jeunesse, chroniqueur à la radio, fondateur d'orphelinats, gazé avec les enfants dont il s'occupait à Treblinka, est considéré comme le précurseur des droits actifs de l'enfant. Son approche a largement contribué à la définition des principes de la Convention.

La Convention Internationale des Droits de l'Enfant (CIDE)

La CIDE, adoptée à l'ONU le 20 novembre 1989, protège les enfants – "tout être humain âgé de moins de dix-huit ans"– en fixant des normes en matière de soins, de santé, d'éducation et de services juridiques, civils et sociaux. Les quatre principes fondamentaux de la Convention sont : la non-discrimination ; la priorité donnée à l'intérêt supérieur de l'enfant ; le droit de vivre, de survivre et de se développer ; le respect de ses opinions.

À travers 54 articles et deux protocoles facultatifs, elle énonce les droits fondamentaux de tous les enfants : le droit à la survie, le droit de se développer dans toute la mesure du possible ; le droit d'être protégé contre les influences nocives, les mauvais traitements et l'exploitation ; le droit de participer à part entière à la vie familiale, culturelle et sociale. L'article 19 institue la prise en compte, par les institutions et l'ensemble des citoyens, du droit de l'enfant à être protégé de toutes les formes de maltraitances.

La question du statut des enfants

En France, la prise en compte de la question des droits des enfants est perceptible dans la loi du 22 juillet 1987 relative à l'autorité parentale répartie entre les deux parents. On garantit ainsi à l'enfant de continuer à être rattaché à son père et à sa mère, sauf situation exceptionnelle de retrait de l'autorité parentale.

En tant qu'institution, l'école veille à garantir ses droits actuels et potentiels. Il lui revient aussi de faire des choix entre des valeurs parfois antagonistes. Ce faisant, il ne s'agit

250 000

C'est le nombre d'enfants soldats que l'on estime être encore aux mains de groupes armés dans le monde. Il est difficile d'évaluer avec précision leur nombre, qui évolue en permanence. Des milliers d'enfants ont été démobilisés au cours des cinq dernières années (Afghanistan, Angola…). Mais des milliers d'autres ont été impliqués dans de nouveaux conflits (Côte d'Ivoire, Soudan, Tchad…).

Dates clés de l'évolution des droits

1989 : adoption à l'ONU de la Convention internationale des droits de l'enfant, ratifiée par 195 États, dont la France. Son préambule insiste sur la nécessité d'accorder une protection spéciale à l'enfant.
1990 : premier sommet mondial pour l'enfance au siège de l'ONU (71 chefs d'États et de gouvernements, 88 représentants d'autres pays). Une déclaration mondiale en faveur de la survie, de la protection et du développement de l'enfant est adoptée.
1990 : Déclaration mondiale sur l'éducation pour tous, à Jomtien (Thaïlande) adoptée par les délégués de 155 pays.
1995 : le parlement français décide de faire du 20 novembre la "Journée nationale de défense et de promotion des droits de l'Enfant".
2000 : la Journée nationale de défense des droits de l'enfant devient journée européenne puis journée internationale.
2003 : le 12 juin est déclaré "Journée mondiale contre le travail des enfants" par l'ONU.
2009 : 20e anniversaire de la CIDE.

pas de dresser les enfants contre leurs parents, mais de les tenir comme des sujets de droits, devant être respectés pour eux-mêmes comme ils doivent respecter les autres dans leurs droits. Cette démarche est d'autant plus nécessaire que ces enfants seront des citoyens à part entière demain, des parents qui auront eux aussi la charge d'éduquer des enfants. Le développement des conseils municipaux d'enfants relève de cette réflexion selon laquelle l'enfant peut déjà avoir un avis sur l'organisation de la vie sociale susceptible d'enrichir la vision des adultes.

Éclairage

Le parlement des enfants est organisé chaque année par l'Assemblée nationale et le ministère de l'Éducation nationale pour sensibiliser les enfants de CM aux questions de lois et de droits. Avec leur enseignant, ils sont chargés d'élaborer une proposition de loi à la suite d'un travail tout au long de l'année qui repose sur l'usage réel du débat démocratique. L'année scolaire 2014-2015 a revêtu un sens symbolique, le 20 novembre 2014 a été célébré le 25e anniversaire de l'adoption de la CIDE par les Nations unies.

Le programme pédagogique "Droits dans l'école" de l'UNICEF a pour objectif de faire des enfants des acteurs de projets, conscients de leurs droits et capables de les mettre en œuvre. Il accompagne les enseignants de cycle 3 dans leur mission d'éducation aux droits de l'enfant en leur proposant une mallette pédagogique et des dossiers clés en main. Le réseau des enseignants engagés permet de mutualiser les projets grâce à un espace d'échanges. La "Journée bleue", journée nationale de mobilisation, se tient chaque année, la première semaine de juin, afin de célébrer avec l'ensemble de la communauté éducative les projets réalisés par les enfants avec leur(s) enseignant(s). ■

> **"Je pense que le premier et le plus indiscutable des droits de l'enfant est celui qui lui permet d'exprimer librement ses idées et de prendre une part active au débat qui concerne l'appréciation de sa conduite et de (si nécessaire) sa punition."**
> Janusz Korczak, *Comment aimer un enfant*, 1919-1920

→ **Égalité / Estime de soi / Freinet / Primaire / Système éducatif / Valeurs**

Pour aller plus loin

- Françoise Dekeuwer-Défossez, *Les droits de l'enfant*, coll. "Que sais-je ?", PUF, 2004.
- Janusz Korczak, *Le Droit de l'enfant au respect*, Fabert, 2009.
- www.dei-france.org

Droits des enseignants

Les enseignants bénéficient de droits liés à la fonction publique d'État à laquelle ils appartiennent, régie par la loi 84-16 de janvier 1984. Ils bénéficient également de droits définis par la loi Le Pors n° 83-634 du 13 juillet 1983 portant droits et obligations des fonctionnaires, dans sa version consolidée du 22 février 2007.

Contexte

Les fonctions d'enseignement comportent des responsabilités importantes. Les enseignants sont protégés par des règles de droit. La connaissance des obligations, droits et devoirs du professeur des écoles est inscrite dans le programme officiel de l'épreuve orale d'admission du concours.

Le droit à la formation

La formation joue un rôle essentiel dans la mise en œuvre de toutes les politiques éducatives. Le plan académique de formation (PAF) est offert à l'ensemble des personnels. Il permet de répondre au mieux aux attentes individuelles et collectives des personnels mais également de préparer les évolutions décidées par l'institution scolaire.

Le droit à la protection juridique

Un enseignant peut être victime de violence, verbale ou physique, de la part d'enfants ou de parents. Il peut aussi commettre des fautes dans l'exercice de ses fonctions, qui lui valent d'être traduit devant les tribunaux. Le ministère de l'Éducation nationale a mis en place des dispositifs pour protéger ses fonctionnaires, que ceux-ci soient poursuivis ou victimes (protection des fonctionnaires : articles 11, 11 bis et 11 bis A de la loi du 13 juillet 1983). L'obligation légale de l'administration est fonction de la nature de la faute; la faute de service entraîne nécessairement une protection, la faute personnelle peut justifier un refus.

Le droit à rémunération

Le traitement de l'enseignant a un caractère statutaire. Il est fixé par un acte unilatéral et non contractuel. Il est impersonnel, son montant est indexé sur le grade et l'échelon de l'enseignant.

Ce droit à rémunération obéit à la règle du service fait: lorsqu'un enseignant s'abstient d'effectuer tout ou partie de son service, ou quand il ne respecte pas ses obligations de service, il n'est pas rémunéré (au prorata de ce qu'il n'a pas effectué).

Le droit de grève

Le droit de grève est fixé par l'article 10 de la loi du 13 juillet 1983. Les "*fonctionnaires exercent le droit de grève dans le cadre des lois qui le réglementent*". L'enseignant qui n'effectue pas son service fait l'objet d'une retenue sur sa rémunération ("le trentième indivisible"). Le droit syndical est par ailleurs garanti aux enseignants. L'exercice d'un mandat syndical s'accompagne de l'attribution de décharges de service, d'autorisations spéciales d'absences et par la mise en place d'un congé de formation syndicale d'une durée maximum de douze jours.

86 %

C'est en 2012 le pourcentage des interventions des médiateurs qui ont débouché sur un résultat plutôt positif.

La liberté d'opinion

La liberté d'opinion garantie par la loi Le Pors permet à un enseignant comme à tout citoyen d'exprimer son opinion, de participer à une manifestation publique... Cependant, celui-ci ne peut pas engager l'Éducation nationale par une prise de position en la liant à sa fonction. Le droit à la liberté d'expression est conditionné au respect des obligations de discrétion et de secret professionnel. Par exemple, un enseignant ne peut pas appeler à voter pour un candidat. Mais il peut se présenter à des élections, en précisant sa profession.

Le droit à congés

Les enseignants disposent de congés annuels correspondant au calendrier établi par le ministère. Ils sont dispensés de leur service d'enseignement durant les périodes de vacances des classes prévues au calendrier scolaire national triennal, arrêté par le ministre (article L. 521-1 du Code de l'éducation). Les congés de maladie sont accordés selon les indications d'un certificat médical, qui peut être contrôlé par l'administration. L'enseignant perçoit son plein traitement pendant trois mois, puis, les trois mois suivants, il se trouve à demi-traitement et ceci chaque année. Le congé de longue maladie est accordé pour les maladies ne figurant pas sur la liste des affections donnant droit au congé longue durée; le poste n'est pas déclaré vacant. Le droit à congé parental est accordé sur demande à la mère après un congé maternité; au père après la naissance de l'enfant; à la mère ou au père après l'adoption d'un enfant de moins de seize ans ou après un congé pour adoption. Il prend fin au plus tard au troisième anniversaire de l'enfant, à compter de l'arrivée de l'enfant adopté de moins de trois ans; un an à compter de l'arrivée de l'enfant adopté âgé de plus de trois ans et de moins de seize ans. Il peut débuter à tout moment, pas nécessairement immédiatement après un congé pour maternité ou pour adoption. Il est accordé par période de six mois renouvelables.

Éclairage

Le médiateur de l'Éducation nationale

Cette fonction a été instaurée en 1998. Le médiateur est un haut fonctionnaire chargé d'assurer, bénévolement, des fonctions de médiation au sein du système éducatif public. En cas de litige, tout enseignant peut le saisir. Les principaux différends concernent massivement, dans le premier et le second degré, les rapports avec les élèves et les parents d'élèves, à propos de questions scolaires (62 % dans le premier degré). Un problème de discipline, un conflit entre élèves ou parents représentent le deuxième motif de saisie (38 % dans le premier degré). ■

« On assiste à une judiciarisation de la société. Le besoin de sécurisation des individus implique une recherche effrénée de responsables en aval, et le développement du principe de précaution en amont. L'éclatement des modes alternatifs de régulation des microconflits, la perte de confiance dans les élites responsables, le développement d'une agressivité sociale font de la judiciarisation l'expression la plus institutionnelle d'un certain malaise. Quand une société devient instable, l'individu et les groupes se protègent à l'excès. »

Dominique Barella, président de l'Union nationale des magistrats, 2005

→ Éthique / Obligations / Système éducatif / Valeurs

Pour aller plus loin

- http://www.legifrance.gouv.fr
- http://www.ac-versailles.fr/cid107716/statuts-droits-et-obligations-des-personnels.html

Égalité

Selon le Préambule de la Constitution du 27 octobre 1946, “la Nation garantit l’égal accès de l’enfant et de l’adulte à l’instruction, à la formation professionnelle et à la culture”. Le principe d’égalité s’applique à tout service public. À l’école, le principe d’égalité s’exprime de deux manières : l’égalité d’accès à l’enseignement public et l’égalité de traitement.

Contexte

Un principe énoncé dans les textes

Le principe d’égalité est énoncé dans l’article 1 de la Déclaration des droits de l’homme et du citoyen de 1789 : *“Les hommes naissent et demeurent libres et égaux en droits. Les distinctions sociales ne peuvent être fondées que sur l’utilité commune.”* Ce principe a été repris dans les textes ultérieurs (Constitutions de 1946 et 1958, déclarations de droits internationales).

La notion d’égalité définie comme le fondement de la cohésion nationale, facteur de stabilité s’applique à l’école. Les cinq principes définis pour l’école – liberté de l’enseignement, gratuité, neutralité, laïcité, obligation scolaire – convergent pour assurer l’égalité des chances.

Le Code de l’éducation précise que *“l’éducation est la première priorité nationale [...], le service public de l’éducation [...] contribue à l’**égalité** des chances”* et que *“le droit à l’éducation est garanti à chacun afin de lui permettre de développer sa personnalité, d’élever son niveau de formation initiale et continue, de s’insérer dans la vie sociale et professionnelle, d’exercer sa citoyenneté”*. Les établissements d’enseignement *“contribuent à favoriser l’égalité entre les hommes et les femmes”*.

Une école égalitaire ?

Les enquêtes sociologiques de Pierre Bourdieu et Jean-Claude Passeron dans les années 1960 ont montré que le processus de démocratisation de l’école demeurait en partie illusoire, avec une surreprésentation des enfants issus de familles “culturellement favorisées”. Le collège unique instauré par la loi Haby (1975) devait permettre de pallier les différences sociales et culturelles par l’ouverture du système à tous les enfants. Mais cela n’est possible que si tous les élèves arrivent au collège en maîtrisant les fondamentaux.

Les études, internationales ou nationales, montrent que les inégalités et les difficultés observées en France apparaissent dès l’école maternelle pour ensuite perdurer jusqu’à la fin de la scolarité obligatoire et même au-delà. Depuis plus de vingt ans, toutes les politiques éducatives se réclament de l’égalité des chances tout en reconnaissant que les défavorisés ont besoin d’être soutenus plus que les autres. La notion de socle commun introduite en 2006 et modifiée en 2015 définit les compétences minimales pour mener une vie autonome et digne. La circulaire de rentrée n° 2015-085 du 3 juin 2015 appelle à agir *“contre les déterminismes sociaux et territoriaux”*, sachant que *“un élève sur dix vit dans une famille pauvre”*.

20 %

Le taux d’échec scolaire est passé en 10 ans de 15 % à 20 % (étude PISA 2012). Le poids des inégalités sociales n’a jamais été à ce point déterminant pour expliquer les performances des élèves de 15 ans.

La personnalisation des parcours

Garantir le droit à l'égalité des chances est une obligation que se donne l'école pour assurer la réussite de tous. Elle le fait à travers des programmes d'enseignement et des examens nationaux. Elle le fait en même temps en apportant des réponses différenciées aux difficultés d'apprentissage. La loi de Refondation de 2013 et le socle commun de 2015 réaffirment à cet égard la culture commune et les savoirs de base qui doivent être partagés par tous.

Le dispositif "Plus de maîtres que de classes"

La mise en place de ce dispositif (circulaire n° 2012-201 du 18 décembre 2012) est une dimension importante de la priorité donnée à l'école primaire et à la maîtrise des compétences de base. Ce dispositif repose sur l'affectation dans une école d'un maître supplémentaire. Il s'agit, grâce à des situations pédagogiques diversifiées, de mieux répondre aux difficultés rencontrées par les élèves pour les aider à maîtriser leurs apprentissages fondamentaux – parler, lire, écrire, compter. Le dispositif ne se substitue pas aux aides spécialisées et suppose une redéfinition du travail d'enseignement.

Éclairage

L'appel de Bobigny

Cet appel, lancé par le Réseau français des villes éducatrices, a développé quelques idées pour une école plus juste et plus efficace.

1. Favoriser le travail d'équipe pour mutualiser les nouvelles formes d'évaluation, d'accompagnement des élèves.

2. Changer progressivement le service des enseignants, ne pas le limiter à "faire cours", établir plus de souplesse (maîtres surnuméraires, échanges entre cycles, etc.).

3. Modifier les modes d'évaluation pour valoriser les réussites et les compétences des élèves acquises en dehors de l'école.

4. Prévenir le décrochage: accompagnement social et scolaire précoce, réflexion sur les conditions favorisant les apprentissages.

5. Développer la responsabilisation de tous: lutter contre les violences et les incivilités, en tirant parti des pratiques innovantes.

6. Ouvrir l'école sur son environnement comme institution appartenant à un espace public culturel et éducatif.

7. Développer le partenariat avec des acteurs éducatifs locaux, collectivités, associations… et l'inscrire dans le projet d'école.

8. Accompagner et valoriser l'acquisition de compétences pour apprendre à travailler autrement, donner sens à la formation continue.

9. Changer l'organisation des écoles pour une certaine autonomie. ■

> **« L'école est traversée de part en part par les épreuves d'une société démocratique et compétitive, une société dans laquelle l'égalité de tous se heurte à la compétition permanente. »**
> François Dubet, *L'hypocrisie scolaire*, Le Seuil, 2000

→ Droits / Éthique / Valeurs / Vie scolaire

Pour aller plus loin

- Pierre Bourdieu, et Jean-Claude Passeron, *La Reproduction*, Minuit, 1970.
- François Dubet, *L'école des chances*, Le Seuil, 2004.
- http://eduscol.education.fr/pid23251/personnalisation-des-parcours.html

Élémentaire

L'école élémentaire est l'école qui accueille les enfants à partir de six ans, âge auquel commence l'instruction obligatoire en France. Elle constitue le deuxième maillon de l'école primaire. Elle est mixte et gratuite si elle est publique. Elle est dite "élémentaire" parce qu'elle construit les principes fondateurs du raisonnement et des savoirs.

Contexte

Les principes de l'école obligatoire

En France, l'instruction est obligatoire à partir de 6 ans. Les enfants sont inscrits à l'école élémentaire à la rentrée scolaire de l'année civile au cours de laquelle ils atteignent l'âge de 6 ans. Les parents ont le choix de scolariser leur enfant dans une école publique ou privée, ou encore de l'instruire à domicile. Pour les écoles publiques, la mairie indique l'école correspondant au secteur d'habitation. L'enfant doit être scolarisé dans son école de secteur, sauf dérogation à demander au maire. Aucun enfant ne peut être maintenu à l'école maternelle au-delà de 6 ans sauf dans le cadre d'un Projet Personnalisé de scolarisation (PPS) pour un enfant reconnu handicapé.

Le cadre national

Les programmes de l'école élémentaire sont nationaux et obligatoires. Les cycles d'enseignement ont été modifiés par le décret n° 2013-682 du 24 juillet 2013 (application rentrée 2016) :

- Le cycle 2, ou cycle des apprentissages fondamentaux, comprend le cours préparatoire (CP), le cours élémentaire première année (CE1) et le cours élémentaire deuxième année (CE2). Le cycle 2 permet la construction des savoirs élémentaires, parler, lire, écrire et compter, "socle de la réussite scolaire".
- Le cycle 3, ou cycle de consolidation, comprend le cours moyen première année (CM1), le cours moyen deuxième année (CM2) et la classe de 6e. Le cycle 3 transforme ces savoirs en instruments intellectuels pour s'informer, acquérir des connaissances, se cultiver dans le sens d'une première autonomie.

Les enseignements visent l'acquisition des paliers 1 et 2 du "socle commun de compétences, de connaissances et de culture" qui définit les finalités de la scolarité obligatoire, selon un double objectif de formation et de scolarisation.

Depuis la rentrée 2014, tous les élèves sont accueillis dans le cadre de nouveaux horaires. Cette nouvelle organisation du temps scolaire répond à des objectifs pédagogiques destinés à permettre aux enfants de mieux apprendre à l'école : favoriser les apprentissages fondamentaux le matin, au moment où les élèves sont le plus attentifs ; bénéficier de 5 matinées au lieu de 4 pour

4 132 600

C'est le nombre d'élèves scolarisés en 2013 en élémentaire (écoles publiques ou privées en France métropolitaine, dans les DOM et à Mayotte), pour 32 090 écoles élémentaires publiques et 5 147 écoles élémentaires privées (France métropolitaine, dans les DOM et à Mayotte). En 2013, les effectifs des classes élémentaires continuent à augmenter dans le public (+ 0,5 %). Dans le secteur privé, on constate une légère baisse des effectifs (- 0,2 % contre + 0,1 % en 2012).

(Source : Repères et références statistiques, 2014, MEN.)

Une école inclusive

La loi "handicap" n° 2005-102 du 11 février 2005 et la loi d'orientation et de programmation pour la Refondation de l'École de la République du 8 juillet 2013 ont renforcé les actions en faveur de la scolarisation des élèves handicapés. Ces textes affirment le droit pour chacun à une scolarisation en milieu ordinaire au plus près de son domicile. En 8 ans, le nombre d'élèves handicapés scolarisé a doublé et il continue d'augmenter chaque année de plus de 10 %. Une école toujours plus inclusive offre des parcours adaptés aux besoins, renforce la professionnalisation des différents intervenants, mobilise le numérique au service des besoins éducatifs particuliers.

des temps d'apprentissage plus réguliers. La durée de la semaine scolaire des élèves est de 24 heures. Sur propositions des enseignants, certains élèves peuvent bénéficier d'activités pédagogiques complémentaires (volume annuel de 60 heures) par petits groupes, pour les aider selon leurs besoins, pour l'aide au travail en autonomie ou pour des activités prévues au projet d'école.

Éclairage

Apprendre à lire, un long chemin

Apprendre à lire est un acte difficile. C'est un apprentissage qui se fait dans la durée. Le processus de la lecture s'étend donc durant trois ans. Il s'appuie sur les acquis de la Grande section et se prolonge au cours élémentaire première année (CE1) avec l'année importante du cours préparatoire (CP) essentiellement centrée sur le décodage et la calligraphie. En règle générale, les enfants apprennent à lire des textes courants de manière autonome en fin de CE1. D'une part, l'enfant doit tout d'abord comprendre comment le message a été codé. Cela renvoie donc à des questions techniques comme la sonorisation des lettres et leur accouplement pour former ou non des syllabes. Par exemple dans le terme otarie, il y a 3 syllabes. La première syllabe est 'o', puis 'ta' et enfin, 'rie'. On a donc une syllabe formée par une seule lettre, ensuite une syllabe constituée de deux lettres puis, enfin par trois. Tout cet apprentissage prend du temps car il doit être conscientisé pour être compris. Il est donc normal que l'enfant se trompe au départ. D'autre part, il est indispensable que l'enfant accède aussi au réel sens du message. Cela est plus long car les problèmes techniques doivent être résolus. ■

« Cher Monsieur Germain. [...] On vient de me faire un bien trop grand honneur, que je n'ai ni recherché ni sollicité. Mais quand j'en ai appris la nouvelle, ma première pensée, après ma mère, a été pour vous. Sans vous, sans cette main affectueuse que vous avez tendue au petit enfant pauvre que j'étais, sans votre enseignement, et votre exemple, rien de tout cela ne serait arrivé. Je ne me fais pas un monde de cette sorte d'honneur. Mais celui-là est du moins une occasion pour vous dire ce que vous avez été, et êtes toujours pour moi, et pour vous assurer que vos efforts, votre travail et le cœur généreux que vous y mettiez sont toujours vivants chez un de vos petits écoliers qui, malgré l'âge, n'a pas cessé d'être votre reconnaissant élève.. »

Lettre d'Albert Camus, prix Nobel, à son instituteur, Monsieur Germain, 1957

→ Cycle / Handicap / Instruction / Maternelle / Obligations / Primaire / Programmes / Socle / Système éducatif

Pour aller plus loin

- www.education.gouv.fr/cid213/l-ecole-elementaire.html

Emploi du temps

L'emploi du temps est l'outil indispensable pour planifier, encadrer et ajuster le temps des apprentissages des élèves, selon les instructions des programmes officiels, en les répartissant sur la semaine. Il fait partie des documents obligatoires affichés dans la classe. Il est présenté aux élèves et communiqué aux parents.

Contexte

Établi en début d'année, l'emploi du temps est susceptible de recevoir des modifications en cours d'année, notamment afin de se consacrer à un projet, sous réserve que l'équilibre des différents domaines soit respecté. Il tient compte des contraintes matérielles, de la disponibilité des salles, des intervenants éventuels. Si l'on déroge ponctuellement à l'emploi du temps, l'enseignant l'explique aux élèves. Toutes les activités et disciplines des programmes sont planifiées en nombre de séances suffisant, les horaires officiels par champs disciplinaires sont respectés. La terminologie officielle des programmes est utilisée, en évitant les appellations obsolètes.

Les horaires d'enseignement sont répartis annuellement, et planifiés sur la semaine en tenant compte des projets spécifiques: sorties, classes de découvertes.

L'emploi du temps affiché et transmis comme outil réglementaire est celui des enseignements proposés aux élèves. Si l'enseignant mène d'autres activités pendant un échange de service (histoire dans une autre classe par exemple), ceci figure en note au bas du tableau. Les élèves qui ont un PPRE peuvent avoir un emploi du temps particulier.

Temps et rythmes

Réfléchir à l'organisation de la semaine est l'occasion d'un travail spécifique et progressif auprès des enfants. L'emploi du temps devient l'instrument d'une gestion de plus en plus autonome du temps de l'élève, qui se réfère au temps qui passe sur l'horloge de la classe, au temps qui passe tout au long de la semaine... : prendre conscience du temps et des durées pour apprendre à gérer son temps fait partie des compétences civiques et sociales de l'école. La structuration d'un temps, par définition mobile, passe par l'installation et l'intégration de cadres. Un emploi du temps connu des élèves les aide à construire les repères temporels. L'affichage du programme de la journée, de l'emploi du temps de la semaine (sous forme de frise par ex.) met à leur disposition des traces visibles, lisibles et compréhensibles de ce qu'ils vont faire et apprendre.

L'enseignant tient compte du rythme de la journée et du choix de l'activité en fonction du moment de la séance. Les séances n'ont pas toutes la même durée, ni les mêmes modalités d'organisation; une alternance est à prévoir: séances longues, séances courtes; en classe, dans le préau, dans la salle d'informatique, en BCD; en travail collectif, individuel, de groupes, à deux; un travail oral, un travail écrit; une tâche facile, une tâche difficile; en autonomie,

24

C'est le nombre d'heures d'enseignement hebdomadaire étalées sur neuf demi-journées. (décret relatif à l'organisation du temps scolaire dans les écoles maternelles et élémentaires du 24 janvier 2013). La journée de classe est de maximum 5 heures 30.

L'emploi du temps

C'est un document obligatoire dans chaque classe.

C'est un outil évolutif en fonction de la programmation et des projets.

C'est un support de repérage pour l'enseignant, pour les élèves, sur la journée, sur la semaine.

C'est un outil de communication entre l'enseignant et l'institution École, l'enseignant et les parents, les enseignants au sein de l'équipe.

C'est un outil de convergence :
- des attentes institutionnelles, selon les exigences des programmes,
- des choix pédagogiques décidés en équipe, explicités au sein du projet d'école,
- des contraintes liées à l'organisation matérielle de la vie au sein de l'école,
- de suivi des projets, garant d'une progressivité maîtrisée au service du parcours d'apprentissage de l'élève.

guidé par l'adulte, etc. Il est possible d'éviter la traditionnelle organisation "français-mathématiques" du matin et disciplines autres l'après-midi.

Les familles consultent l'emploi du temps, le voient dans le cahier de textes par exemple : c'est donc un document de communication. Il peut être commenté en réunion de parents de début d'année. Comme tous les affichages de la classe, il est soigneusement présenté, lisible, visible. Dans le cadre de l'aménagement des rythmes éducatifs, l'emploi du temps scolaire est encadré par les activités péri-éducatives, facultatives et gratuites, complémentaires des enseignements.

La récréation

C'est un temps éducatif de respiration qui appartient aux enfants. Sécurité et bien-être sont des mots importants pour que tous s'approprient les espaces et apprennent à nouer d'autres formes de relation que dans les bâtiments de l'école. Une cour aménagée est la garantie que les élèves sont en sécurité. Sa durée est réglementée par les instructions officielles (15 minutes). Placée sous la vigilance des adultes qui la surveillent, elle doit se situer à un moment où elle répond à un véritable besoin d'action et de liberté. La récréation n'est pas obligatoirement organisée pour toute l'école en même temps.

Éclairage

Adapter le temps en maternelle

À l'école maternelle, l'emploi du temps "joue" avec différents temps : des temps éducatifs dédiés aux besoins des enfants où le guidage de l'adulte est faible, et des temps orientés vers des apprentissages "didactisés", le guidage de l'enseignant est explicite.

Entre ces deux temps, il existe à l'école maternelle des offres d'activités avec une liberté d'action mise au service des investigations personnelles, des relations et des interactions entre enfants : les coins de jeux, les ateliers "libres" comme l'atelier jeux de construction, l'atelier bricolage… ■

> **« La représentation du temps intériorisé par l'élève pendant sa scolarité imprègne profondément son futur rapport au temps. »**
> Aniko Husti, *Dictionnaire encyclopédique de l'éducation et de la formation*, Nathan, 1994

→ Didactique / Pédagogie / Programmation / Séance

Pour aller plus loin

■ Aniko Husti, *La dynamique du temps scolaire*, Hachette Éducation, 1999.

■ www.education.gouv.fr/cid77491/nouveaux-rythmes-scolaires-des-exemples-emplois-temps.html

Équipe

Une équipe est un groupe de personnes qui agissent ensemble et collaborent à un même travail. L'équipe pédagogique des enseignants est la cellule de base du fonctionnement de l'école comme système. L'équipe éducative s'élargit aux partenaires de l'école. Elle devient une unité d'action si son organisation s'appuie sur les complémentarités des personnes.

Contexte

Une compétence du référentiel

Le référentiel de compétences (compétence 10) de 2013 introduit la notion de travail en équipe en précisant que l'action du professeur s'inscrit dans un réseau de professionnels, au sein d'une communauté éducative. En tant que membre de l'équipe d'école, il collabore à la définition d'objectifs partagés et à leur évaluation. Il participe à la conception et à la mise en œuvre de projets. Cependant, la question du "travail d'équipe" est posée puisqu'il n'existe pas de réelle formation sur cette forme de collaboration. Tout se passe comme si le travail d'équipe allait de soi et qu'il suffisait d'un peu d'organisation et de bonne volonté pour qu'une équipe se crée. La question du développement des compétences cognitives, relationnelles et sociales nécessaires au travail d'équipe, la connaissance des éléments de base de la dynamique des groupes sont souvent gérées au sein même des équipes.

Équipes pédagogique et éducative

Le décret n° 90-788 du 6 septembre 1990 définit le rôle des différentes équipes de l'école, conçues comme des unités de travail au service des élèves. L'équipe pédagogique, animée par le directeur, comprend pour chaque cycle les enseignants de chaque classe, quel que soit leur statut (adjoint, remplaçant) et les membres du réseau d'aides spécialisées aux élèves en difficulté (RASED). L'équipe éducative est composée de l'ensemble des personnes auxquelles incombe la responsabilité éducative d'un élève ou d'un groupe d'élèves. Le directeur réunit l'équipe éducative chaque fois que l'examen de la situation d'un élève ou d'un groupe d'élèves l'exige. En fonction de la situation, il réunit les membres de l'équipe pédagogique, les parents, éventuellement le médecin scolaire, l'infirmière scolaire et tout autre partenaire éducatif ou médical impliqué. Le directeur peut recueillir l'avis des agents territoriaux spécialisés des écoles maternelles (ATSEM).

Dans la réalité, l'investissement des enseignants dans le travail d'équipe varie selon leur degré d'implication personnelle. Ils le font plus facilement pour trouver des réponses à des situations particulières, autour d'un projet commun. Si la production de l'équipe est supérieure aux travaux individuels juxtaposés, c'est qu'elle apporte un supplément d'âme qui génère une plus-value. L'énergie de production et l'énergie de solidarisation sont les deux carburants qui font avancer l'équipe. La première est affaire d'organisation et la seconde est liée aux relations.

L'accompagnement des équipes : le rôle de la circonscription

L'accompagnement est le terme qui définit le mieux le rôle de l'équipe de circonscription dans la relation avec les équipes enseignantes. Pour favoriser une plus grande autonomie et responsabilité des équipes, la relation doit être basée sur l'aide, plus que sur le contrôle. L'accompagnement des équipes peur porter sur : l'évaluation formative des enseignants et le conseil ; l'aide à l'élaboration des projets individuels et

Travailler en équipe, réfléchir, agir ensemble c'est :

- Partager ses préoccupations avec des collègues, rompre l'isolement, raconter ce que l'on vit à ceux comprenant le contexte.
- Mettre en commun des idées, des connaissances, des documents, des moyens d'enseignement, des instruments, des jeux, etc.
- Rendre possible une division du travail, permettre à chacun d'approfondir certains domaines, d'aller plus loin du point de vue didactique.
- Trouver la force et l'enthousiasme de se lancer dans des entreprises hors de portée d'une personne seule, bénéficier de l'élan collectif.
- Être au contact des pratiques d'autres enseignants, remettre en question ses propres idées et habitudes, progresser, changer.
- Porter des regards croisés sur les élèves, nuancer l'observation et l'évaluation.
- Gagner en flexibilité dans l'organisation, mieux différencier l'enseignement, rendre possible le soutien, les groupes de besoins.
- Se sentir solidaire, plus assuré face aux parents et aux collègues des autres degrés, face à l'institution.

Faire l'expérience enrichissante de la confrontation à d'autres adultes, avoir le plaisir de communiquer, de faire ensemble, de partager une expérience.

collectifs ; l'aide à la création d'outils d'évaluation ; l'identification et la diffusion des "bonnes pratiques et des "réussites"…
Dans cette optique, la réponse aux besoins doit être pensée comme une réponse aux questions que l'équipe se pose.

Éclairage

Réussir une réunion d'équipe

Utilisée en conduite de réunion, la technique du *brainstorming* peut se faire soit en grand groupe animé par la direction, soit en sous-groupes dans le cadre du partage des tâches au sein de l'équipe. Auquel cas il faut un animateur par groupe. Le principe est la création d'idées nouvelles par la confrontation des idées entre elles, le "remue-méninges". C'est une activité dynamique qui permet de lever des inhibitions et de produire des idées qui seront ensuite reprises par l'équipe. Le résultat en est une banque d'informations qui peuvent ensuite être utilisées. Lors de sa mise en œuvre, il est important de disposer d'au moins deux tableaux de papier. Les règles du jeu sont rappelées : chacun donne ses idées en vrac ; on ne juge ni ne classe les idées émises ; on peut donner les idées dans le désordre ; l'idée de l'un peut faire jaillir l'idée de l'autre. La phase la plus délicate est la synthèse, puisqu'il s'agit de procéder à des choix et des classements sur des critères définis ensemble. Cette technique permet de mieux cerner un sujet à partir d'expériences et de points de vue différents. Elle est une aide à la prise de décision discutée en groupe. ■

> **« Les individus gagnent une meilleure appréhension de leur situation dans l'espace du savoir des communautés auxquelles ils participent et peuvent élaborer en connaissance de cause leurs propres stratégies d'apprentissage. »**
> Pierre Lévy, *L'intelligence collective*, La Découverte, 1994

→ **Classe / Didactique / Partenaires / Pédagogie**

Pour aller plus loin

- Marie-Claude Grandguillot, *Des équipes pédagogiques et éducatives pour l'établissement*, Hachette Éducation, 2001.
- Corine Letor, *Comment travailler en équipe au sein des établissements scolaires*, De Boeck Éditeur, 2009.
- Roger Mucchielli *Le travail en équipe*, ESF Éditeur, 2008.

Erreur

L'erreur est la manifestation d'une chose fausse par rapport à une norme. Elle est la forme visible d'une stratégie erronée de résolution et rend compte d'une étape de conception du savoir qu'il faut modifier. C'est de sa logique que se déduisent les facteurs de progrès. Les erreurs sont tout aussi importantes que les réussites.

Contexte

Apprendre des erreurs

Le développement cognitif est jalonné d'erreurs, de biais perceptifs, de décalages inattendus incluant des retours en arrière. Pourtant, à l'école, l'erreur a pu être conçue comme un raté de l'apprentissage qu'il fallait sanctionner par un trait rouge. Si elle est traitée comme un indicateur du processus d'apprentissage, elle devient un symptôme que l'enseignant doit analyser et exploiter pour aider l'élève. En psychologie de l'enfant, elle est un indicateur d'un certain stade de fonctionnement de la pensée, sa disparition marque le passage à un autre niveau de compréhension. Il faut donc que l'enseignant apprenne à repérer les erreurs, leur porte une attention efficace et puisse "en apprendre" pour pouvoir bien enseigner. Il lui faut prendre en considération les démarches spontanées de raisonnement des élèves. En les observant et en les écoutant, il parvient à comprendre la nature même de l'erreur et peut envisager des remédiations.

Les expressions "statut de l'erreur", "prise en compte de l'erreur" sont aujourd'hui courantes dans les formations, conférences pédagogiques et dans les documents institutionnels. Les apports pédagogiques de Jean-Pierre Astolfi ont été décisifs (voir p. 75). L'erreur est plurielle. En fonction de sa nature, il existe des réponses possibles.

Comprendre les procédures cognitives

L'analyse des réponses aux évaluations permet de comprendre les procédures cognitives utilisées par les élèves. Les évaluations nationales proposent un codage et des commentaires d'erreurs éclairants. Voici un exemple dans l'exercice : "identifier le verbe, le sujet, les compléments d'objet direct et indirect dans une phrase" : si aucun complément n'a été identifié, l'élève peut ne pas connaître le sens du terme "complément d'objet", il peut ne pas avoir construit la notion de COD à partir de ses caractéristiques, il peut avoir une conception du COD rigide (il est juste après le verbe) et ne pas savoir poser la bonne question pour le trouver.

Éclairage

D'où vient l'erreur ?

Des élèves de CM2 ont dû résoudre le problème suivant : "Julie a acheté deux livres à 8 € chacun, quatre bandes dessinées à 6 € chacune, un dictionnaire ; elle a payé 56 € ; quel est le prix du dictionnaire ?" Un élève a proposé le calcul suivant : 8 € x 6 € = 54 € ; le prix du dictionnaire est 2 €.

On pourrait penser que l'élève a répondu sans réfléchir. Une analyse plus poussée attire

1 500

C'est le nombre de copies des séries générale et professionnelle pour le diplôme national du brevet sur lesquelles s'est appuyée la loi du 8 juillet 2013 pour promouvoir "une notation ascendante" et "privilégier une évaluation positive, simple et lisible". Trois types d'erreurs ont été répertoriés : des erreurs lexicales, des erreurs sur le groupe nominal et enfin sur les accords groupe verbal.

Typologie d'erreurs de Jean-Pierre Astolfi	
Erreurs	**Médiation et remédiation**
Des erreurs relevant de la compréhension des consignes de travail données à la classe	Être attentif à la formulation des consignes et leur clarté. Travailler spécifiquement sur la lecture de consignes écrites ou orales.
Des erreurs résultant d'habitudes scolaires ou d'un mauvais décodage des attentes	Être clair sur les attentes de la classe, savoir les remettre en cause : proposer des problèmes sans réponses, des soustractions impossibles… Construire avec les élèves par la discussion les routines de la classe.
Des erreurs témoignant des conceptions alternatives des élèves.	Mener un travail didactique : prise en compte des représentations en vue de les modifier ou de les faire évoluer.
Des erreurs liées aux opérations intellectuelles impliquées	Varier et bien cibler les compétences en jeu dans les exercices : tous les élèves savent parler mais prendre la parole sur des objets de savoir devant un public n'est pas la même chose et nécessite un travail…
Des erreurs portant sur les démarches adoptées.	Veiller à ce que le plus souvent possible les élèves soient en mesure de discuter des procédures mises en jeu, ainsi que leurs avantages et inconvénients.
Des erreurs dues à une surcharge cognitive.	Veiller à ce que le travail proposé ne demande pas une trop grande gestion de données : cela nécessite parfois de dissocier les différentes tâches. En production écrite par exemple gestion du texte et gestion de l'orthographe peuvent se faire à deux moments différents.
Des erreurs ayant leur origine dans une autre discipline.	Problème de transfert qui n'est pas automatique mais doit être enseigné pour guider les élèves. Exemple la compréhension du mot "recette" vu dans une recette de cuisine, appliquée à un problème mathématique de "ventes et de recettes".
Des erreurs causées par la complexité propre du contenu.	Par exemple dans l'utilisation des temps, la simplification scolaire peut entraîner des erreurs. Deux extrémités à éviter : une simplification telle qu'il n'y a plus de difficulté, donc d'apprentissage nouveau, une complexité telle que l'élève se décourage.

l'attention sur deux points. En calculant 8 € x 6 €, il a sans doute voulu trouver le prix à payer pour l'ensemble "livres – BD", la réponse 2 € serait alors la différence entre le prix total payé (56 €) et le prix de cet ensemble "livres – BD". On peut s'interroger sur les raisons qui l'ont poussé à calculer 8 x 6 plutôt que (8 x 2) + (6 x 4) pour obtenir le prix de l'ensemble. C'est sans doute dû à la présence des mots "chacun" et "chacune" qui sont souvent présentés comme de bons indices pour le calcul d'un produit (on parle de "mots-inducteurs"). Pourquoi les nombres "deux" et "quatre" n'ont-ils pas été utilisés? Dans la plupart des problèmes, il faut calculer avec des données écrites en chiffres. D'une certaine manière, dans les problèmes, les mots ne peuvent pas être des nombres utiles. L'élève n'a pas cherché à comprendre la situation, il s'est engagé dans des conduites (inappropriées) construites au fil des activités scolaires de résolution de problèmes. Il a limité son champ d'investigations : calculer avec les seuls nombres écrits en chiffres, se référer à des mots-inducteurs d'opérations. ■

« L'erreur n'est reconnaissable qu'après coup. C'est le passé de la raison qui se retourne sur elle-même pour se juger. »
Gaston Bachelard

→ **Conceptions premières / Didactique / Évaluation / Pédagogie / Remédiation**

Pour aller plus loin

- Jean-Pierre Astolfi, *L'erreur, un outil pour enseigner*, ESF, 1997.
- Jacques Fiard, Emmanuèle Auriac, *L'erreur à l'école. Petite didactique de l'erreur scolaire*, L'Harmattan, 2006.
- Yves Reuter, *Panser l'erreur à l'école. De l'erreur au dysfonctionnement*, Presses universitaires du septentrion, 2013.

Espace numérique de travail (ENT)

Un Espace numérique de travail est un ensemble intégré de services numériques, choisis, organisés et mis à disposition de la communauté éducative par l'école. Il permet l'accès à distance et le partage de ressources numériques.

Contexte

L'espace numérique de travail ou environnement numérique de travail (ENT) s'est d'abord développé dans les universités puis s'est installé dans l'enseignement secondaire. Il commence à se déployer dans les écoles. Il se veut un instrument de décloisonnement des activités d'apprentissage :
- dans le temps : articuler le temps de la classe avec d'autres temps pour une meilleure continuité pédagogique ;
- dans l'espace : travailler en tout lieu de l'école et plus largement en tout lieu connecté à Internet ;
- social par sa structure qui met en relation tous ses utilisateurs.

Vers une généralisation des ENT

L'ENT permet à la fois de travailler à l'extérieur de l'école, de disposer d'un espace personnel de travail, de travailler en collaboration. Le Ministère définit cet outil comme "un dispositif global fournissant à un usager un point d'accès à travers les réseaux à l'ensemble des ressources et des services numériques en rapport avec son activité. Il est un point d'entrée pour accéder au système d'information de l'établissement ou de l'école. Les services peuvent provenir du rectorat, du ministère, d'une organisation partenaire (collectivité, mécène, etc.) ou d'un éditeur public (Canopé) ou privé". À terme, la généralisation progressive de ces Espaces permettra de mettre à disposition un ensemble de ressources et services destinés aux enseignants, aux élèves et à leurs parents. L'objectif du ministère est de faciliter les échanges sur la vie de l'école et de renforcer l'implication des familles dans la scolarité des élèves.

Les usages de l'ENT

L'ENT a pour ambition de devenir un outil performant dont les fonctions sont liées à quatre dimensions essentielles :
- **un usage lié à des tâches scolaires ou pédagogiques :** rechercher un document sur le Web, envoyer un courriel à un groupe, faire une note de lecture, préparer un projet, participer à une discussion en ligne, construire un document à plusieurs, mettre un document à disposition…
- **un usage lié à la vie scolaire et au fonctionnement de la communauté éducative :** l'information sur les projets et les activités de l'école, les dates de réunion, la gestion des absences, le suivi des évaluations…
- **l'intégration à l'ENT de logiciels à vocation spécifiquement pédagogique** (par exemple un logiciel de simulation) et de ressources pédagogiques ;
- **des usages de communication entre les différents usagers** à travers des outils tels que la messagerie interne, un chat, un forum, une liste de diffusion, un blog…

85 %

C'est le pourcentage de jeunes nés entre 1984 et 1996 qui déclarent avoir déjà recherché de l'information sur Internet et communiqué par courrier électronique. Plus de 70 % d'entre eux ont téléchargé ou écouté de la musique sur le réseau.
(Enquête du CEFRIO, 2009)

À chaque catégorie d'utilisateurs, enseignants, parents, élèves (etc.), l'ENT donne accès à des outils, contenus et ressources adaptés aux besoins.

La mise en place de l'ENT

La mise en place d'un ENT se traduit concrètement par la possibilité d'accéder à une plate-forme commune, et à la création et distribution de comptes d'utilisateurs. La définition de règles communes de fonctionnement et la rédaction d'une charte d'utilisation sont indispensables pour contrôler l'utilisation qui est faite des données personnelles. Un ENT a une partie back-office, pour la gestion du site, la mise à jour de contenus et l'évolution des fonctionnalités, et une partie front office pour les utilisateurs authentifiés.

Les jeunes générations d'enseignants – la "génération C" – sont très habiles avec l'ordinateur et les réseaux sociaux. Ils s'organisent mieux dans leurs tâches et missions d'enseignement et utilisent des supports pédagogiques de meilleure qualité grâce aux TIC et au partage.

Éclairage

Écrire grâce à l'ENT

Dans la circonscription d'Issy les Moulineaux (92), un atelier d'écriture interdegrés s'est mis en place grâce à un ENT. Il s'agissait de favoriser l'écriture des élèves en les engageant dans un projet long, pour aboutir à un roman. Les collèges et les écoles de secteur ont rédigé un projet et sollicité le partenariat du Centre départemental Canopé des Hauts de Seine, de la Maison des écrivains, et de la municipalité d'Issy les Moulineaux. Celle-ci met à la disposition des équipes l'auditorium de la ville, permet les interventions d'un écrivain, et délègue un représentant de la médiathèque pour enrichir le projet. Les classes engagées, école, collège et Ulis, travaillent et communiquent en binômes. L'espace numérique (ENT) du collège Matisse sert de plate-forme. Les élèves ont un compte "invité" pour les échanges et la mise en œuvre du travail collaboratif. Les élèves communiquent entre eux et avec l'écrivain qui fait des suggestions et partage son expertise. Les chapitres du livre sont écrits et réunis pour une publication papier et numérique.
(Source : Expérimenter l'école du socle, brochure de l'académie de Versailles – Sceren/CRDP.) ■

> **« L'ENT n'est pas un outil pédagogique en soi : il offre des services qui permettent à l'enseignant d'accompagner ses pratiques en facilitant les échanges dans et avec la classe. Ces services facilitent également des activités qui auraient été impossibles sans et permettent des dispositifs où l'élève est acteur et auteur. Il suffit de les imaginer... »**
> Didier Anselm, "L'ENT, un espace au service de la pédagogie en SES", *L'École numérique*, n° 16, 2013

→ Équipe / Formation continue / Innovation / Parents / Projet

Pour aller plus loin

- http://eduscol.education.fr/cid55726/qu-est-ent.html
- www.cndp.fr/ecolenumerique/tous-les-numeros/numero-13-octobre-2012/pages-numero/stmg-et-ses/article/article/lent-un-espace-au-service-de-la-pedagogie-en-ses.html
- www.ent.ac-versailles.fr/

ESPE

Créées par la loi de juillet 2013 pour la Refondation de l'École, les Écoles supérieures du professorat et de l'éducation (ESPE) sont des établissements d'enseignement supérieur rattachés à l'université, qui forment les futurs enseignants, de la maternelle à l'université. Remplaçant les IUFM, elles proposent une formation professionnalisante sur 2 ans et conduisent à la délivrance d'un diplôme national, le master "Métiers de l'enseignement, de l'éducation et de la formation" (MEEF).

Contexte

On compte au minimum une ESPE par académie. Elles sont dirigées par un directeur/directrice et administrées par un conseil. Les directeurs des ESPE sont nommés pour une période de cinq ans, par arrêtés du ministre de l'Éducation nationale et de la ministre de l'Enseignement supérieur. Le directeur de l'ESPE prépare les délibérations du conseil et en assure l'exécution. Il a qualité pour signer, au nom de l'université, les conventions relatives à l'organisation des enseignements. Ces conventions ne peuvent être exécutées qu'après avoir été approuvées par le président de l'université et votées par le conseil d'administration de cette dernière. Le directeur de l'ESPE propose les membres des jurys d'examens aux établissements partenaires de l'école.

Les ESPE comprennent également un conseil d'orientation scientifique et pédagogique.

Enseigner est un métier qui s'apprend

La formation aux métiers de l'enseignement est une formation professionnelle qui repose sur deux objectifs : l'individuation des connaissances et la construction collective d'une profession. Elle est fondée sur les principes de l'expertise professionnelle, l'exercice du métier en situation de responsabilité, l'acquisition d'un socle de savoirs professionnels.

C'est une formation active qui suppose l'engagement des personnes formées. Elle se concentre sur l'analyse des pratiques, l'élaboration d'une expérience, l'accès à des perspectives d'action théorisées. L'étude de modèles de référence permet l'appropriation de pratiques qui conditionne l'acquisition d'une posture personnelle d'enseignant.

Le référentiel de compétences

La formation est orientée vers l'acquisition d'une liste de compétences que les professeurs doivent maîtriser pour exercer leur métier. Le référentiel, par arrêté du 1er juillet 2013, précise plusieurs objectifs :

- Affirmer que tous les personnels concourent à des objectifs communs et peuvent se référer à la culture commune de leur profession.

11 728

C'est le nombre de postes ouverts pour la session 2015 du concours pour le 1er degré. Ils étaient de 8 413 en 2013 et 8 342 en 2014. Dans le second degré, les concours (agrégation, Capes, Capet, CAPLP, Capeps et CPE) progressent également, passant de 10 932 postes en 2013 et 10 740 en 2014 à 12 919 postes à la session 2015. Dans le premier degré, le nombre d'inscrits a progressé de 72 % entre 2013 et 2015. Dans le second degré, il a progressé de 16,5 % entre 2013 et 2015.

La formation au sein des ESPE : parcours type

Métiers de l'Éducation nationale Fonctionnaires titulaires
↑
Mention 1 Enseignement du 1er degré — **Mention 2** Enseignement du 2nd degré — **Mention 3** Encadrement éducatif Fonctionnaires stagiaires **Master 2** MEEF en alternance avec stage mi-temps en classe, rémunéré à temps plein
↑
Concours
Mention 1 Enseignement du 1er degré — **Mention 2** Enseignement du 2nd degré — **Mention 3** Encadrement éducatif **Master 1** Métiers de l'enseignement, de l'éducation et de la formation (MEEF)
↑
Licence 3 Unité d'enseignement de préprofessionnalisation
↑
Licence 2 Unité d'enseignement de préprofessionnalisation
↑
Licence 1 (hors ESPE)

- Reconnaître la spécificité des métiers du professorat et de l'éducation, dans leur contexte d'exercice.

- Identifier les compétences professionnelles attendues. Celles-ci s'acquièrent et s'approfondissent dès la formation initiale et se poursuivent tout au long de la carrière par l'expérience professionnelle et l'apport de la formation continue.

Éclairage

Le mémoire de master MEEF

Comme tous les masters, le master MEEF repose sur deux piliers : une spécialisation des connaissances et des compétences et une initiation à la recherche. Le mémoire constitue un élément majeur de cette initiation. Il s'agit pour l'étudiant de se familiariser avec les différents aspects de la démarche scientifique, notamment la recherche en éducation au sens large. Le mémoire prend appui à la fois sur les enseignements dispensés à l'ESPE et sur le stage en école ou en établissement. Il permet à l'étudiant de se professionnaliser en mettant en œuvre une démarche de recherche à partir d'une question professionnelle identifiée lors du stage. L'étudiant doit faire preuve d'autonomie et d'esprit d'initiative. Le mémoire doit montrer une appropriation de la démarche de recherche et une dimension critique. La réalisation du mémoire place l'étudiant en producteur de connaissances sur les enseignements, les apprentissages et l'éducation. Ses travaux devront servir l'ensemble de la communauté. ■

> « Les ESPE ce n'est ni les IUMF qu'on revisite, ni les écoles normales qu'on ressuscite. »
> Discours de Vincent Peillon, 17 mai 2013

→ Formation continue / Polyvalence / Référentiel

Pour aller plus loin

- http://www.devenirenseignant.gouv.fr/

Estime de soi

L'estime de soi désigne, en psychologie, le jugement ou l'évaluation qu'une personne fait de ses propres valeurs. Lorsqu'elle accomplit quelque chose qui lui paraît bon, elle ressent une valorisation. Si ses actions semblent en contradiction avec ses valeurs, son estime baisse. L'expression est à distinguer de la confiance en soi, qui touche plus à des capacités qu'à des valeurs.

Contexte

Durant les premières années de la vie d'un enfant, les parents ont une influence sur le développement de son estime de soi, qu'il soit positif et/ou négatif. L'estime de soi peut se construire si l'image de soi a été construite au préalable de manière positive chez le très jeune enfant. Cette construction sociale est donc largement façonnée par les interactions.

École et estime de soi

Le rôle de l'école est d'autant plus important qu'elle constitue une des principales sources d'évaluation de la personne, et ceci dès l'école maternelle. À travers ses évaluations des compétences cognitives mais aussi des comportements, elle formalise de la valeur pendant une longue période de la vie de l'enfant. L'Organisation mondiale de la santé affirme à ce titre l'importance de fortifier l'estime de soi des jeunes pour prévenir le suicide des enfants et adolescents. Cette estime est un facteur de protection, au même titre que les liens sociaux, notamment avec la famille et les amis.

À l'école, les notes, qui ne devraient refléter qu'un savoir évalué à un moment T, produisent des effets sur l'estime de soi. Un élève qui réussit ou qui échoue trop souvent voit son estime de soi modifiée d'autant que les enfants ont tendance à se comparer entre eux.

Comment interpréter l'estime de soi

Une forte estime de soi peut signifier une croyance solide en ses avis, une capacité à faire les choix qui semblent corrects, sans culpabilité vis-à-vis des autres, une capacité à aller de l'avant, sans se préoccuper des événements passés ou à venir. Elle peut aussi refléter une capacité à résoudre un problème, sans hésitation ni difficultés, y compris grâce à l'avis des autres, une autoconsidération ni inférieur ni supérieur aux autres. Enfin, elle peut signifier une résistance à la manipulation et une capacité à collaborer avec d'autres, une sensibilité aux besoins des autres et un respect général des lois sociales.

Une faible estime de soi peut se manifester par une autocritique importante et un état habituel d'insatisfaction de soi, une hypersensibilité aux critiques, une indécision chronique, souvent par peur de faire une erreur. Elle peut aussi se traduire par un certain perfectionnisme, qui conduit à vouloir faire quelque chose parfaitement ou sans erreur, une culpabilité récurrente qui rumine des erreurs faites dans le passé.

Éclairage

Le Bureau des études statistiques sur l'enseignement scolaire (direction de l'évaluation et de la prospective) a mené en 2005 une étude sur : "Estime de soi et réussite

25 %

C'est le taux d'estime de soi globale mesuré pour des élèves faiblement satisfaits de leur établissement scolaire. Il monte à 40 % chez les élèves satisfaits par leur établissement.

Modifier le regard de l'enfant

- Transmettre à l'enfant des messages explicites sur la qualité de son travail pour l'aider à réaliser que ses résultats ne sont pas dus à des causes insaisissables mais à des causes bien concrètes.
- Aider les enfants en mal d'estime à constater le lien essentiel qui unit la qualité de leurs efforts à celle de leurs réalisations.
- Donner du sens aux apprentissages en termes d'acquisition de compétences plutôt qu'en termes de productions à fournir.
- Fixer des objectifs précis et à brève échéance afin que les élèves perçoivent le lien entre leurs efforts et les résultats.
- Présenter une activité comme une occasion de développer des compétences et de s'améliorer plutôt que comme un test.
- Retravailler le rapport à l'erreur et combattre le préjugé qui dit que les notes reflètent le niveau d'intelligence.

scolaire, sept ans après l'entrée en sixième". Trois domaines ont été retenus pour l'étude :

- l'apparence physique : les études sur les adolescents mettent toujours en évidence une corrélation très forte entre l'estime sur cet aspect et l'estime globale.
- les relations avec les pairs : l'acceptation par les pairs a souvent plus d'importance que l'acceptation par les adultes en général et les parents en particulier. Elle constitue un élément essentiel dans le sentiment de valeur que le jeune a de lui-même.
- la confiance en soi : elle constitue un aspect important pour des jeunes qui vont être placés face à des choix de vie importants.

L'étude révèle que l'estime de soi constitue un phénomène dynamique qui est susceptible d'évoluer fortement au fur et à mesure de l'avancement en âge des individus. Ainsi on constate chez les jeunes en âge scolaire une diminution progressive de l'estime de soi durant l'enfance, avec une baisse particulièrement prononcée au début de l'adolescence, notamment dans le domaine physique. On assisterait ensuite à une graduelle amélioration jusqu'à l'entrée dans l'âge adulte. Quel que soit le domaine, les filles présentent une estime de soi toujours plus faible que les garçons, avec un très fort déficit dans l'appréciation globale du physique. Il semble que le degré de diplôme des parents et le milieu social ont peu d'impact sur cette estime. En revanche, le regard que le jeune porte sur lui-même est sensible à la qualité des relations avec les parents. ■

“Sous des appellations variées, la plupart des conceptions actuelles de la motivation partagent l'idée selon laquelle la confiance en nos capacités à agir efficacement joue un rôle crucial dans notre engagement et nos performances.”

Benoît Galand, "Réussite scolaire et estime de soi", *Sciences humaines*, Hors-série n° 5, 2006

→ **Développement / Interactions / Motivation**

Pour aller plus loin

- Benoît Galand, "Réussite scolaire et estime de soi" in "L'école en questions", *Sciences humaines*, Hors-série n° 5, 2006.
- www.education.gouv.fr/cid2793/estime-soi-reussite-scolaire-sept-ans-apres-entree-sixieme.html
- Rapport IGEN n° 2013-072, *La notation et l'évaluation des élèves éclairée par les comparaisons internationales*, juillet 2013 : http://www.ladocumentationfrancaise.fr/var/storage/rapports-publics/134000726.pdf

Éthique professionnelle

Provenant du grec *ethikos*, “caractère”, l’éthique s’appuie sur des valeurs choisies par une société et se traduit par des conduites qui s’y rattachent. L’éthique professionnelle (ou déontologie) a pour but de réglementer les activités qui ont lieu dans le cadre d’une profession.

Contexte

Éthique, valeurs et morale

L’éthique s’intéresse au réel, et concerne le comportement. Elle implique des attitudes professionnelles en appui sur la raison, et assorties de règles d’action. L’éthique parle du bon et du mauvais, et non pas de bien et de mal.

L’éthique descriptive est l’étude des différentes conceptions morales et de leurs évolutions. **L’éthique prescriptive** ne se distingue pas de la morale proprement dite, elle en est synonyme. **L’éthique appliquée** est la recherche pratique de la meilleure façon d’agir en référence à un système de valeurs pluriel. La morale est l’ensemble des principes, des maximes et des règles qui guident de manière intériorisée les actes. À l’école, elle s’effectue en grande partie par le biais des règles et de la discipline comme support de la construction de l’identité morale de l’enfant.

Dans son acception la plus courante, la notion de valeur est utilisée pour apprécier ou qualifier un comportement, une personne, un objet… Il peut y avoir conflit de valeurs, par exemple entre la culture familiale et la culture scolaire, particulièrement dans les sociétés multiculturelles contemporaines.

L’école est porteuse de questions éthiques comme la justice, la vérité, la tolérance, le pluralisme…, dont elle fait des valeurs vivantes et en acte. Éthique et valeurs sont liées, les valeurs de l’école sont les références communes situées au centre du fonctionnement du système éducatif.

L’éthique de l’enseignant

“*Agir en fonctionnaire de l’État, et de manière éthique et responsable*” est la compétence 1 du référentiel de compétences (arrêté du 12 mai 2010). L’enseignant doit contribuer à la formation sociale et civique de ses élèves. En tant qu’agent public, il doit faire preuve de conscience professionnelle et suivre des principes déontologiques : respecter et faire respecter la personne de chaque élève, être attentif au projet de chacun, respecter et faire respecter la liberté d’opinion. Son attitude doit être la plus objective possible. Il doit veiller à appliquer les principes de laïcité, notamment la neutralité, à respecter la confidentialité des informations concernant les élèves et leurs familles.

L’éthique et la responsabilité de l’enseignant s’appuient sur les connaissances qu’il est capable d’utiliser pour concevoir et mettre en œuvre son action professionnelle. Elles fondent son exemplarité et son autorité dans la classe et dans l’école.

Éthique pédagogique

L’action pédagogique implique des responsabilités d’éducation et d’instruction qui s’inscrivent dans le cadre d’une éthique de la relation à l’enfant. Le travail de l’enseignant doit s’appuyer sur une éthique parce que l’enfant auquel il s’adresse est dépendant de lui. L’enseignant est chargé de normaliser les relations au sein de la classe, de choisir les moyens pédagogiques adaptés pour faire réussir tous ses élèves, de mener au sein du groupe les interactions entre des élèves de cultures différentes, et d’évaluer chacun de ses élèves. L’enseignant a la tâche de faire

Agir de façon éthique et responsable conduit l'enseignant...

- à faire comprendre et partager les valeurs de la République ;
- à intégrer, dans l'exercice de sa fonction, ses connaissances sur les institutions, sur l'État, sur ses devoirs de fonctionnaire ;
- à respecter dans sa pratique quotidienne les règles de déontologie liées à l'exercice du métier de professeur dans le cadre du service public d'Éducation nationale ;
- à respecter les élèves et leurs parents ;
- à respecter et faire respecter le règlement intérieur, les chartes d'usage des ressources et des espaces communs ;
- à respecter, à sensibiliser et faire respecter les droits et devoirs en matière d'usage du numérique dans la société de l'information ;
- à collaborer à la réalisation d'actions de partenariat engagées entre l'établissement et son environnement économique, social et culturel ;
- à prendre en compte la dimension civique de son enseignement.

partager les valeurs de la République. Depuis les événements de janvier 2015, le rôle de l'école dans ce domaine est renforcé.

Éclairage

Éthique et CRPE

Voici une situation proposée dans une école à 4 classes (maternelle, CP-CE1, CE2-CM1 et CM1-CM2). Le président de l'association des parents d'élèves demande à la directrice d'inscrire à l'ordre du jour du conseil d'école l'organisation, pour la classe du CM, d'un séjour de classe transplantée à la montagne. Son fils est dans la classe. Il peut même obtenir une réduction sur le coût du transport. Le projet présenté lors de l'assemblée générale de l'association des parents d'élèves a été approuvé par la majorité des membres présents. Or, un projet de classe transplantée n'est pas de la compétence des parents , il est décidé par l'enseignant, selon les objectifs du projet de classe. La proposition de solliciter la contribution des familles faite par ce monsieur pour le financement du séjour est une entorse au principe de gratuité. L'association de parents veut aussi organiser une vente de viennoiseries à la sortie des classes pour financer une partie du projet. Il est évident que de laisser les parents s'occuper du montage du projet est une ingérence que l'équipe ne devrait pas tolérer. Par ailleurs, une vente à l'école relève d'une régie financière encadrée par des règles ; la directrice est garante du respect de la réglementation. L'implication des élèves par le biais de la coopérative scolaire est autrement plus éducative. L'école doit défendre le champ d'application de ses compétences et associer les parents à ses démarches sans les laisser être maîtres d'œuvre. ■

« La morale, qui se rapporte à l'ensemble de nos devoirs, répond à la question : "Que dois-je faire ?" Elle se veut universelle. Elle tend vers la vertu et culmine dans la sainteté [...]. L'éthique est l'ensemble réfléchi de nos désirs. Elle répond à la question : "Comment vivre ?". Elle est toujours particulière à un individu ou à un groupe. C'est un art de vivre, qui tend vers le bonheur et culmine vers la sagesse. »
André Comte-Sponville, *Valeur et Vérité*, PUF, 1994

→ **Discipline / Droits de l'enfant / Obligations / Système éducatif / Valeurs**

Pour aller plus loin

- Jean-Pierre Obin, *Être enseignant aujourd'hui*, Hachette Éducation, 2011.
- Bertrand Vergely, *Petit précis de morale*, Milan, 2005.

Évaluation

L'évaluation vise à recueillir un ensemble d'informations suffisamment pertinentes, valides et fiables, pour examiner ensuite son degré d'adéquation avec un ensemble de critères liés aux objectifs fixés au départ.

Contexte

L'évaluation est l'une des missions des enseignants inscrite dans le Code de l'éducation (art. D321-6). C'est un outil de pilotage dans la classe pour l'enseignant, et un outil de communication qui a une fonction stratégique dans la réalisation du projet d'apprendre. Les résultats des évaluations périodiques doivent figurer dans le livret scolaire, support de communication des résultats des élèves : leur forme, leur périodicité sont définis en conseil des maîtres.

Évaluer pour piloter

Pour évaluer, il est important d'identifier les fondements théoriques et méthodologiques auxquels renvoient les termes évaluer, contrôler, valider, certifier, et de savoir utiliser les notions et concepts transversaux utiles pour tout dispositif d'évaluation (valeur, référent et référé, critère, indicateur, analyse et diagnostic…). Depuis plus de vingt ans, le système éducatif s'est doté d'une banque d'outils nationaux pour évaluer les résultats des élèves en CE1 et CM2. Ce système permet d'enrichir les possibilités d'analyse pédagogique et de donner une information précise aux familles. Les parents peuvent ainsi mieux suivre les progrès de leur enfant. Ils sont les seuls, avec les enseignants concernés, à connaître les résultats individuels de leur enfant. Les évaluations réalisées en fin de CM2 peuvent favoriser les liens avec le collège de secteur. Les prises d'indices sont faites en français, lecture, écriture, vocabulaire, orthographe, grammaire (60 items) et en mathématiques, numération, calcul, géométrie, grandeurs et mesure, organisation et gestion de données (40 items). La passation des évaluations est étalée sur la semaine selon un planning choisi par l'enseignant de la classe. Une échelle d'appréciation est proposée pour évaluer précisément les réponses des élèves : réponse attendue/réussite partielle sans erreur/réussite partielle avec erreur/autres réponses/absence de réponse.

Évaluer pour valider

Le livret personnel de compétences (LPC) mis en place en 2008, est destiné à valider pour chaque élève des compétences du socle observées et évaluées. Cette évaluation se fait progressivement et doit attester à la fin de chaque cycle des acquis dans les cinq domaines du socle (2015). Les enseignants peuvent s'appuyer sur les grilles de références, les protocoles des évaluations nationales et les outils d'aide à l'évaluation. C'est l'enseignant de l'élève qui prononce la validation des compétences du socle, dans le cadre du conseil des maîtres de cycle.

Éclairage

Le débat sur les notes

Le débat récurrent sur les notes montre qu'elles fonctionnent avant tout comme le moyen de valoriser les bons élèves et

1890

C'est la date à laquelle le système de notation sur 20 a été mis en place (année scolaire 1890/1891). L'historien de l'éducation Claude Lelièvre rappelle que le mouvement a été progressif.

Les étapes d'une évaluation

Étape 1. L'évaluation diagnostique se conçoit en amont de la séquence pour appréhender le niveau des élèves. Elle intervient en début d'apprentissage, propose des repères pédagogiques, didactiques et méthodologiques. Il ne s'agit pas d'une évaluation qui débouche sur des remédiations, mais d'une évaluation qui offre une vision globale et claire sur la réalité de la classe (besoins des élèves, lacunes, potentialités…). Elle oriente les choix didactiques initiaux (élaboration des projets pédagogiques, définition des contenus, des démarches…).

Étape 2. L'évaluation formative s'effectue en milieu de parcours pour prendre la mesure des étayages à apporter. Elle permet à l'enseignant de faire le point à un moment donné de l'apprentissage sur le degré de maîtrise des compétences. Elle permet d'identifier les lacunes, les erreurs et de déterminer les élèves en difficulté. Elle permet de réguler l'action pédagogique (étayer, différencier, soutenir, prévoir de l'aide personnalisée). Elle a une fonction régulatrice pour accompagner la réussite des élèves.

Étape 3. L'évaluation sommative s'effectue en fin de séquence. Elle permet de faire le bilan, la somme des compétences acquises, et de transmettre les informations aux parents sur l'évolution des progrès de leurs enfants. Dans tous les cas, l'évaluation est envisagée comme un processus et non un état figé.

de sanctionner les moins bons dans un système qui voudrait dégager des élites. Les notes en soi n'ont rien d'aberrant si elles servent à mesurer et évaluer de façon neutre et à des fins informatives où en sont les élèves dans leurs apprentissages, dans le but de les amener à progresser. Par exemple, pour un devoir de mathématiques sur la technique de la division, un élève a obtenu la note de 6/20 ; il a réussi 6 divisions. Il ne "vaut" pas 6/20, il a besoin d'une aide de l'enseignant pour l'aider à résoudre plus de divisions ; la technique n'est pas encore maîtrisée. La question n'est donc pas tant la note en tant qu'indice sur un parcours, que l'obsession de la notation et des classements qui marquent le système éducatif français. Le problème de l'évaluation par notation tient avant tout à l'usage "négatif" et sélectif qui peut en être fait à l'école, ainsi qu'à la place prise petit à petit par la sélection que pratiquent certains établissements au vu des carnets de notes. L'évaluation sans note, plus qualitative et plus personnalisée, est pratiquée dans un bon nombre de pays cités par l'OCDE. Il s'agit d'aider les plus fragiles à progresser là où ils en ont besoin. ■

« Les outils d'évaluation ne doivent jamais être conçus comme des instruments techniques neutres. Ils sont au service d'une vision de l'école. »

Nathalie Mons, Rapport EACEA
Commission européenne, septembre 2009

→ **Besoins éducatifs particuliers / Compétences / Différenciation / PISA / Socle**

Pour aller plus loin

- Jean-Marie de Ketele, "L'évaluation conjuguée en paradigmes", *Revue Française de pédagogie*, n° 103, 1993.
- Peter Gumble, *On achève bien les écoliers*, Grasset, 2010.
- Anne Jorro, *L'enseignant et l'évaluation, des gestes évaluatifs en question*, De Boeck, 2000.
- http://eduscol.education.fr/pid33060/banqu-outils-pour-l-evaluation.html

Formation continue

La formation continue est proposée aux enseignants après le temps de leur formation initiale. Elle leur permet d'améliorer leurs compétences pour une meilleure efficacité professionnelle et une adaptation aux évolutions de l'école. Cette formation professionnelle est un droit.

Contexte

Le temps obligatoire

Chaque enseignant du premier degré doit s'inscrire à 18 heures annuelles d'animation-formation proposées par la circonscription. Ce volume horaire fait partie des obligations de service. Les enseignants peuvent s'inscrire à des modules ou des stages de formation continue, organisés par département, académie. Le ministère publie annuellement une offre de formations nationales, auxquelles ils peuvent postuler. Tout au long de leur carrière, ils disposent d'un crédit de 36 semaines.

L'offre d'animation-formation continue (AFC)

En circonscription, l'AFC doit permettre aux enseignants d'exercer leur métier dans les meilleures conditions et de s'adapter aux réformes et orientations ministérielles. Présentée dans le plan des animations pédagogiques de la circonscription, cette formation peut se faire pour moitié en présentiel et pour le reste (9 heures) "à distance" en s'inscrivant à un module proposé sur une plate-forme dédiée appelée M@gistère. Ce dispositif de formation continue tutorée et interactive fait partie des stratégies du ministère pour faire entrer l'École dans l'ère du numérique. Les modules sont fondés sur l'interactivité et le travail collaboratif.

Les choix individuels

Le plan de formation (PAF) : chaque année, une circulaire nationale définit les priorités du ministère pour la formation des personnels. Le plan académique définit et publie ses offres de formation selon ces orientations. L'offre de formation, élaborée au niveau de chaque département, est présentée dans le plan académique de formation (PAF). Pour participer aux stages, les enseignants doivent faire acte de candidature individuelle par voie numérique. Un barème est affecté à chaque candidature. Sont prioritaires les enseignants qui n'ont pas bénéficié de formation depuis des années. Depuis quelques années, un objectif fort est de développer l'accompagnement de chacun des élèves et la personnalisation des parcours. Parmi les axes de formation : l'adaptation aux évolutions prévisibles du métier (montée en puissance du numérique) ; l'acquisition de nouvelles compétences, selon les nouvelles matières à enseigner (histoire de l'art, EMC).

Le droit individuel à la formation (DIF) : tout enseignant en cours de carrière peut bénéficier du DIF (Pacte de carrière de 2011). Les enseignants titulaires ou ceux qui ont au moins un an de service effectif au sein de l'administration, peuvent demander à en bénéficier. Il est accordé dans la limite des crédits académiques disponibles. La demande doit être étayée par un projet professionnel structuré.

36

C'est en nombre de semaines le crédit de formation dont un enseignant du premier degré dispose pour l'ensemble de sa carrière.

Les compétences visées

1. Les compétences du "praticien réflexif", pour réfléchir en amont et en aval de son action.

2. Les compétences de "l'enseignant savant" pour acquérir un bon niveau de connaissances disciplinaires et transformer ses savoirs en savoirs à enseigner.

3. Les compétences de "l'enseignant technicien" doté de gestes professionnels, d'habiletés, d'attitudes. Cette conception est à la base du référentiel du professeur des écoles en fin de formation initiale.

4. Les compétences de "l'enseignant artisan", qui agit selon des scénarios, à l'aide de fiches techniques ; ses actes sont répertoriés dans un ordre précis, un peu comme des "recettes".

5. Les compétences de "l'enseignant acteur social", qui travaille en équipe, élabore des projets, collabore au suivi des élèves. Il est également acteur social dans ses relations avec les parents, les partenaires.

6. Les compétences liées à sa personne par la maîtrise de diverses formes de communication, le contrôle des affects et la priorité donnée à des réactions conformes aux valeurs de l'école et à l'éthique du métier.

Le congé de formation professionnelle (CFP) : les enseignants titulaires ou non ayant au moins 3 ans de service effectif peuvent bénéficier d'un CFP dans la limite des crédits disponibles dans l'académie. La durée ne peut excéder trois ans sur l'ensemble de la carrière.

Éclairage

Extrait d'un parcours M@gistère

La durée de ce parcours, destiné à développer la compétence "dire, lire, écrire de la poésie au cycle 2 et mettre la poésie au service de la maîtrise de la langue", est de 3 heures. Les enseignants sont amenés à réfléchir sur la poésie, mise au service de la connaissance de la langue. La séquence scénarisée comprend des activités pédagogiques, des ressources et une sélection de liens. Les objectifs du parcours sont d'encourager la lecture du poème comme pratique littéraire et culturelle, de proposer une approche de la langue poétique qui dépasse celle de la récitation, de réfléchir à la création d'un climat d'écoute et de partage des textes poétiques dans la classe. Les enseignants peuvent ainsi explorer ce langage, le mettre à l'épreuve pour instaurer ou restaurer le lien entre l'oral et l'écriture. Des pistes sont proposées pour "donner à voir" et à comprendre les poèmes. Les textes support(s) exploités sont mis à disposition : le poème *Comment ça va sur la terre?* de Jean Tardieu (1945), le poème *La pluie* d'Émile Verhaeren, le poème *Coffre à lumières* de Jean-Pierre Siméon, en texte original.

L'enseignant dispose d'outils de suivi personnel : un carnet de bord pour conserver des écrits qui constituent des traces de la formation, ainsi qu'un portfolio destiné à rassembler des documents. ■

« Il faut rompre avec les formations fourre-tout qui mêlent philosophie, Pédagogie, psychologie [...] pour constituer des objets de savoir et de formation transversaux, cohérents et relativement stables. »
Philippe Perrenoud, *La formation des enseignants au XXIe siècle*, Université de Genève, 2001

→ Didactique / Pédagogie / Polyvalence

Pour aller plus loin

- L. Paquay, M. Altet, E. Charlier, Philippe Perrenoud, *Former des enseignants professionnels*, De Boeck, 2001.
- Philippe Perrenoud, *La formation des enseignants*, L'Harmattan, 1994.
- http://eduscol.education.fr/cid49221/pairform@nce.html

Groupe

Le groupe est le rassemblement de personnes dans un même lieu. Appliqué à l'école, le groupe constitue une unité de structuration de la classe pour répondre à des objectifs d'apprentissage.

Contexte

Le travail de groupe a été défini pour l'école primaire par Roger Cousinet comme "une méthode de travail libre où le maître s'installe comme collaborateur pour les élèves". Il s'inscrit ensuite dans un modèle dynamique constructiviste et cognitiviste de l'apprentissage. Il favorise le conflit sociocognitif à partir de la confrontation des points de vue, des "batailles d'idées". Le travail coopératif et l'interaction sociale qu'il sous-tend sont des leviers pour le développement de connaissances partagées et de compétences individuelles et collectives.
À l'école, le groupe se distingue de la classe.
Il existe plusieurs manières de constituer les groupes :
- Sur la base d'une reconnaissance des affinités, les élèves choisissent leurs partenaires.
- En recourant à une analyse des caractéristiques relationnelles et cognitives des élèves, l'enseignant tient compte des personnalités.
- Selon les hasards des lieux, les élèves se trouvent les uns à côté des autres.
- Ils s'opèrent en fonction des étayages possibles entre les élèves pour favoriser le tutorat.

La posture de l'enseignant

La confiance accordée a priori n'exclut pas la vigilance, le contrôle. L'enseignant doit observer les postures, écouter les échanges. Il doit porter une attention au travail de chacun, exiger des productions individuelles au sein du groupe, responsabiliser chacun des élèves.
Son intervention est légitime, l'interruption des travaux relève de son pilotage. S'il y a **des élèves perturbateurs**, il faut tenter de repérer les causes (difficultés, tâches trop difficiles, sentiment de ne pouvoir y arriver, découragement...), isoler l'élève temporairement dans des activités individuelles en le ramenant rapidement à des travaux coopératifs, enfin s'appuyer sur la dynamique positive des autres élèves.
C'est à l'enseignant de décider du niveau sonore acceptable. Il s'agit de définir des règles et de les rappeler pour apprendre aux élèves à s'exprimer sans bruit excessif, de travailler dans une ambiance calme et productive.

Du bon usage du groupe

La disposition spatiale et l'aménagement matériel doivent permettre de passer d'un travail individuel à un travail de groupe aisément. Le bruit, au moment où l'activité engendre de l'excitation, des discussions passionnées entre les élèves, devient inévitable. Il faut apprendre aux élèves à réguler le niveau de leurs échanges pour qu'il reste tolérable. Les bavardages et les digressions limités font partie d'une appropriation de la tâche et permettent de faire des pauses. Tous les types de tâches ne se prêtent pas à du travail de groupe. Il faut qu'il y ait nécessité de mettre en commun des compétences diverses pour résoudre un problème. Les rôles doivent être répartis : le gardien du temps, le modérateur des échanges, le garant des consignes. On peut avoir besoin d'un secrétaire, d'un porte-parole (pour les mises en commun), d'un responsable des documents. Les rôles tournent, ce qui implique une mémoire écrite. Le travail de groupe doit permettre à chaque élève d'apprendre. Il faut donc penser les apprentis-

Les différents types de regroupement		
Types de groupe	**Avantages**	**Limites**
Grand groupe	Constitue une formule efficace et économique qui permet de s'adresser à tous les élèves. Développe l'esprit de classe et le sentiment d'appartenance.	Certains élèves ne suivent pas. Peu d'interactions dans le groupe. Rend les élèves passifs, leur mobilisation peut décliner.
Petit groupe homogène	Permet un enseignement convenant au niveau de compétence de l'élève. Vise à pallier les difficultés et donc les écarts entre les élèves.	Nuit à l'estime de soi et à la confiance en soi des élèves les plus fragiles. Est parfois centré sur des tâches de bas niveau cognitif et des activités peu signifiantes.
Petit groupe hétérogène	Favorise les interactions sociales et les dialogues entre les élèves. Permet de mutualiser les différentes conceptions des élèves. Permet d'acquérir des compétences de collaboration.	Demande une bonne préparation des activités et du matériel. Nécessite que les élèves soient capables de travailler ensemble. Certains peuvent se mettre en position d'observation.
Binôme	Permet de mettre en commun des compétences. Assure un soutien entre élèves. Favorise l'estime de soi et la motivation. S'organise facilement.	Nécessite que les élèves soient capables de travailler ensemble. Ils sont facilement hors tâche.
Enseignement individuel	Permet de consolider les démarches. Favorise la réflexion personnelle.	Doit être de courte durée. Peut faire perdre de vue le reste de la classe.

sages individuels dans le cadre du travail de groupe. Les mises en commun sont un moment délicat, pas toujours utile, mais il est nécessaire de conclure de manière magistrale par une trace écrite, une fiche, une synthèse, une conclusion.

Éclairage

S'approprier des documents en histoire

Il peut être intéressant d'instaurer un travail de groupe pour s'approprier des documents en histoire. L'objectif est que tous les élèves soient capables de les lire et de les comprendre pour qu'ils deviennent des "outils" pour apprendre. Chaque groupe de 4 élèves reçoit un choix de documents différenciés sur le thème étudié : Les grandes découvertes. Le petit groupe échange sur ce qu'ils observent : images, illustrations, schémas. Il relève dans un tableau (fiche de travail du groupe) la nature du document, ce qu'il représente, les informations sur les lieux et les personnages qui sont apportées. Chaque groupe désigne un "rapporteur" qui présente à la classe la synthèse des informations relevées avec le support du tableau projeté. L'enseignant anime la mise en commun et propose aux élèves une synthèse orale des recherches. Une trace écrite collective est élaborée et collée dans le cahier d'histoire. Chaque élève colle un exemplaire des documents sur lesquels il a travaillé en petit groupe. ■

> **« Le groupe devient un lieu où les relations entre les personnes fonctionnent de telle manière qu'elles permettent, par confrontation, de dégager un concept, d'améliorer un travail individuel, de prendre conscience de phénomènes complexes. »**
> Philippe Meirieu, *Pourquoi le travail en groupe des élèves ?*, www.meirieu.com

→ Classe / Didactique / Pédagogie / Programmation / Séance

Pour aller plus loin

- Jean-Pierre Astolfi, *L'école pour apprendre*, ESF éditeur, 2010.
- Michel Barlow, *Le travail en groupe des élèves*, Armand Colin, 1996.
- Philippe Meirieu, *Apprendre en groupe ?*, Chronique sociale, 1992.

Handicap

Constitue un handicap toute limitation d'activité ou restriction de participation à la vie en société subie dans son environnement par une personne en raison d'une altération substantielle, durable ou définitive d'une ou plusieurs fonctions physiques, sensorielles, mentales, cognitives ou psychiques, d'un polyhandicap ou d'un trouble de santé invalidant.

Contexte

La prise en charge des enfants handicapés à l'école est régie par la loi 2005-102 du 11 février 2005 pour l'égalité des droits et des chances, la participation et la citoyenneté des personnes handicapées. Elle renforce les actions en faveur de ces élèves en posant le principe d'accessibilité généralisée, quel que soit le handicap. À l'école, le secteur concerné est celui de l'adaptation scolaire et scolarisation des enfants handicapés (ASH).

Le Projet Personnalisé de Scolarisation

Le projet personnalisé de scolarisation (PPS) concerne les élèves qui ont une reconnaissance de handicap délivrée à la Maison départementale des personnes handicapées (MDPH, article L.146-3 du code de l'éducation) à l'issue d'un diagnostic posé par un professionnel de santé. Le PPS est un document opposable qui précise et détaille les aides humaines, matérielles (ordinateur, logiciels, mobilier adapté…) et pédagogiques (adaptations particulières dans la classe, dans l'école). Il est renouvelable chaque année en fonction de l'évolution de l'enfant. Si le PPS est mal ou pas appliqué, les parents peuvent demander à échanger avec les enseignants par le biais de l'enseignant référent.

Les unités localisées pour l'inclusion scolaire (ULIS)

Les ULIS ont vocation à accueillir, sur décision d'orientation de la commission des droits et de l'autonomie des personnes handicapées (CDAPH), les élèves *"qui, en plus des aménagements et adaptations pédagogiques et des mesures de compensation mis en œuvre par les équipes éducatives, nécessitent un enseignement adapté dans le cadre de regroupements"*. Les ULIS école (circulaire n° 2015-129 du 21 août 2015) sont "copilotées" pour les aspects pédagogiques par l'IEN-ASH et l'IEN de circonscription, et placées sous la responsabilité du directeur d'école.

L'enseignant référent (ER)

L'enseignant référent est l'interlocuteur privilégié de l'enfant et de sa famille, mais aussi de tous les acteurs engagés dans le projet. Il anime les équipes de suivi de la scolarisation (ESS) dans la position du "tiers instruit". Il favorise l'expression, collecte les expertises destinées à éclairer le travail, synthétise les informations et établit les conclusions. Il assure la continuité du parcours scolaire. L'équipe de suivi de la scolarisation se réunit au moins une fois par an (art. D 351-10 du Code de l'éducation). Elle ne peut se réunir en l'absence de la famille. Avant l'existence du PPS, durant

239 160

C'est le nombre d'enfants en situation de handicap qui ont été scolarisés dans les écoles et établissements (publics et privés) en 2013-2014 : 141 565 dans le premier degré et 97 595 dans le second degré. L'augmentation est constante depuis la loi de 2005 : en moyenne 11 % par an.

Le projet personnalisé de scolarisation (PPS)		
Type de PPS	**Inscription**	**Scolarisation**
En milieu ordinaire	École ou établissement de référence	École ou établissement de référence
En milieu ordinaire avec un dispositif adapté (ULIS-école, - collège)	École ou établissement de référence	École ou établissement disposant d'un dispositif adapté (ULIS-école, - collège) Intégration dans les classes ordinaires pour les apprentissages définis dans le PPS
Dans l'Unité d'Enseignement (UE) d'un établissement médico-éducatif, médico-social ou sanitaire type ITEP, IPP, IME, IMPRO…	École ou établissement de référence	Unité d'Enseignement de l'établissement spécialisé Scolarisation en temps partagé, selon les propositions du PPS, partage avec un établissement scolaire ayant passé convention avec l'unité d'enseignement.
Enseignement à domicile Enseignement à distance (CNED)	École ou établissement de référence	Sur un temps court : intervention d'enseignants du service d'aide pédagogique à domicile (SAPAD) Contrôle annuel des acquisitions scolaires.

la période d'évaluation des besoins, c'est l'équipe éducative de l'établissement (art. 21 décret n° 90-788 du 6 septembre 1990) qui est mobilisée pour assurer au mieux l'accueil de l'enfant.

Les auxiliaires de vie scolaire

Les auxiliaires de vie scolaire (AVS) sont une aide aux apprentissages (art. L 351-3 du Code de l'éducation). La nécessité d'un accompagnement émerge au cours du travail d'évaluation des besoins de l'enfant ; la présence de l'AVS n'est pas une condition sine qua non à la scolarisation. Un accès progressif à l'autonomie est un des objectifs primordiaux de toute scolarisation.

Éclairage

Une inclusion réussie

Mariem, une petite fille malvoyante, suit une scolarité "normale" depuis le CP dans une école de la région parisienne. Son enseignante de CE2 raconte : "Mariem est au premier rang. Elle a un pupitre sur sa table et une lampe pour elle. Elle dispose aussi depuis peu d'une loupe, car agrandir systématiquement les documents peut parfois en fausser les données. Au tableau, je veille à écrire plus gros et au milieu, ce qui, parfois, entraîne une gestion plus problématique. Mais ma tâche ne s'en trouve pas vraiment alourdie pour autant. Il faut simplement que je pense à intégrer sa déficience dans mon champ de pensée et à ajuster certains exercices. Son voisin, un bon élève, lui sert de tuteur. Deux fois par semaine, une institutrice spécialisée vient à l'école et fait travailler Mariem avec d'autres élèves. Sa présence est importante pour la faire progresser, car elle comprend mieux ses difficultés et peut apporter des réponses spécifiques. Un service départemental de prise en charge des enfants déficients visuels intervient ponctuellement. (Source : www2.cndp.fr/actualites/question/handicap/handicapesImp.htm)

> **« Un enfant handicapé introduit de l'humanité dans le système. C'est très éducatif pour les autres enfants. Sa présence leur offre l'occasion d'exprimer solidarité et cordialité, d'apprendre à accepter l'autre, la différence. »**
> Serge Lefèbvre, vice-président de l'Apajh

→ **Besoins éducatifs particuliers / Difficultés scolaires / Inclusion**

Pour aller plus loin

- www.education.gouv.fr/cid207/la-scolarisation-des-eleves-handicapes.html

Illettrisme

Néologisme créé en 1978 à partir du terme “illettré” (du latin *illitteratus*, “ignorant”), l’illettrisme est une forme particulière de l’analphabétisme. Il désigne la situation d’une personne qui a bénéficié d’apprentissages mais qui n’a pas acquis – ou qui a perdu – la maîtrise de la lecture et de l’écriture, en raison d’apprentissages trop fragiles.

Contexte

Le père Joseph Wresinski, fondateur d’ATD Quart Monde, est l’inventeur du mot (1978). La création du Groupe permanent de lutte contre l’illettrisme en 1984, puis de l’Agence nationale de lutte contre l’illettrisme (ANLCI) en 2000, ont eu pour objectif de faire reculer un phénomène préoccupant, source d’exclusion sociale et de précarisation. “Agir ensemble contre l’illettrisme” a été Grande cause nationale en 2013. Les évaluations menées dans le cadre de la Journée défense et citoyenneté soulignent que, si 80,3 % des jeunes Françaises et Français de 17 ans sont des lecteurs efficaces, 10,4 % sont en difficulté de lecture et 4,8 % en grandes difficultés.

L’une des raisons souvent évoquées est l’origine familiale et sociale des personnes en situation d’illettrisme, celles-ci provenant souvent de milieux eux-mêmes faiblement scolarisés, voire illettrés.

La prévention de l’illettrisme

Si l’illettrisme est bien un phénomène postscolaire, les difficultés rencontrées très tôt par l’élève peuvent en être des signes précurseurs. Dès l’école maternelle et tout au long de la scolarité obligatoire, l’école doit prévenir l’illettrisme en apportant des réponses adaptées aux facteurs de vulnérabilité, afin d’assurer une forme d’irréversibilité des acquis de base. La première prévention est recherchée dans la qualité des pratiques pédagogiques ordinaires, l’enseignement et les aides mises en place. Les pratiques de lecture et d’écriture de chaque famille sont souvent déterminantes pour l’enfant dans une approche de l’écrit. La dyslexie et la dysorthographie constituent des facteurs de risque. Elles entraînent un ensemble de difficultés durables au cours des apprentissages fondamentaux de lecture et d’orthographe chez l’enfant comme chez l’adulte.

Les réformes pédagogiques engagées en 2015 visent à permettre, dans ce domaine, des apprentissages plus solides et plus durables. La grande mobilisation de l’École pour les valeurs de la République a réaffirmé cet enjeu majeur, y compris dans ses dimensions civiques et citoyennes. L’École doit répondre avec pédagogie et fermeté à une double mission : transmettre des connaissances, des compétences et une culture commune d’une part ; être, d’autre part, un creuset de la citoyenneté. L’importance de la maîtrise de la langue, notamment à travers l’enseignement du jugement, de l’argumentation et du débat en classe, à l’écrit comme à l’oral, en lien étroit avec l’enseignement moral et civique et le parcours citoyen, est explicite.

7 %

C’est la part de la population adulte âgée de 18 à 65 ans ayant été scolarisée en France qui est actuellement en situation d’illettrisme, soit 2 500 000 personnes en métropole.

(Source : Agence nationale de lutte contre l’Illettrisme.)

Les dispositifs

Il appartient d'abord à l'école de favoriser l'entrée dans le langage et son appropriation, puis d'apprendre à tous les enfants à lire, à comprendre les textes, à s'exprimer à l'oral et à l'écrit de manière fluide et efficace. Il s'agit de favoriser l'accès aux livres et à la lecture, le goût des mots et le plaisir du texte. La confiance des familles, grâce à un dialogue entre l'École et les parents, permet d'accompagner au mieux l'enfant en difficulté, tout particulièrement dans les secteurs touchés par la grande pauvreté. Des dispositifs sont créés en partenariat :

- lors de la Journée **Défense et Citoyenneté** (JDC), les jeunes de 17 ans et plus passent un test de compréhension de l'écrit. Des possibilités de réapprentissage sont offertes à ceux qui ne sont plus scolarisés (plateformes de suivi et d'appui aux décrocheurs).
- Les **actions éducatives familiales** (AEF) jouent un rôle majeur pour fédérer des actions qui s'adressent aux parents en situation d'illettrisme ou de grande fragilité linguistique et à leurs enfants.
- **Les GRETA (groupements d'établissements publics locaux d'enseignement)** proposent des formations spécifiques pour les adultes.
- **L'administration pénitentiaire** a mis en place un plan d'action contre l'illettrisme, pour éviter de nouvelles ruptures dans les parcours des détenus.

Éclairage

Installer les compétences langagières

Apprendre à parler pour penser et comprendre s'apprend dès l'école maternelle. La maîtrise du langage oral est prédictive d'une entrée réussie dans l'écrit. Elle passe par la capacité de l'enfant à recourir au langage pour structurer sa pensée et pouvoir communiquer. Les activités qui rythment la journée construisent des repères. La caractéristique principale de ces moments de langage est liée à la répétition de scripts de déroulé, associés à une activité langagière spécifique comme "dire quel jour on est", "raconter ce qu'il s'est passé dans l'atelier"… Progressivement, tous les enfants s'engagent et réussissent les tâches langagières reliées à ces activités. Le langage, dans ces situations, est travaillé avec efficacité, en raison même de la régularité et de la répétitivité des codes mis en place. Ces scénarios d'interactions se rapprochent de ceux que décrivent les psychologues du développement quand ils parlent des "formats" utilisés par la mère pour faire entrer le très jeune enfant dans le langage. Ils se rejoignent par plusieurs aspects : la création d'un cadre stable qui structure les échanges et les contraint, d'une certaine façon ; la répétition sur une période assez longue pour que s'instaure la perception de la régularité ; la mise en lien avec une situation ou une activité ; le rôle déterminant joué par l'adulte ; leur nécessaire évolution en fonction des progrès des enfants et la part d'anticipation et d'autonomie qui leur est laissée, à l'intérieur du cadre. ■

> « **L'illettrisme constitue une sorte d'autisme social.** »
> Alain Bentolila, *De l'illettrisme en général et de l'école en particulier*, Plon, 1996

→ **Difficulté / Lecture / Maternelle / Parents / Partenariat**

Pour aller plus loin

- Alain Bentolila, *De l'illettrisme en général et de l'école en particulier*, Plon, 1996.
- Bernard Lahire, *L'invention de l'illettrisme*, La découverte, 2005.
- http://eduscol.education.fr/cid52346/agir-contre-illettrisme.html
- www.anlci.gouv.fr

Inclusion

L'inclusion scolaire est un ensemble de pratiques pédagogiques qui permettent à chaque élève, quels que soient ses besoins, de réaliser son plein potentiel d'apprentissage. L'inclusion doit favoriser une participation active de l'élève à ses apprentissages et à la vie scolaire, mais également un sentiment d'appartenance.

Contexte

De l'intégration à l'inclusion

Le ministère de l'Éducation nationale a voté le principe d'une école inclusive dans sa loi sur la Refondation de l'École (2013). La notion d'inclusion remplace celle d'intégration. L'intégration scolaire consistait à permettre à l'enfant handicapé de fréquenter l'école ordinaire. Considéré comme un élève différent, il s'agissait alors de le rendre capable de suivre un cursus normalisé. L'inclusion scolaire relève d'une philosophie différente. Elle consiste à rendre l'école capable d'accueillir tout élève, quel que soit son handicap, sa différence ou ses difficultés.

La législation européenne soutient l'éducation inclusive. La Charte européenne de Luxembourg en définit en 1996 les principes: "L'égalité des chances et le droit à la participation sociale de la personne handicapée, supposent une École pour Tous et pour Chacun, quel que soit le niveau d'enseignement et de formation, et ce tout au long de la vie. L'École doit garantir un enseignement de qualité et offrir un accès identique pour tous. Elle s'adapte à la personne et non l'inverse. Elle la place au centre de tout projet éducatif en reconnaissant les potentialités de chacun et les besoins spécifiques."

C'est en Australie, en Finlande, en Irlande et au Portugal qu'elle est la plus favorable. Là où la tradition d'enseignement spécialisé est la plus forte (Allemagne, Belgique et France), la tendance est contraire. La demande croissante d'éducation inclusive conduit à remettre en cause la légitimité de l'enseignement spécialisé. Les enfants handicapés ne sont en effet pas les seuls à ne pas y trouver leur place véritable. C'est donc une démarche inclusive pour tous qui doit être organisée.

L'inclusion des enfants handicapés

126 000 enfants handicapés scolarisés en 2006, plus de **260 000** en 2015, dont plus de 150 000 dans le 1er degré, la progression rend compte de l'engagement de l'école pour l'intégration scolaire. Parmi ces 260 000 élèves, certains bénéficient d'un accompagnement: près de **70 000** personnes assurent les missions d'auxiliaire de vie scolaire. La formation de tous les personnels a été renforcée. Les **2 000** accompagnants d'élèves en situation de handicap (AESH) ont vu leur statut évoluer. Après 6 ans d'exercice en CDD, ils bénéficient désormais d'un CDI de droit public.

De la CLIS à l'ULIS

La circulaire n° 2009-087 définit la classe pour l'inclusion scolaire (CLIS) comme:

100

À la rentrée 2015, 100 unités d'enseignement supplémentaires situées dans les établissements médico-sociaux, sont relocalisées au sein des établissements scolaires ordinaires. Elles mettent en œuvre tout dispositif d'enseignement visant à la réalisation des projets personnalisés de scolarisation des élèves handicapés ou souffrant d'un trouble de la santé invalidant (art. D. 351-17 et 18 du code de l'éducation).

"une classe à part entière de l'école dans laquelle elle est implantée." Les CLIS accueillent des élèves en situation de handicap dans des écoles ordinaires afin de leur permettre de suivre totalement ou partiellement un cursus scolaire ordinaire.
La circulaire n° 2015-085 du 3 juin 2015 élargit la notion d'inclusion à d'autres publics : les élèves allophones nouvellement arrivés (EANA) et les enfants issus de familles itinérantes et de voyageurs (EFIV).
La circulaire n° 2015-129 du 21 août 2015 modifie cette appellation et décide que tous les dispositifs collectifs de scolarisation s'appellent dorénavant "unité localisée pour l'inclusion scolaire" (ULIS). La CLIS devient ULIS-école. Elle reste donc une classe mais il faut inclure au maximum les élèves en classe ordinaire. Le projet de l'ULIS peut prévoir l'affectation d'un AVS-co. Le projet d'école comporte un volet sur le fonctionnement de l'ULIS et prend en compte les projets personnalisés de scolarisation.

Éclairage

Un exemple de projet de CLIS

Ce projet de CLIS, inscrit dans le projet d'école, porte sur la maîtrise de la langue, en particulier sur la production d'écrit. Il prend place dans les objectifs généraux de l'école et favorise les apprentissages disciplinaires (lecture, découverte du monde, éducation artistique, sportive). Il peut se décliner comme suit :
- Objectif : réaliser un recueil d'histoires imaginaires avec tous les textes de la classe.
- Choix des élèves : écrire des histoires sur des animaux (univers affectif), les assembler pour en faire un livre, donner le livre aux classes de l'école.
- Contenu : production d'écrits, relations entre monde réel et monde imaginaire.
- Apprentissages : lecture orale d'histoires par l'enseignant et débat sur la compréhension, lecture documentaire.
- Activités de recherche, de classement : animaux domestiques – de la ferme – sauvages dans l'environnement connu des élèves.
- Structure d'une histoire courte : utilisation des productions des anciens élèves comme référents et bases de travail, sensibilisation aux structures du récit par lecture orale de l'enseignant.
- Partenariat : intervention et collaboration d'un membre du Centre d'Initiation à l'Environnement.
- Valorisation : distribution dans les classes de l'école ; lecture et échanges avec les élèves. ■

> **« Une société inclusive est une société sans privilèges, sans exclusivités ni exclusions. Sans hiérarchisation. Sans ligne Maginot pour se protéger de ceux qui font l'épreuve d'un dysfonctionnement de leur corps ou de leur esprit, et épuisent leurs forces à résister au danger de néantisation [...] Nul n'a le droit de les dépouiller de leur part légitime du patrimoine commun ; de les priver du droit à avoir des droits. »**
> Charles Gardou, *La société inclusive, parlons-en !*, Érès, 2012

→ **Adaptation / Besoins éducatifs particuliers / Handicap / Orientation / Réseau d'aides**

Pour aller plus loin

- Philippe Tremblay, *Inclusion scolaire. Dispositifs et pratiques pédagogiques*, De Boeck, 2012.
- http://eduscol.education.fr/cid53163/les-unites-localisees-pour-l-inclusion-scolaire-ulis.html
- http://ecole-inclusive.org/
- Site de l'institut de formation ASH de Suresnes : http://inshea.fr/fr/content/ressources

Innovation

Du latin *in*, "dans" et *novare*, "renouveler", "transformer", l'innovation est une action qui consiste à introduire quelque chose de nouveau dans un système. Elle part d'idées nouvelles faisant appel à la créativité. Elle peut s'inscrire dans une conduite de changement. Elle se distingue de l'invention, de la découverte, par son caractère opérationnel et sa mise en œuvre concrète.

Contexte

Le Conseil national de l'innovation pour la réussite éducative (CNIRE) définit une pratique innovante sur le critère d'une action orientée vers la qualité des apprentissages, l'attention portée aux élèves et au développement de leur bien-être. La démarche et le suivi importent bien plus que la nouveauté radicale. Innover, ce n'est pas forcément inventer quelque chose qui n'existe nulle part ailleurs. L'école possède des vertus émancipatrices quand elle invite à des déplacements pédagogiques, organise des rencontres entre ceux qui habituellement ne se croisent pas.

Un droit à l'expérimentation

Pour innover, il faut oser expérimenter. La loi d'orientation et de programme pour l'avenir de l'école du 23 avril 2005 ouvre le droit à l'expérimentation (art. 34). Si l'expérimentation s'avère concluante, au bout de 5 ans, on considère qu'elle est entrée dans les pratiques de l'école. Toute école peut se saisir de cette opportunité :

- pour organiser les enseignements, l'interdisciplinarité, pour une organisation spécifique de la classe, de l'école… ;
- à travers le partenariat, les échanges ou le jumelage avec d'autres écoles… ;
- dans le cadre du projet d'école, sous la réserve de l'autorisation préalable des autorités académiques et après négociation au sein de l'équipe, avec les partenaires éventuels (contractualisation) ;
- pour une durée de 5 ans maximum, avec une évaluation annuelle opérée sur critères.

Les différents axes d'innovation

Il existe plusieurs axes d'innovation qui répondent à des problématiques identifiées : les articulations intercycles et interdegrés, le climat scolaire, les projets en partenariat, la place du numérique dans les apprentissages, les rythmes des élèves, l'éducation citoyenne, la lutte contre les discriminations, le respect et l'estime de soi pour tous les élèves… L'innovation est souvent associée à l'introduction d'outils comme les TIC. Ils s'insèrent dans la relation pédagogique entre l'enseignant et l'élève, la transforment. À condition que la démarche soit pilotée, les élèves ont accès à des outils de production et d'exploration de savoirs, qui bouleversent les conditions de l'apprentissage. Les analyses comparatives montrent que l'introduction des TIC est plus facile et qu'elle réussit mieux dans les pays comme la Finlande et le Royaume-Uni, où les pédagogies nouvelles sont les plus pratiquées. Par ailleurs, des observations en France montrent que la résistance à l'usage des TIC provient souvent bien plus d'une difficulté d'ordre pédagogique, par exemple dans la conduite de la classe et l'organisation du travail autonome, que de difficultés matérielles ou techniques. La base de données Innoscope recense sur le site du ministère de l'Éducation nationale des actions et des projets pédagogiques innovants. En communiquant et en valorisant ces projets, le ministère cherche à ce qu'elles puissent faire "tache d'huile". Les enseignants innovants se disent souvent isolés, un peu en marge. Au bout de quelques années, sans relance ni valorisation, certains se lassent.

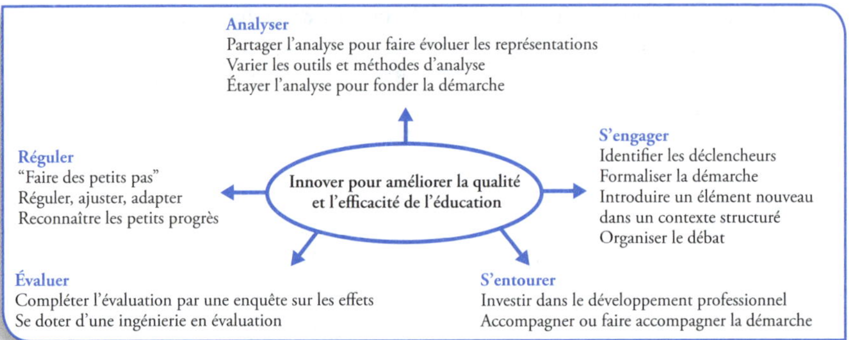

L'action pédagogique pilote (APP)

Les enseignants peuvent aussi s'engager dans une APP inscrite dans une démarche de pédagogie de projet. Elle implique plusieurs enseignants sur une période pouvant aller d'une à trois années scolaires. L'adjectif "pilote" précise que l'action doit être dotée d'un caractère innovant, voire expérimental, ayant vocation à entraîner les autres donc à être modélisée, généralisée, transposée ou transférée, mutualisée. Une APP est nécessairement une innovation, mais de nombreuses innovations sortent du cadre des APP.

Éclairage

Le projet innovant de l'école primaire de Carlepont (Oise)

Le directeur Jean-Marie Lelong et son équipe sont porteurs d'un projet concernant les 200 élèves de la PS au CM2 qui s'inscrit dans le cadre de l'article 34. Il s'agit d'un tutorat numérique entre les CM2 et les élèves de GS. Il se concrétise aussi par un site internet avec mise en ligne d'articles sur la vie scolaire, les cours, les sorties, les productions d'élèves. Les parents reçoivent par mail le livret scolaire numérique de leur enfant (bilans périodiques, compétences des paliers 1 et 2). La classe intègre dans le quotidien des outils numériques : livres numériques et TBI, PC et tablettes, abonnements (Lesite.tv, Mathlétics, etc.), appareil photo, caméra vidéo pour produire des supports. Le programme européen Comenius introduit la visioconférence entre classes et la diffusion de productions d'élèves. L'équipe constate que l'utilisation du numérique en classe pousse l'élève à devenir acteur de ses apprentissages et à construire son savoir. ■

> **« Pour les grands innovateurs, comme Jean Itard par exemple, inventant pour son "enfant sauvage", Victor de l'Aveyron, des outils pédagogiques qui sont encore utilisés dans toutes les écoles maternelles, l'innovation a été un moyen de parier résolument sur l'éducabilité des inéducables. »**
> Philippe Meirieu, www.meirieu.com

→ ENT / Équipe / Numérique / Partenariat / Projet

Pour aller plus loin

- André de Peretti, François Muller, *Mille et une propositions pédagogiques*, ESF, 2008
- http://eduscol.education.fr/cid58593/innover-pour-une-ecole-des-reussites-vade-mecum.html

Innumérisme

La définition de l'innumérisme se déduit de celle de la "numératie", qui est l'ensemble des connaissances et compétences de base requises pour conduire un calcul. C'est la situation, susceptible d'évoluer, des personnes dont la numératie est insuffisante. L'innumérisme est à la maîtrise des nombres, du raisonnement et du calcul ce qu'est l'illettrisme à la maîtrise de la langue.

Contexte

Innumérisme et numératie ont été traduits de l'américain par le mathématicien québécois Normand Baillargeon. Les élèves ou les adultes qui sont en situation d'innumérisme ne sont pas en capacité de mobiliser les notions élémentaires de mathématiques, du calcul et des modes de raisonnement qui leur sont ou leur ont été enseignés. Cette situation n'est pas forcément liée à des compétences insuffisantes en lecture qui pourraient nuire à la compréhension. Il s'agit éventuellement d'échecs installés lors des premiers apprentissages en mathématiques et qui n'ont pas toujours été surmontés par la suite.

Les élèves dans ce cas ne relèvent le plus souvent d'aucune pathologie particulière (dyscalculie ou autre), leurs aptitudes sont celles de la très grande majorité des enfants de leur âge. L'innumérisme est à distinguer des troubles en calcul, qui est un trouble d'origine neurologique chez certains sujets entraînant des difficultés en calcul.

Repérée dès l'école primaire, l'absence de maîtrise des opérations fondamentales dans le champ du calcul, du raisonnement et de la logique, peut conduire à l'innumérisme. Si une notion n'a pas été assimilée, aucune notion suivante ne pourra l'être.

La chronologie des apprentissages

Pour le professeur de mathématiques Michel Vigier, l'erreur du système français tient dans la chronologie des apprentissages. "Par quoi commence-t-on dans le programme dès l'entrée à l'école? Par la numération! Or la première notion de maths qu'acquiert un enfant c'est le partage équitable. Celui-ci, correctement traité en maternelle, devrait déboucher directement sur la notion de proportionnalité." De la même façon, les irrégularités de la deuxième dizaine dans le calcul (système de Condorcet) "onze, douze, treize, quatorze, quinze, seize" posent un réel problème. Les autres difficultés sont liées à la numération positionnelle, à la place du chiffre. La multiplication/division ne sont pas assimilées au niveau du test PISA, la technique opératoire est défaillante car la distributivité utilisée dans la technique n'est enseignée qu'en cinquième, les opérations techniques dans les situations de la vie ne sont pas suffisamment mises en valeur.

La didactique des mathématiques

La didactique a produit des connaissances pour permettre aux enseignants de mettre en œuvre leur enseignement. Une controverse existe en ce qui concerne l'enseignement du comptage. Cette procédure qui consiste à dénombrer en numérotant les objets un à un – un, deux, trois, quatre, il y en a quatre – est considérée par cer-

70 %

70 % des adultes français (18-65 ans) ont des performances médiocres ou préoccupantes en calcul, seuls 30 % sont à l'aise (Insee, décembre 2012).

tains comme néfaste et ne devant pas être enseignée à des jeunes enfants. D'autres considèrent qu'il faut d'abord l'enseigner pour que les élèves accèdent aux quantités et qu'ensuite il faut amener les élèves à l'abandonner au profit de procédures plus expertes que sont le calcul et l'utilisation de la numération. Il y a donc consensus sur le fait que les procédures expertes de dénombrement sont l'utilisation de la numération et le calcul, mais certaines divergences existent sur les moyens d'y parvenir.

Une situation préoccupante

Le communiqué du Comité sur l'enseignement des sciences de l'Académie des sciences du 31 janvier 2012 a sonné l'alarme et demandé que l'école se mobilise. Pour l'élève, les mathématiques sont d'abord un dépaysement, et il est souhaitable que ce dépaysement soit agréable. Le succès des jeux mathématiques en témoigne.

Le 31 janvier 2011, le ministre chargé de l'éducation a lancé un plan pour les sciences et les technologies à l'école. Ce plan se fixe trois objectifs principaux : prévenir l'innumérisme, développer le goût des sciences et des technologies et encourager les vocations pour les carrières scientifiques et techniques.

À terme, un handicap social et professionnel comparable à l'illettrisme

Outre les difficultés rencontrées tout au long de la scolarité, l'innumérisme constitue un véritable handicap social et professionnel. De nombreux adultes évoquent leurs difficultés en mathématiques qui freinent leur insertion professionnelle. On parle de véritable "complexe mathématique" sur des usages les plus simples des mathématiques dans la vie quotidienne et dans la vie professionnelle.

Éclairage

Le langage est fondamental dans la maîtrise des concepts. Un enseignant montre un carré à ses élèves et dit "c'est un carré". Les élèves répètent, mais l'enseignant n'insiste pas sur les caractéristiques mathématiques du carré. Les élèves sauront reconnaître un carré mis en position phototypique (côtés horizontaux et verticaux). Si l'enseignant incline le carré, les élèves ne le reconnaissent pas et parlent de losange. Le mot qui correspond au concept doit s'appuyer sur une représentation mathématique construite sur des critères. Le carré comme faces du cube, le carré comme forme plane touchée en aveugle, le carré comme constitué de 4 côtés égaux quand il s'agit de commander des tiges pour le construire, le carré comme forme sur laquelle on peut placer l'angle droit de l'équerre… En contrôlant les différents aspects du concept fréquenté et attaché au mot carré, l'enseignant évite de l'associer uniquement à une figure pototypique. ■

> **« Ce sont peut-être les programmes qui sont trop exigeants, ou l'enseignement qui est mal fait ! Il faut réfléchir avec sa tête et non avec les statistiques ! »**
> Claire Meljac, interview Academia, septembre 2011

→ Difficultés / Illettrisme / Méthodes

Pour aller plus loin

- Normand Baillargeon, *Petit cours d'autodéfense intellectuelle*, Lux éditeur, 2005.
- http://eduscol.education.fr/cid58979/les-principaux-elements-de-mathematiques.html

Instruction

Instruire, du latin *in-struere*, signifie à la fois "élever" et "construire". L'instruction marque l'action d'enrichissement des connaissances d'une personne. Elle dépasse la seule accumulation de celles-ci et vise la construction du sujet à travers une culture acquise.

Contexte

Éducation et instruction

Montaigne, Descartes parlent de "l'institution des enfants" pour désigner leur instruction. Pour Condorcet, c'est "l'instruction qui institue le citoyen", instruction devient synonyme de lumières, se démarquant de l'idée d'éducation qui était renvoyée, avant la Révolution, à la sphère privée de la famille. La notion d'instruction, parcours de connaissance et projet d'instauration d'une citoyenneté, est le fondement du système national d'instruction assuré par la loi de 1882 sur l'Instruction Publique.

Dans l'école de la Troisième République, l'instruction publique se veut à la fois émancipatrice et universaliste. En offrant le modèle d'une Éducation nationale et morale, elle contribue ainsi à un projet d'éducation patriotique. Il s'agit de former des citoyens critiques et patriotes. Par une éducation morale, elle doit donner du sens à la notion de devoir. L'école de la Troisième République a cherché à combiner plusieurs héritages ; elle a servi, même de manière imparfaite, l'idéal républicain.

En 1932, le gouvernement Herriot rebaptise l'instruction publique en "Éducation nationale". Anatole de Monzie, qui avait déjà été ministre de l'instruction publique, est le premier ministre à porter ce nouveau titre. Pour lui, elle représente à la fois "l'égalité scolaire" et "le développement de la gratuité de l'école".

Aujourd'hui, l'instruction est centrée sur le droit à l'éducation et la lutte contre les inégalités sociales.

L'obligation d'instruction

Le principe de l'obligation d'instruction a été posé dès 1882 par l'État (lois scolaires Jules Ferry). Il implique que tous les enfants, filles et garçons, âgés de six à seize ans, quelle que soit leur nationalité, bénéficient d'une instruction. C'est un devoir pour les parents et un droit pour les enfants. L'instruction peut être suivie, selon le choix des responsables parentaux, soit dans un établissement scolaire public ou privé, soit dans la famille. En 1998, l'article L. 131-1-1 du Code de l'éducation rappelle toutefois que l'instruction doit être assurée en priorité au sein des établissements d'enseignement.

À l'issue de la période de l'instruction obligatoire, c'est-à-dire 16 ans, l'enfant doit avoir acquis l'ensemble des connaissances et des compétences du socle commun.

L'instruction par la famille

Lorsque la famille décide de dispenser elle-même l'instruction, elle doit le déclarer au maire et à l'inspecteur d'académie. L'inspecteur d'académie délivre alors une attestation d'instruction dans la famille. Une contravention de 5e classe, 1 500 euros, est appliquée en cas de non-déclaration d'un enfant qui n'est pas inscrit dans un établissement

92 000

En 2012, environ 92 000 enfants étaient inscrits en instruction à domicile, avec cours par correspondance, en enseignement primaire et secondaire.

scolaire. Cette amende est due par les personnes responsables de l'enfant. Il incombe par ailleurs au maire de signaler à l'inspecteur d'académie les enfants soumis à l'obligation scolaire qui ne sont pas inscrits dans une école, ou qui n'ont pas fait l'objet d'une déclaration d'instruction dans la famille.

Après la déclaration, deux enquêtes sont menées. D'abord une enquête à caractère social vérifie qu'elle est dispensée dans des conditions compatibles avec l'état de santé de l'enfant et le mode de vie de la famille. Cette enquête est menée par le maire, le plus tôt possible après la déclaration, et doit être renouvelée tous les deux ans jusqu'à l'âge de 16 ans.

Puis une enquête à caractère pédagogique est demandée à l'inspecteur de proximité de la famille par l'inspecteur d'académie. Elle s'assure, par un compte rendu écrit, que l'enseignement dispensé est conforme au droit de l'enfant à l'instruction. Ce contrôle des acquis doit être effectué au moins une fois par an. Il porte sur la progression de l'enfant dans le cursus mis en œuvre selon les choix de la famille. Il peut avoir lieu au domicile des parents ou dans un autre lieu. Si l'instruction est jugée insuffisante, les personnes responsables de l'enfant sont mises en demeure de l'inscrire dans un établissement d'enseignement. Si elles ne s'exécutent pas, elles peuvent être punies de 6 mois d'emprisonnement et de 7 500 euros d'amende (art. L 131-10 du Code l'éducation).

Éclairage

Les motivations des parents ayant opté pour l'instruction à domicile

Les motivations varient selon les familles. Pour certaines ce sont des raisons pédagogiques, pour d'autres elles sont religieuses ou philosophiques. Pour d'autres encore, c'est une solution qui leur est apparue comme nécessaire à la suite de problèmes particuliers de leur enfant (problèmes de santé, problèmes scolaires, financiers, géographiques, etc.). Pour certaines familles, ce choix s'est présenté comme un prolongement du plaisir qu'ils avaient de vivre avec leur enfant et le désir de continuer à prendre en charge l'éducation ou simplement d'en accompagner l'évolution et le développement.

Une raison importante du choix de cette forme d'éducation est souvent une méfiance par rapport au système d'éducation plus traditionnel. En France, la principale motivation semble être plus "politique" et psychologique, inspirée d'écrivains comme Christiane Rochefort : respecter la liberté et l'épanouissement des enfants, privilégier une véritable vie "sociale", plus autonome et libre. ■

> **« Offrir à tous les individus de l'espèce humaine les moyens de pourvoir à leurs besoins, d'assurer leur bien-être, de connaître et d'exercer leurs droits, d'entendre et de remplir leurs devoirs [...]. Assurer, à chacun d'eux, la facilité de perfectionner son industrie, de se rendre capable des fonctions sociales auxquelles il a droit d'être appelé, de développer toute l'étendue des talents qu'il a reçus de la nature ; et par là établir, entre les citoyens, une égalité de fait, et rendre réelle l'égalité politique reconnue par la loi. Tel doit être le premier but d'une instruction nationale. »**
>
> Condorcet, préambule du rapport présenté à la Législative le 20 avril 1792

→ Droits de l'enfant / Obligations des enseignants / Parents / Système éducatif

Pour aller plus loin

- Alain, *Propos sur l'éducation*, PUF, 2015.
- Circulaire n° 2011-238 du 26 décembre 2011 sur l'instruction dans la famille (obligation scolaire).

Interactions

Une interaction est une action ou une influence réciproque qui s'établit entre des personnes et est suivie d'un ou plusieurs effets. Le concept d'interaction pédagogique recouvre l'action et les échanges entre enseignant et élèves, une action mutuelle et des stratégies qui se régulent de manière réciproque.

Contexte

Les interactions premières

Les premières interactions du jeune enfant avec son environnement orientent sa vie. S'il se sent sollicité, si on répond à ses besoins primordiaux, cette médiation entre lui et les autres va lui permettre d'éveiller sa curiosité, son envie de savoir. On sait que chez certains enfants privés de ces apports, la relation peut être carencée (pas de parole, pas de regard…), inadaptée ou incohérente (pour une même situation, il n'y a pas la même réponse) ou ne pas tenir compte de ses possibilités (l'adulte fait à la place de…).

Les interactions langagières

Les interactions langagières sont vecteurs de culture, introduisent les codes sociaux, facilitent l'identification à un groupe et à un mode de pensée. Le langage met en place la conscience des actes et la prise de distance, l'enfant ne maîtrise une activité que quand il est capable d'en parler.

Dès son plus jeune âge, l'enfant apprend à parler et à penser en s'appuyant sur les éléments lexicaux et grammaticaux proposés par les adultes. Les verbalisations de l'adulte ne seront supports d'apprentissage que si elles répondent à ce qu'il cherche à exprimer, au moment où il en a besoin. L'enfant peut élaborer son langage à partir de ce que Laurence Lentin a appelé des "schèmes sémantico-syntaxiques créateurs", représentations mentales de raisonnements en situation offertes par l'adulte, que l'enfant peut exploiter de façon autonome dans d'autres circonstances. Les reprises et reformulations de l'adulte ont un effet "catalyseur" pour l'évolution du langage de l'enfant à condition qu'elles correspondent aux hypothèses faites par l'enfant au moment où elles sont proposées.

Les interactions sociales

Les interactions sociales sont des conditions constituantes de l'apprentissage et du développement cognitif. Les chercheurs du Centre de recherche de l'éducation spécialisée et de l'adaptation scolaire (CRESAS) ont stabilisé la notion de pédagogie interactive selon laquelle apprendre, c'est construire des savoirs en interaction avec autrui. Ils montrent que les enfants ont le désir de communiquer à propos de ce qu'ils apprennent, qu'ils prennent plaisir à développer leurs idées en interaction avec des pairs.

Les interactions en classe

L'interactivité, la qualité et la fréquence des échanges sont des facteurs qui facilitent le processus d'apprentissage à l'école. Les interactions sont suscitées, organisées, gérées et régulées par l'enseignant. Elles sont de diverses formes :

- verticales : de l'enseignant vers les élèves ;
- horizontales : des élèves vers d'autres élèves ;
- au sein de dispositifs d'enseignements adaptés, en groupe-classe/par paires/en petits groupes/etc.

L'entraide pédagogique entre élèves n'est pas une idée nouvelle, mais tend à faire retour dans une pédagogie fondée sur l'action. Dans la théorie des interactions de tutelle développée par Bruner, l'acquisi-

La posture de l'enseignant

Pour Bruner, l'enseignant est un bon médiateur s'il propose un cadre, un format d'interaction qui facilite la tâche de l'élève. Six fonctions sont requises pour cet étayage:

- L'enrôlement: activer l'intérêt, l'adhésion par rapport à la tâche. Il crée le désir, il sait introduire des situations de risque, à intensité émotionnelle forte où il y a un enjeu.
- La réduction des degrés de liberté: l'enseignant adapte la situation proposée, soit du point de vue du matériel proposé, soit de la stratégie. Il tient compte de la capacité d'évolution des élèves pour organiser les apprentissages.
- Le maintien de l'orientation sur la tâche: l'enseignant s'assure de la permanence de la compréhension de la tâche, il reforme. Il s'attache à la procédure et aux stratégies, plus qu'aux performances. Il aide l'enfant quand il sent qu'il se démobilise.
- L'identification des caractéristiques déterminantes: quand des élèves ont du mal à savoir comment prendre des informations, ou la façon de traiter la tâche, il active le raisonnement analogique. Il aide les élèves à faire des transferts de procédures.
- Le contrôle de la frustration: l'activité accompagnée par l'enseignant ou un pair est forcément moins frustrante. Pour éviter le sentiment de dépendance, l'enseignant propose des aides.
- La démonstration: montrer à l'enfant ce qu'il faut faire n'est pas idéal, mais il faut le faire quand l'élève ne réussit pas à conceptualiser.

tion de connaissances est envisagée au sein d'une situation tuteur-novice dans laquelle la transmission de savoirs est assurée par un enfant plus compétent. À travers des conduites tutorielles, le novice peut accéder à de nouvelles connaissances et progressivement à son autonomie. Le tuteur doit être patient pour laisser faire l'élève tutoré et l'aider à réaliser son projet en le laissant agir pour comprendre.

Éclairage

Faire émerger une représentation

Une classe de CE2 organisée en petits groupes doit faire le dessin de l'intérieur d'une graine (le germe) observée la veille. Les mots noyau, graine et coquille ont été prononcés. Rien n'a été évoqué à propos du terme germe. Dans la discussion, Louis avance une idée nouvelle, la présence de germe à l'intérieur de la graine. Louis s'interroge sur l'origine de la plante qu'il situe à l'intérieur de la graine, puis il introduit l'idée de développement. Jules ajoute la notion de durée et de sortie avec le franchissement de la coquille. Élise relance le débat. Louis introduit une autre idée (nourriture) associant ainsi développement et besoin en nourriture. La présence de quelque chose qui se développe dans la graine n'est possible que si de la nourriture est présente dans la graine. Zoé revient sur l'idée de coquille et Louis semble admettre que cette coquille puisse éclater pour laisser sortir une pousse. Louis avance des idées en espérant que les autres vont s'en emparer, les rejeter ou les développer. Cette interaction a permis au petit groupe de construire leur représentation. ■

« Une interaction est un échange entre deux entités sociales. Ce sont des actions réciproques modifiant le comportement ou la nature des éléments, corps, objets, phénomènes en présence ou en influence. »
Edgar Morin, *La Méthode*, Points, 1977

→ Groupe / Langage / Motivation / Situations problèmes

Pour aller plus loin

- Jérôme Bruner, *Le développement de l'enfant. Savoir faire, Savoir dire*, PUF, 2011.

Jeu

Le jeu est souvent défini comme une activité de loisirs d'ordre physique ou bien psychique, soumise à des règles conventionnelles. On joue pour se divertir, tirer du plaisir et de l'amusement. À l'école, le jeu est une modalité d'apprentissage.

Contexte

La langue française utilise un seul terme, "jeu", alors que l'anglais dispose de deux termes, *play* et *game*, qui renvoient à des pratiques différentes. *Play* renvoie au jeu libre, alors que *game* évoque une situation encadrée dont l'issue est connue. Pour tous les êtres vivants, le jeu a une fonction biologique à part entière, qui se traduit par un développement sensorimoteur et cognitif ainsi que par l'établissement de relations sociales au sein d'un groupe. Les enfants apprennent par imitation, les savoirs se structurent entre pairs. Ils jouent ensemble pour se comprendre et se sentir appartenir au groupe. Le jeu renvoie à la fois à une expérience individuelle singulière et à une forme de participation collective, à une culture.

La pédagogie du jeu

Des pédagogues ont introduit la notion de jeu-enjeu à l'école pour accompagner les apprentissages des enfants. Pestalozzi (1736-1827) et son école nouvelle, Fröbel (1782-1852) dans les *Kindergarten* en Allemagne, Dewey (1859-1952) et sa théorie de l'apprentissage par l'action, Montessori ont participé à la réflexion sur le jeu en éducation. La psychanalyse, avec Freud, Klein et Winnicott (2002) qui parle d'espace de transaction, fait du jeu de l'enfant un support au travail psychanalytique. Selon Gilles Brougère ("Parlons-nous vraiment de la même chose?", *Les cahiers pédagogiques*, n° 448, 2006), cinq critères définissent le jeu:

- le **second degré**; le jeu est une situation à laquelle les acteurs engagés confèrent une autre signification que celle liée aux comportements utilisés;
- la présence d'une **décision**, celle de jouer ou d'entrer dans le jeu; le jeu n'est qu'une succession de décisions;
- la **règle**, qu'elle soit préalable ou construite au fur et à mesure du jeu;
- la **frivolité** ou l'absence de conséquence de l'activité;
- l'**incertitude**, l'idée que l'on ne sait pas où le jeu conduit.

Le jeu à l'école maternelle

En 1911 apparaît la notion de "jeu éducatif" dont les éditeurs comme Nathan vont s'emparer. Pauline Kergomard lui donne une place centrale dans la pédagogie de l'école maternelle. Pour elle, "le jeu est le travail de l'enfant". Les instructions de 1977 donnent de l'importance au jeu, surtout à l'école maternelle. Le programme de 2015 introduit le jeu comme première modalité de "l'apprendre". Il favorise la richesse des expériences vécues des enfants et **alimente tous les domaines d'apprentissages**. Il permet aux enfants d'exercer leur autonomie, d'agir sur le réel, de construire des fictions, de développer leur imaginaire. Il leur per-

60 %

C'est la part du corpus des jeux mis à disposition dans la classe. Ce corpus est constitué des jeux de construction, des puzzles, des jeux de société et des jeux mathématiques. Les jeux symboliques et les jeux d'imitation représentent 17 % du matériel à disposition.

Le sens du jeu

Le philosophe Roger Caillois a théorisé le jeu (*Les jeux et les hommes, le masque et le vertige*, 1967), qui est une activité :
- **libre :** l'activité doit être choisie pour conserver son caractère ludique,
- **séparée** : circonscrit dans les limites d'espace et de temps,
- **incertaine :** l'issue n'est pas connue à l'avance,
- **improductive :** qui ne produit ni biens, ni enrichissement (même les jeux d'argent ne sont qu'un transfert de richesse),
- **réglée :** il est soumis à des règles qui suspendent les lois ordinaires,
- **fictive :** accompagné d'une conscience fictive de la réalité seconde.

met également de communiquer avec les autres, de se construire au sein d'une communauté et d'y tisser des liens forts d'amitié. Il revêt diverses formes : jeux symboliques, jeux d'exploration, jeux de construction et de manipulation, jeux collectifs et jeux de société, jeux fabriqués et inventés, etc.

Le rôle de l'enseignant

L'enseignant doit donner à tous les enfants un temps suffisant pour déployer leur activité de jeu. Il les observe dans leur jeu libre afin de mieux les connaître. Il peut également participer à un jeu initié par des enfants pour l'encourager, le complexifier. Il doit aussi proposer des jeux structurés visant explicitement des apprentissages spécifiques.

Éclairage

Les jeux de l'esprit à l'école élémentaire

Le plan pour les sciences et technologies à l'École lancé en 2011 donne une place particulière au jeu de dames et au jeu d'échecs. Des études réalisées aux États-Unis montrent que la pratique des jeux de réflexion permet d'accroître nettement les notes en mathématiques. Cependant l'intérêt du jeu de dames va bien au-delà. Sur le plan intellectuel, il sollicite la mémoire visuelle des positions, des enchaînements de coups, la mémoire courte et à long terme, la capacité de concentration, celle de calculer des variantes selon la valeur des pièces, le repérage dans l'espace, l'esprit d'analyse puis de synthèse, le raisonnement par déduction et la rigueur logique, le raisonnement par analogie et étude des positions. Il fait aussi appel à la détermination pour atteindre ses objectifs, au respect des règles, au goût de l'effort individuel pour progresser.

Parmi les moyens privilégiés de l'école maternelle pour que chaque enfant ait un espace de parole figurent les jeux où l'enfant devient "autre" pour quelques instants : les jeux de "faire semblant". Les enfants miment d'abord une personne qu'ils connaissent et agissent comme elle (jeux symboliques, par exemple coucher une poupée), puis ils font agir et parler des personnages (jeux avec figurines, etc.), enfin ils s'attribuent et attribuent aux autres des statuts de personnages (jeux de rôle). Ces jeux à plusieurs nécessitent le langage, parfois avec des énoncés tâtonnants mais extrêmement complexes. ■

« La distinction entre le jeu et le travail est basée sur le fait que, dans le jeu, l'intérêt se trouve dans l'activité même qui s'y déploie, tandis que dans le travail l'intérêt est surtout orienté vers le but à atteindre. »
Ovide Decroly (1871-1932)

→ Apprentissages informels / Développement / Groupe / Interactions

Pour aller plus loin

- Gilles Brougère, *Jouer/Apprendre*, Economica-Anthropos, 2005.
- www.ac-paris.fr/portail/jcms/p2_925279/le-jeu-a-lecole

Laïcité

La laïcité est un principe fondé sur la séparation des Églises et de l'État. L'État est neutre et garantit la liberté de culte dans le respect de l'ordre public, construisant ainsi l'égalité républicaine. La laïcité est constitutive de l'école de la République. Elle traverse les contenus d'enseignement et les pratiques éducatives en fondant les normes et les valeurs de la communauté scolaire.

Contexte

Le mot est inscrit dans la loi de 1905 concernant la séparation des Églises et de l'État adoptée le 9 décembre 1905 à l'initiative du député Aristide Briand. Cet acte fondateur garantit la liberté de conscience en donnant à chacun la liberté de croire ou de ne pas croire. Il mit fin à une longue histoire d'opposition entre les Églises et le pouvoir politique. La laïcité ne consiste pas à combattre les religions, mais à empêcher leur influence dans l'exercice du pouvoir politique et administratif ; elle renvoie parallèlement les idées spirituelles et philosophiques au domaine exclusif de la conscience individuelle et à la liberté d'opinion.

Le principe de laïcité à l'école

La laïcité garantit à tous les hommes qui adoptent une position spirituelle une stricte égalité de droits, ainsi qu'une stricte égalité de devoirs.

La neutralité du lieu scolaire est le symbole de l'universalité. C'est pourquoi il y est interdit d'afficher tout signe susceptible de diviser, pour que la communauté se fonde sur ce qui rassemble et unit. La liberté de conscience qui est en jeu n'est pas simplement une tolérance, elle est une éthique du respect d'autrui. C'est une condition nécessaire pour installer le "vivre ensemble" dans l'espace scolaire. Cela veut dire que les appartenances communautaires sont protégées par la vision républicaine. Cela veut dire que l'école engage tous les enfants vers l'acquisition d'une culture commune qui créera du lien entre eux.

La Charte de la laïcité rappelle aux parents les règles fondamentales. À la rentrée 2015, ils sont invité à la signer.

Les obligations de laïcité des enseignants

Les obligations de laïcité des enseignants définissent l'exercice de leur fonction dans le cadre des principes de l'école républicaine. Les références sont la loi du 30 octobre 1886 sur la laïcisation du personnel enseignant des écoles publiques, et celle du 7 juillet 1904 interdisant "l'enseignement de tout ordre et de toute nature aux congrégations". La circulaire du 12 décembre 1989 rappelle : "*Dans l'exercice de leur fonction, les enseignants, du fait de l'exemple qu'ils donnent explicitement ou implicitement à leurs élèves, doivent impérativement éviter toute marque distinctive de nature philosophique, religieuse ou politique qui porte atteinte à la liberté de conscience des enfants ainsi qu'au rôle éducatif reconnu aux familles.*"

Tout enseignant qui ne respecterait pas cette règle commettrait une faute grave en raison du trouble apporté au fonctionnement de l'école. Il serait susceptible d'être immédiatement suspendu dans l'attente d'une action disciplinaire. Le texte de loi est précis, il s'agit de toute marque distinctive telle qu'une croix, un voile, une kippa... Les obligations de laïcité des enseignants ne sont pas limitées au port

de marques de nature philosophique, religieuse ou politique. L'enseignant doit aussi s'attacher à transmettre les valeurs de la République, notamment l'idéal laïque qui exclut toute discrimination de sexe, de culture ou de religion. Il doit aider les élèves à développer leur esprit critique et se préoccupe également de leur faire comprendre le sens et la portée des valeurs de l'école et de les préparer à l'exercice d'une citoyenneté éclairée.

L'application de la laïcité à l'école

La circulaire du 12 décembre 1989 et le décret du 18 février 1991 rappellent le principe de neutralité : *"L'école publique ne privilégie aucune doctrine. Elle ne s'interdit l'étude d'aucun champ du savoir. Guidée par l'esprit de libre examen, elle a pour devoir de transmettre à l'élève les connaissances et les méthodes lui permettant d'exercer librement ses choix."*

La laïcité, c'est également l'indépendance vis-à-vis de tous les groupes de pression. Aucune pression idéologique ou religieuse ne doit donc interdire à l'école d'aborder un champ du savoir qu'elle juge indispensable, y compris l'histoire du fait religieux, ou des religions.

L'école doit aider les élèves à décrypter les images, les médias, leur apprendre à comprendre le monde pour ne pas le subir.

Traiter du fait culturel religieux à l'école n'est pas contradictoire avec la laïcité à la condition qu'on se situe bien dans le domaine du "champ du savoir", les croyances étant renvoyées à l'espace personnel. À l'école, la Charte de la laïcité rappelle les règles qui permettent de vivre ensemble et devrait aider chaque élève à en comprendre le sens, à se les approprier et à les respecter.

Éclairage

Un avis qui fait jurisprudence

Le 3 mai 2000, le Conseil d'État a rendu un avis par lequel il approuvait l'arrêté du Rectorat de Reims mettant fin aux fonctions d'une surveillante intérimaire à temps complet qui portait un foulard en rappelant dans cet arrêt très clairement le principe d'application de la laïcité qui incombe notamment aux enseignants :

"*Si les agents du service de l'enseignement public bénéficient comme tous les autres agents publics de la liberté de conscience qui interdit toute discrimination dans l'accès aux fonctions comme dans le déroulement de la carrière qui serait fondée sur leur religion, le principe de laïcité fait obstacle à ce que les agents du service public d'enseignement disposent, dans le cadre du service public, du droit de manifester leurs croyances religieuses*". ■

> **« La laïcité n'est pas un particularisme accidentel de l'histoire de France, elle constitue une conquête à préserver et à promouvoir, de portée universelle. »**
> Henri Pena-Ruiz, in *Le Monde diplomatique*, 2004

→ **Droits / Égalité / Éthique / Obligations / Valeurs**

Pour aller plus loin

- Abdennour Bidar, *Pour une pédagogie de la laïcité à l'école*, La documentation française, 2012.
- La charte de la laïcité : /www.education.gouv.fr/cid73666/charte-de-la-laicite-a-l-ecole.html
- http://eduscol.education.fr/cid73652/charte-de-la-laicite-a-l-ecole.html

Langage

Le langage est une fonction à triple dimension, psychologique, sociale et cognitive, produite au cours d'une activité neuronale cérébrale. Le langage est le pivot des apprentissages à l'école. Quand il utilise autre chose que la langue on parle des langages, corporel, visuel, informatique, mathématique…

Contexte

Langue et langage

Langue et langage sont à distinguer. Le langage est une aptitude spécifiquement humaine qui consiste à utiliser un système symbolique pour communiquer. La fonction langagière est en étroite relation avec l'esprit, la pensée, l'intelligence, les représentations mentales. La langue orale et la langue écrite sont des exemples de ces systèmes symboliques et ont une place particulière dans les apprentissages scolaires. L'évolution du langage est un phénomène naturel, l'acquisition d'une langue est le résultat d'un apprentissage explicite du système symbolique. La langue est un produit social et culturel, structuré par un système complexe de règles que l'enfant devra apprendre. En apprenant à parler dans une langue, l'enfant apprend à voir le monde d'une certaine façon, à en catégoriser les composantes.

Le langage revêt deux formes. L'une, dite de "langage intérieur", n'aboutit pas à une production, une énonciation. Elle s'adresse au sujet qui le produit (quand on pense, quand on écoute, etc.). Le "langage extériorisé" est un produit qu'on appelle paroles, discours en général adressé à un interlocuteur.

Langage et développement

Le langage est indispensable au développement de l'enfant. Dans son développement psychoaffectif, il lui donne des moyens précis pour exprimer ses besoins, ses sentiments, ses émotions. Il lui permet de construire son identité. Il se renforce au fur et à mesure que l'enfant peut mieux exercer un contrôle personnel de ses comportements grâce à des moyens d'autopilotage (anticipation, prévision, recul réflexif). Dans son développement social et culturel, il est un moyen d'entrer en relation avec autrui. Il lui offre la possibilité de nommer des objets et d'en définir les caractéristiques, il aide puissamment à la formation des concepts.

Le langage est permanent, intégré à toutes les activités parce qu'il s'acquiert en situation. Son acquisition est influencée par les conditions dans lesquelles l'enfant grandit ; il peut y avoir des carences de stimulation langagière. Comme toute faculté humaine, il peut être affecté par des perturbations, on parle de troubles du langage.

Le langage oral et écrit à l'école

L'apprentissage du langage est un objectif prioritaire tout au long de l'école primaire. Il se réalise dans des activités de réception et de compréhension quand on écoute, quand on lit, et dans des activités de production quand on parle, quand on écrit. Si l'oral s'apprend dans des conditions d'échanges et d'interactions, l'écrit suppose un enseignement explicite et réglé.

L'entraînement à l'observation et à la manipulation du langage accélère et améliore l'apprentissage ultérieur de la lecture et de l'écriture. Les enfants parleront plus et mieux en communiquant, en exerçant

1 500

C'est le nombre de mots que l'enfant est capable de produire à l'âge de trois ans.

dans la classe des rôles sociaux variés. Les situations doivent être riches pour que l'on vise plusieurs buts, certains relevant d'un domaine d'activité, d'autres concernant le langage lui-même.

La pédagogie du langage présente donc deux facettes :

- Une approche **intégrée** : le langage n'est pas alors l'objet sur lequel on travaille mais ce qui progresse de manière naturelle et incidente au cours de l'action. Il est le véhicule pour partager des découvertes, des idées, des points de vue, des émotions, etc.,
- Des moments structurés d'enseignement où des objectifs ciblés sont travaillés pour eux-mêmes (apprentissage du lexique, de la syntaxe, etc.). On vise alors un apprentissage nouveau, un entraînement, parfois une aide explicite pour surmonter des difficultés.

Langages scolaires

Les langages scolaires diffèrent selon les disciplines qui font un usage implicite de la langue, ce qui induit souvent des interprétations erronées pour l'élève. On constate que l'emploi des mêmes mots avec des sens différents selon les disciplines est une source de troubles et de confusions. Il est donc nécessaire d'entraîner l'élève à manipuler la langue scolaire dans toutes ses variantes, avec toutes ses subtilités au service des savoirs de chaque discipline. Par exemple le mot milieu signifie, dans un emploi ordinaire, "au centre" mais il ne peut, en mathématiques, être utilisé à la place de "centre" pour désigner un point spécifique d'un cercle. D'autres significations scolaires du mot milieu vont être introduites, en biologie (milieu naturel), en français (un milieu social).

Le domaine 1 du socle appliqué en 2016 recouvre quatre types de langage. Ils sont à la fois des objets de savoir et des outils : la langue française, les langues vivantes étrangères ou régionales, les langages mathématiques, scientifiques et informatiques, les langages des arts et du corps.

Éclairage

À l'école maternelle, le langage se travaille dans toutes ses dimensions. L'enseignant fait parler ses élèves pour qu'ils construisent leur langage. Il introduit une situation de communication avec quelque chose qui va les interpeller. Ex : "Pourquoi les oiseaux s'approchent-ils des maisons depuis qu'il neige ?" Un support illustré, affiche, couverture d'album, œuvre d'art... est l'occasion de s'exprimer. L'enseignant favorise le questionnement en utilisant des caches pour découvrir progressivement un élément de photo, un dessin, un morceau du titre... Il varie les contenus des images pour diversifier les types de discours produits (descriptif, narratif, injonctif...). Avec deux images de grand format ayant des caractéristiques communes et différentes, il obtient une situation de langage propice à la prise d'indices et à la comparaison. ■

> **« C'est dans et par le langage que l'homme se constitue comme sujet ; parce que le langage seul fonde en réalité, dans sa réalité qui est celle de l'être, le concept d' "ego"... Est "ego" qui dit "ego". »**
> Emile Benveniste, *De la subjectivité dans le langage*, Gallimard, 1966

→ Développement / Fayol / Interactions / Lecture / Socle

Pour aller plus loin

- Michèle Kail (dir.), *L'acquisition du langage*, PUF, 2003.

Langues vivantes

Une langue est dite vivante lorsqu'elle a des locuteurs qui l'utilisent spontanément pour la communication interpersonnelle. Le terme s'oppose à celui de langue morte. Son enseignement, arrivé tardivement en France à l'école primaire, concerne aujourd'hui massivement la langue anglaise.

Contexte

Une politique de sensibilisation

Les premières tentatives à l'école primaire ont été des actions de sensibilisation. L'enseignement précoce d'une langue vivante étrangère (EPLV) a été mis en place à partir de 1960. L'enseignement d'initiation aux langues étrangères (EILE) a pris la relève de 1989 à 1998 en utilisant des méthodes actives basées sur la communication. À partir des programmes de 2002, on ne parle plus de sensibilisation ni d'initiation mais d'un enseignement programmé. Il est mis en place pour le cycle 3, au CM2 puis CM1. Il s'agit d'un apprentissage obligatoire, centré sur des activités de communication pour acquérir une certaine aisance, se présenter, parler de ses goûts, de ses loisirs, de sa famille, de son environnement, etc. L'objectif est l'acquisition de compétences linguistiques définies selon un référentiel.

Un enseignement devenu obligatoire

L'arrêté de 2007 pour la mise en œuvre du Cadre européen commun de référence pour les langues et celle du socle commun de connaissances et de compétences introduit la pratique obligatoire d'une langue vivante étrangère, avec pour objectif le niveau A1 du cadre européen. Les élèves sont sensibilisés à une langue étrangère dès le CE1, la pratique de l'oral est prioritaire à tous les niveaux, de l'école au lycée. Dans les programmes de 2008, l'enseignement débute en deuxième année du cycle 2 (CP). Il est assuré par l'enseignant lui-même puisque dans le référentiel de compétences du professeur des écoles figure la capacité à enseigner une langue étrangère.

Le nouveau programme de maternelle (2015) énonce que "le langage oral [...] est le moyen de découvrir les caractéristiques de la langue française et d'écouter d'autres langues parlées." À compter de l'année scolaire 2016, l'enseignement d'une langue vivante étrangère est rendu obligatoire, en élémentaire, dès le CP (nouveau programme), à raison d'une heure et demie par semaine.

Mise en œuvre de l'enseignement

L'approche pédagogique est fondée sur la mise en place de situations actives de communication. Communiquer, c'est utiliser un code linguistique (compétence linguistique) rapporté à une action (compétence pragmatique) dans un contexte socio-culturel et linguistique donné (compétence sociolinguistique). L'expression "activités de communication langagière" s'entend dans le sens : compréhension de l'oral, expression orale en continu, interaction orale, compréhension de l'écrit, expression écrite. La notion de "tâche" à effectuer pour apprendre est à relier à la théorie de l'approche actionnelle, la réalisation de quelque chose. L'usage de la langue n'est pas dissocié des actions accomplies par celui qui est à la fois locuteur

90 %

L'anglais est la langue la plus enseignée à l'école primaire avec près de 90 % des élèves. Les autres langues (allemand, espagnol...) ne franchissent pas la barre des 10 %.

Exemples d'activités de sensibilisation au CP	
Objectifs	**Exemples d'activités possibles**
Développer des représentations et des attitudes d'ouverture à une autre langue	Aborder les différentes façons de communiquer, les gestes de salutation, les formules de civilité…
Familiariser les élèves à des sons caractérisant une autre langue	Dire/écouter/apprendre des comptines, des chansons Écouter des prénoms, des noms d'objets ou d'animaux, dénombrer Jouer à des jeux de société, des jeux de cour Fabriquer un objet Réaliser une recette de cuisine
Faire découvrir des faits linguistiques et culturels	Introduire des réalités culturelles et linguistiques de la langue : personnes en train de converser, chansons ou musiques caractéristiques, cuisine, art, sports Découvrir des traditions différentes et des fêtes caractéristiques Interviewer, enregistrer des natifs
Poser les bases de l'apprentissage linguistique	Écouter, dire à son tour, répéter, jouer à dire… Mémoriser des formes verbales, des comptines, des chansons…

et acteur social. Ceci peut aller de savoir-faire pragmatiques (suivre les consignes d'un jeu…) à des capacités plus réflexives (écrire un court message…).

Les nouveaux programmes des cycles 2, 3 et 4 demandent de mettre l'accent sur l'oral et la communication. "Les élèves doivent acquérir, à l'oral et à l'écrit, les compétences leur permettant de comprendre, de s'exprimer, d'interagir, de parler, d'échanger dans les deux langues vivantes étudiées", notamment à travers "une plus grande exposition aux langues […] avec des séquences d'enseignement plus courtes, mais plus fréquentes et un recours plus régulier aux ressources et supports numériques."

Éclairage

Le Cadre européen commun de référence pour l'enseignement des langues (CECRL)

Publié en 2001, le CECRL sert de point d'appui pour l'enseignement n'est ni un manuel ni un référentiel de langues, mais un outil conçu pour répondre à l'objectif général du Conseil de l'Europe : parvenir à une plus grande unité parmi les pays d'Europe et adopter une démarche commune dans le domaine culturel. Il s'agit de rechercher une stabilité européenne en luttant contre la xénophobie par une meilleure connaissance des autres. En ce sens, c'est un outil de promotion du plurilinguisme. Ce cadre introduit trois niveaux généraux subdivisés en six **"niveaux communs de référence"** :

- niveau A : utilisateur élémentaire (scolarité obligatoire), lui-même subdivisé en niveau introductif ou de découverte (A1) et intermédiaire ou usuel (A2) ;
- niveau B : utilisateur indépendant (lycée), subdivisé en niveau seuil (B1) et avancé ou indépendant (B2) ;
- niveau C : utilisateur expérimenté, subdivisé en C1 (autonome) et C2 (maîtrise). ■

“Chaque langue, par les sélections qu'elle opère à travers la réalité objective, structure la pensée à sa manière.”
Claude Hagège, *Contre la pensée unique*, Odile Jacob, 2012

→ Didactique / Pédagogie / Socle

Pour aller plus loin

- Sophie Rosenberg, *Guide pour enseigner l'anglais à l'école élémentaire*, Retz, 2003.
- Colette Samson, *333 idées pour l'anglais*, Nathan, 2005.
- www.primlangues.education.fr

Lecture

La lecture est une activité psychosensorielle qui vise à donner un sens à des signes graphiques recueillis par la vision. Son efficacité dépend des capacités d'identification des mots écrits et de l'accès au sens de ces éléments. L'apprentissage de la lecture est l'ensemble des opérations qu'effectue un enfant pour entrer dans l'écrit.

Contexte

Les vingt dernières années ont vu une progression rapide des recherches sur la lecture et son apprentissage. La psychologie expérimentale et l'imagerie cérébrale ont clarifié la manière dont le cerveau humain reconnaît les mots écrits et se modifie au fil de cet apprentissage. On peut parler d'une "science de la lecture".

L'apprentissage de la lecture

L'apprentissage de la lecture concerne aussi bien la lecture que l'écriture. La connaissance de la langue parlée fournit un point d'appui majeur pour aborder les compétences de lecture-écriture.

Apprendre à lire, c'est apprendre à mettre en jeu en même temps deux activités différentes: identifier des mots écrits, en comprendre la signification dans le contexte du texte. Ces deux aspects de la lecture doivent être enseignés. La plupart des "méthodes" de lecture proposent aujourd'hui des programmes de travail équilibrés. L'appui sur un manuel scolaire de qualité est un gage de succès dans cet enseignement délicat. Toutefois, le manuel ne peut, en aucun cas, être le seul livre rencontré par les élèves. La fréquentation de la littérature de jeunesse, facilitée par de nombreuses lectures à haute voix des enseignants et demeure le seul moyen de travailler la compréhension des textes complexes.

La question des méthodes

Depuis de nombreuses années, une "querelle" à propos de la lecture oppose les défenseurs des méthodes "globales" et "mixtes" aux tenants des méthodes "syllabiques" ou "alphabétiques". La méthode dite globale privilégie une entrée dans l'écrit par le sens, selon une démarche analytique allant des unités complexes (textes, phrases, mots) vers les plus simples (syllabes, lettres). La méthode syllabique symbolisée par le fameux "b, a, ba" procède en sens inverse puisqu'elle commence par l'enseignement systématique du code. En fait, l'usage courant est celui de méthodes "mixtes".

Le codage alphabétique des mots

Pour identifier des mots, l'apprenti lecteur doit avoir compris le principe qui gouverne le codage de la langue écrite en français: les lettres ou groupes de lettres représentent le plus souvent des unités distinctives de la langue orale assemblées en syllabes. Ceci suppose de:

- travailler sur la reconnaissance des unités composant les mots: syllabe, attaque du mot, rime, puis progressivement le phonème;
- renforcer le répertoire des mots orthographiquement connus permettant de construire l'écriture correcte d'un mot nou-

10

C'est le nombre d'heures hebdomadaires d'enseignement allouées au français en cycles 2 et 3 (programmes 2015). S'y ajoutent 10 heures pour des activités quotidiennes d'oral, de lecture et d'écriture dans l'ensemble des champs disciplinaires.

Savoir lire, c'est combiner diverses capacités

- Manipuler les composantes sonores du langage.
- Reconnaître des signes graphiques.
- Lire des mots.
- Comprendre des phrases (syntaxe et vocabulaire).
- Comprendre des textes.
- Écrire des mots et en mémoriser la forme.
- Produire des textes courts.
- Découvrir la culture écrite à travers des textes diversifiés.

veau ; savoir en analyser les composantes sonores, les écrire et les épeler ; pouvoir rapprocher des mots nouveaux de ces mots repères ;
- multiplier les exercices de "résolution de problèmes orthographiques" conduisant à utiliser efficacement les deux premières compétences.

Pour bien appréhender le mot, il faut renforcer l'articulation entre mots écrits et unités correspondantes de la chaîne orale. Par exemple, l'enseignant peut montrer de la main les mots d'un texte qu'il lit à haute voix. C'est la première étape du travail de segmentation, phase importante de l'apprentissage de la lecture.

Les deux manières d'identifier les mots

L'identification par voie directe est possible si le lecteur dispose déjà, dans sa mémoire, d'une image orthographique du mot. Le mot est instantanément reconnu, à la fois visuellement, auditivement et sémantiquement. Le lecteur s'appuie sur la perception très rapide des lettres qui le composent. Par la voie indirecte, on peut retrouver un mot dont on n'a pas mémorisé l'image orthographique en le déchiffrant. Les lettres sont assemblées pour constituer des syllabes prononçables, le mot est prononcé et comparé aux mots proches dont on a déjà l'image auditive dans la mémoire. Les écarts importants en langue française entre syllabe écrite et syllabe orale rendent souvent cette identification délicate. Les élèves doivent mémoriser les relations entre graphèmes et phonèmes et apprendre à les utiliser.

Éclairage

L'approche analytique

L'approche analytique requise par la précision de la copie conforte la fixation de l'image orthographique des mots. La copie est d'abord guidée par le geste et les commentaires de l'enseignant. Le nom des lettres est clairement distingué du "son" auquel elles correspondent. Il encadre l'activité en cachant l'unité qui a été observée et qui sera écrite de mémoire (syllabe puis mot). Chaque séance de copie est prolongée par une relecture attentive afin de repérer des erreurs éventuelles et les corriger. Le travail se fait d'abord à deux, il est plus aisé de voir les erreurs d'un autre que les siennes, puis individuellement. ■

> **“Le débat sur les méthodes de lecture a rebondi à plusieurs reprises au cours des dernières années, tant est grand le surinvestissement dont la lecture fait l'objet et la croyance au "tout pouvoir" de la méthode pourtant jamais scientifiquement établie.”**
> Jacques Fijalkow, *Dictionnaire encyclopédique de l'Éducation*, Nathan

→ **Didactique / Illettrisme / Langage / Méthodes / Pédagogie**

Pour aller plus loin

- Stanilas Dehaene, *Les neurones de la lecture*, Odile Jacob, 2007.
- André Ouzoulias, *Lecture, écriture, quatre chantiers prioritaires pour la réussite*, Retz, 2013.
- www.cndp.fr/bienlire/
- http://onl.inrp.fr/ONL/

Magistral

Étymologiquement, est magistral ce qui est le fait d'un maître, qui atteste d'une maîtrise, qui est remarquable. L'enseignement magistral consiste à enseigner en exposant les connaissances devant un groupe d'élèves et à "faire cours". Ce modèle transmissif laisse peu de place à l'intervention des élèves et à l'interactivité.

Contexte

Il existe deux modèles de situation d'enseignement-apprentissage :

- Le modèle "**poussé**" : l'enseignant a une position d'expert qui présente son savoir. Le contenu du discours, la quantité des messages et l'emploi du temps sont programmés à l'avance. C'est l'exposé magistral.
- Le modèle "**tiré**" : l'enseignant introduit le sujet, crée le contexte pédagogique et organise l'apprentissage en interaction avec son groupe d'élèves à un rythme qui permet l'assimilation des notions. Cette forme d'enseignement permet de stimuler l'intérêt et l'envie d'apprendre.

Un modèle transmissif

Le cours magistral évoque un modèle pédagogique traditionnel. C'est pourtant une tradition récente puisqu'elle date du XIXe siècle. Il s'agit d'un modèle transmissif qui fait passer le savoir du maître vers l'élève. Il correspond à une conception empirique de l'enseignement et repose sur deux présupposés. Le premier suppose qu'avant l'enseignement, l'élève n'a pas de conception personnelle sur le sujet abordé, il est considéré comme un vase à remplir ou une cire vierge. Le deuxième postule que si l'enseignant expose clairement son sujet et que les élèves écoutent, ils vont assimiler les contenus tels qu'ils sont exposés. On oppose souvent cette pédagogie traditionnelle aux mouvements de l'Éducation nouvelle ou moderne.

Dans la classe magistrale, l'enseignant maîtrise un contenu structuré et transmet ses connaissances sous forme d'exposé. Après l'exposé magistral, des exercices ou/et des leçons à apprendre peuvent être donnés. Les élèves doivent alors avoir intégré et appliquer les connaissances apportées par l'enseignant. Dans ce modèle dit "transmissif", l'orientation est forcément plus normative.

Les limites de ce modèle

Dans la classe magistrale, le **rôle de l'enseignant** est d'expliquer clairement. Le **rôle de l'élève** est d'écouter attentivement. Si l'élève fait des erreurs, elles sont considérées comme des accidents dus à une écoute insuffisante ou à une mauvaise explication. On y remédie par une nouvelle explication et une écoute plus attentive.

Pour garantir l'apprentissage, c'est-à-dire l'intégration de ce qui est enseigné par chacun des élèves, il manque la dimension active de la compréhension. Ce qui est expliqué par l'enseignant n'est pas forcément compris et intégré en tant que tel. Cette question rend compte d'une certaine déperdition du discours et des apports oraux de l'enseignant face à sa classe. Une schématisation simplifiée rend compte du processus en jeu dans le modèle de transmission magistral, de l'enseignant qui enseigne ce qu'il sait aux élèves qui écoutent le savoir transmis.

15 à 20 min

C'est la durée d'attention maximale des élèves de CM2 qui assistent à un exposé magistral.

En revanche, le cours magistral est pertinent dans le cas où il introduit d'autres activités, un travail de recherche individuel ou en groupe, des exercices… qui permettent un véritable travail cognitif.

Les adaptations du modèle

La préoccupation de tout enseignant est de choisir des stratégies les mieux adaptées aux objectifs qu'il a définis. Dans une recherche d'efficacité pédagogique, il peut recourir à différents dispositifs : une partie magistrale face aux élèves, éventuellement avec un support de documentation comme un schéma, pour introduire et présenter une notion nouvelle ; une partie de travail en petits groupes d'élèves pour qu'ils s'approprient des données en réalisant des tâches en interaction ; puis le retour à une partie plus magistrale où il conduit un moment de synthèse après la présentation du travail de chacun des groupes à la classe.

L'enseignement magistral renvoie aussi à l'idée de classe frontale, dont le but est d'enseigner le plus efficacement possible. Par exemple, dans la classe de musique, l'enseignant apprend aux élèves les différentes phrases d'une chanson, qu'il fait répéter pour la mémoriser. Pour apprendre, les élèves se mettent en situation de réception.

Le modèle d'exposé magistral ne saurait être en adéquation avec les besoins de jeunes élèves. Et pourtant, par des rituels du matin à l'école maternelle, c'est bien l'enseignant qui "pilote" de manière magistrale toute la communication de la classe rassemblée autour de lui.

Éclairage

Témoignage sur la perception des élèves

Une enseignante de CM2, relate une anecdote personnelle : "Au tout début de ma carrière, je faisais la classe avec des cours bien préparés. J'essayais de les faire de manière à ce que mes élèves soient bons, qu'ils accèdent à des références de bon niveau. Un jour, devant ma classe, je faisais un cours sur Victor Hugo, j'avais mis au programme l'apprentissage d'un de ses poèmes *Demain, dès l'aube*. J'étais passionnée par la littérature, la poésie et j'aimais encore plus l'œuvre de Victor Hugo. Je faisais un cours très documenté sur le grand homme, je parlais avec enthousiasme de sa vie, de tout ce qu'il avait écrit, du temps qu'il avait passé à construire son œuvre. Mes élèves écoutaient sagement. Ils avaient devant eux leur cahier de brouillon pour prendre quelques notes… Au bout de vingt minutes, j'ai eu l'impression que quelques élèves avaient décroché, des regards se promenaient au-dessus de ma tête. Je me suis approchée d'un élève qui faisait des dessins sur son cahier, et j'ai jeté un coup d'œil. Sur sa feuille très blanche il avait dessiné un grand-père appuyé sur sa canne, qui semblait d'une tristesse inouïe. C'était ce qu'il avait retenu de mon brillant discours ! J'ai réalisé ce jour-là le fossé qui nous sépare, l'illusion que nous avons de partager ce que nous apprécions, et ce que les élèves en comprennent, de leur point de vue à eux…" ■

> **“ Un cours magistral est une forme de documentation, plus agréable souvent que la lecture d'un livre ou d'un article, mais dont l'apport est exactement du même ordre : celui d'une information ; jamais celui d'une connaissance. ”**
> Éveline Charmeux, *Éducation, école et pédagogie*, blog

→ Classe / Didactique / Interactions / Pédagogie

Pour aller plus loin

■ Jean Houssaye, *La Pédagogie traditionnelle*, Fabert, 2014.

Manuel

Le manuel, du latin *manus* (main), est un ouvrage que l'on peut avoir en main. Il renferme l'essentiel des connaissances et des ressources sur un domaine, une discipline d'enseignement. Il met en œuvre un programme d'enseignement pour un niveau donné, mais il n'est pas le programme.

Contexte

Le premier manuel scolaire est publié en latin en 1470 et imprimé à Paris sous le titre *Lettres de Gasparin de Pergame*. Son apparition est contemporaine de l'invention de la presse à imprimer en 1454. C'est un recueil de textes sans indications pédagogiques. Le manuel fait son apparition officielle dans les instructions du ministère Guizot (ministre de 1832 à 1837) qui passe des commandes massives aux éditeurs. Le décret du 29 janvier 1890 pris par Jules Ferry impose aux instituteurs de recourir à des livres pour leur enseignement mais leur laisse la liberté du choix, liberté toujours en vigueur.

Les formes du manuel

Les manuels évoluent dans leur forme car ils sont le reflet des valeurs d'une époque, de pédagogies préconisées dans les programmes. Ils prennent en compte également l'évolution des modes de vie des enfants qu'ils contribuent à éduquer.

Depuis 2009, une expérimentation "Manuels numériques via l'ENT" permet à plus de 15 000 élèves et 1 200 enseignants de 69 collèges d'accéder directement à leurs manuels depuis l'ENT de leur établissement. L'expérimentation est évaluée en vue d'une généralisation.

Les fonctions du manuel

Le manuel rassemble l'essentiel des connaissances dans chacune des disciplines. Il est en quelque sorte le dépositaire officiel des savoirs transmis et vérifiés. Pour l'élève, il rassemble les connaissances à acquérir, permet la consolidation des acquis. Il est une référence scientifique et culturelle. Pour l'enseignant, le manuel du maître, ou guide de l'enseignant, a des fonctions d'information scientifique et générale, d'option pédagogique, d'aide à la gestion des cours, d'aide à l'évaluation.

Les manuels fournis aux élèves assurent l'indispensable dialogue entre l'école et l'univers familial et, d'une manière plus discrète, entre les générations. Un rapport de l'IGEN de 2010 précise que le manuel scolaire représente pour les familles un outil irremplaçable de structuration des connaissances. Dans l'hypothèse où on passerait au tout numérique, on peut craindre une double fracture, culturelle et numérique pour une utilisation au domicile : certaines familles en effet ne disposent pas des équipements adéquats.

Enseigner sans manuels

Pour un enseignant débutant, enseigner sans manuels est difficilement envisageable. Il lui faudrait collecter lui-même les contenus des programmes, des différentes disciplines, des ressources. Cela le rendrait moins disponible aux élèves et représenterait un travail de préparation trop important. Cependant, les enseignants d'expérience savent qu'il leur faut compléter les banques d'exercices

66 %

C'est le pourcentage d'élèves qui déclarent avoir plus d'autonomie grâce aux manuels.
(Source : une étude de l'IUFM de Paris en 2001.)

Stéréotypes et discriminations

Selon l'étude de La HALDE sur la place des stéréotypes et des discriminations dans les manuels scolaires (de 2007 à 2008), ceux-ci véhiculent un certain nombre de représentations stéréotypées quelles que soient les disciplines enseignées. Les hommes sont plus représentés que les femmes. La place des femmes est encore fortement marquée dans la sphère domestique. Elles sont peu représentées dans les sphères économique et politique. Les personnes d'origine étrangère sont souvent représentées dans des situations dévalorisantes. Ces représentations stéréotypées ne sont que rarement contrebalancées par des images de réussites, de développement. Les personnes handicapées n'apparaissent quasiment que dans des contextes qui leur sont propres, en lien avec leur handicap.

pour les adapter aux besoins repérés de leurs élèves. Ils savent aussi qu'ils doivent compléter les textes et la documentation de base fournis par les manuels avec des ressources qui correspondent aux projets de la classe.

Éclairage

La particularité du manuel de lecture

Le manuel de lecture permet d'apprendre à lire en lien étroit avec la méthode de l'enseignant. Il est de qualité s'il propose aux élèves au moins trois types d'activités distinctes et complémentaires en lecture :

- Des exercices liés à la **compréhension** du texte dans sa globalité, compréhension de certaines phrases, compréhension d'expression ou de mots bien identifiés, capacité à lire longtemps (endurance), capacité à lire des textes variés (polyvalence).
- Des exercices liés à la **production d'écrits**, à la capacité à copier, savoir calligraphier les lettres, savoir écrire par cœur des mots appris, être en mesure de rédiger des petites histoires d'au moins 5 lignes.
- Des exercices liés au **décodage de mots**, distinguer le nombre de syllabes orales et écrites dans le mot, savoir fusionner deux sons différents, savoir associer des syllabes entre elles pour lire des mots, connaître le nom et le son de chacune des lettres de l'alphabet, savoir lire les mots invariables qui sont les plus fréquents.

Ces trois parties sont équilibrées pour chacune des leçons proposées. Pour qu'un manuel de lecture intéresse un enfant, il doit proposer des textes ouverts sur le monde tout en préservant l'aspect familier. Certains manuels font le choix de mettre en avant un héros. Les images accompagnant les textes comptent également dans l'attrait d'un manuel. Elles ne doivent pas être de simples illustrations accolées au texte support de lecture mais doivent apporter une réelle valeur ajoutée à la compréhension du texte lu. ■

« […] moi je sais faire des bateaux en papier et on a pris les feuilles du livre d'arithmétique. Bien sûr, on a essayé de faire attention, pour qu'Agnan puisse recoller après les pages dans son livre, parce que c'est très vilain de faire du mal à un livre, à un arbre ou à une bête. »

Sempé et Goscinny, *Le Petit Nicolas*, Denoël, 1960

→ **Cartable / Classe / Didactique / Pédagogie / Programme**

Pour aller plus loin

- François-Marie Gérard, Xavier Roegiers, *Des manuels scolaires pour apprendre : concevoir, évaluer, utiliser*, De Boeck, 2009.
- http://eduscol.education.fr/educnet/numerique/dossier/telechargement/rapport-ig-manuels-scolaires-2010.pdf
- www.savoirlivre.com/manuels-scolaires/vecteur-culturel.php
- www.inrp.fr/Tecne/Savoirplus/Rech40124/Pdf/annee00/inrp40124_00.pdf

Maternelle

L'école maternelle est la première étape du parcours en école primaire. Elle accueille les enfants dès l'âge de trois ans, voire dès deux ans, quand les parents font la demande d'inscription. Elle compte généralement trois années distribuées en PS (Petite section), MS (Moyenne section) et GS (Grande section). Elle n'est pas obligatoire, au sens de l'obligation légale d'instruction.

Contexte

Une particularité française

L'école maternelle est une création originale du système éducatif français. Elle est le lieu de la première éducation hors de la famille. Elle n'est pas une garderie ni un jardin d'enfants, mais une école au plein sens du terme. Elle a vocation à éduquer, à socialiser et à construire des apprentissages premiers pour les enfants de 3 à 6 ans, en leur donnant les moyens de "devenir grands". Non obligatoire, elle fait l'objet d'une forte demande : près de 100 % des enfants de trois ans la fréquentent, en majorité dans l'enseignement public. Elle est perçue comme un milieu favorable à l'épanouissement de l'enfant, mais aussi comme l'étape indispensable à la réussite scolaire.

Les héritages

L'accueil des très jeunes enfants a été d'abord en France une œuvre de charité de l'église. Au début du XIXe siècle, des "écoles à tricoter", puis des "salles d'asile" accueillaient les enfants des deux sexes âgés de 2 à 7 ans issus des familles pauvres. Le programme d'enseignement mis en place à partir de 1833 fait acquérir aux enfants des habitudes d'ordre, de propreté, les prépare "à une vie honnête, décente et chrétienne." À partir des années 1880, les écoles maternelles sont reconnues et intégrées à l'enseignement primaire.

Les premières inspectrices générales, Marie Pape-Carpantier (1815-1878) et Pauline Kergomard (1838-1925) lui ont donné une orientation éducative pour la distinguer de l'école élémentaire. La vulgarisation de théories psychologiques sur le développement du jeune enfant à partir des années 1960 introduit l'idée que "tout se joue avant six ans".

Le cadre officiel

L'article L. 113-1 du Code de l'éducation, tel que modifié par la loi de Refondation de l'École du 8 juillet 2013, définit le droit pour tout enfant d'être accueilli à l'âge de 3 ans, voire dès l'âge de deux ans, dans une école maternelle ou une classe enfantine si sa famille en fait la demande. C'est le maire de la commune qui inscrit, la directrice/le directeur procède à l'admission de l'élève. L'accueil des 2 ans est conditionné par les capacités d'accueil et fait l'objet de politiques prioritaires.

Les locaux des écoles appartiennent aux communes. Elles ont la charge de leur entretien et recrutent les agents spécialisés (ASEM) qui assistent les professeurs des écoles pour les tâches matérielles et la mission éducative de l'école.

2 557 000

C'est le nombre d'élèves scolarisés en 2012, en écoles maternelles publiques ou privées (France métropolitaine + DOM). 15 435 écoles maternelles publiques et 123 écoles maternelles privées sont dénombrées en France (France métropolitaine + DOM). 11 % des enfants de 2 ans et la quasi-totalité des enfants de 3 à 5 ans sont scolarisés en maternelle.
(Source : Ministère de l'Éducation nationale.)

Les domaines d'apprentissage 2008/2015	
2008 : 6 domaines	2015 : 5 domaines*
1. S'approprier le langage 2. Découvrir l'écrit 3. Devenir élève 4. Agir et s'exprimer avec son corps 5. Découvrir le monde 6. Percevoir, sentir, imaginer, créer	1. Mobiliser le langage dans toutes ses dimensions : oral, écrit 2. Agir, s'exprimer, comprendre à travers l'activité physique 3. Agir, s'exprimer, comprendre à travers les activités artistiques 4. Construire les premiers outils pour structurer sa pensée 5. Explorer le monde

* Apprendre ensemble et vivre ensemble est présenté comme une des modalités importantes de la vie, qui génère des apprentissages.

Une école originale

Dans le cadre de la loi de Refondation de juillet 2013, l'école maternelle redevient un cycle à part entière de trois ans. Elle est dotée d'un nouveau programme fixé par l'arrêté du 18 février 2015 (voir tableau). Elle dispose d'une identité spécifique et d'une culture adaptée au jeune âge des enfants. Les enseignants installent pour les enfants un cadre de vie et proposent des activités qui leur permettent de grandir dans un univers culturel stimulant. Le plus souvent aidés par une ASEM, les professeurs des écoles apportent un soin particulier à l'installation du milieu scolaire et à la prise en compte des besoins et des rythmes des enfants, dans le cadre de la réforme des rythmes scolaires.

Centrée sur l'enfant, l'école maternelle fait une place aux parents. Elle explique, fait comprendre et justifie ses choix. Elle donne à voir et à comprendre ses façons de faire. Elle rend compte des progrès ou des problèmes passagers rencontrés par l'enfant. La loi de Refondation de l'École promeut cette "*coéducation*" qui se concrétise par "*une participation accrue des parents à l'action éducative*".

Éclairage

Une pédagogie du jeu et du langage

Le jeu est un mode privilégié du rapport de l'enfant au monde. Il le conduit à vivre de multiples expériences sensorielles, motrices, affectives, intellectuelles. Il occupe une place officielle dans les programmes 2015, au paragraphe 3.1. *Apprendre en jouant*. Le jeu alimente tous les domaines d'apprentissages. Il permet l'exercice de l'autonomie, l'action sur le réel, l'élaboration de fictions, le développement de l'imaginaire, la communication avec les autres. Il permet aux enfants de se construire au sein d'une communauté et d'y tisser des liens. Diverses formes de jeux sont citées : les jeux symboliques, les jeux d'exploration, les jeux de construction et de manipulation, les jeux collectifs et les jeux de société, les jeux fabriqués et inventés… Le rôle de l'enseignant est de donner du temps suffisant pour que s'installent des activités de jeu. ■

> **« L'école maternelle n'est pas une école, c'est un établissement où l'enfant doit s'épanouir en santé physique et en santé morale, en force, en grâce, en intelligence, en esprit de conduite. »**
> Pauline Kergomard, 1886

→ Cycle / Jeu / Langage / Montessori / Parents / Rythmes / Système éducatif

Pour aller plus loin

- Ève Leleu-Galland, *L'école maternelle, quels piliers pour la refondation ?*, Canopé, 2015.

Mémoire

La mémoire est la capacité de stocker des informations dans le cerveau. Elle peut être représentée comme une sorte de "gratte-ciel" où chaque étage est un module qui construit les informations de manière plus élaborée. La mémoire est essentielle à tout apprentissage puisqu'elle permet le stockage et le rappel des informations apprises.

Contexte

La psychologie cognitive apporte des indications précieuses sur les liens étroits entre le fonctionnement de la mémoire et les apprentissages. La mémoire n'est pas un processus unitaire. Au niveau psychologique, différents types de mémoire sont à l'œuvre et mettent en jeu différentes parties du cerveau.

Mémoire et apprentissages

Des chercheurs comme Alain Lieury vont jusqu'à affirmer que mémoire et apprentissage sont deux aspects de la même activité intellectuelle. Il a mis en évidence le fait qu'à un certain niveau de traitement de l'information, différentes formes de mémoires fonctionnent en "modules". Le cerveau possède plusieurs mémoires, réparties en zones. Dans la première zone, les mémoires sensorielles, visuelles et auditives sont très brèves. Dans la deuxième, les mémoires symboliques, lexicales et imagées se construisent au cours des apprentissages. La troisième zone est celle de la mémoire la plus abstraite, la mémoire sémantique, celle du sens; plus le temps s'écoule, plus on perd la "carrosserie" des mots pour ne retenir que le sens. La quatrième zone est celle de la mémoire à court terme ou mémoire de travail, une mémoire vide dont le rôle est de récupérer mots, images, idées des autres mémoires et de les assembler. Le passage de la mémoire à court terme (ou mémoire de travail) à la mémoire à long terme s'effectue grâce à l'hippocampe. Celui-ci est une partie très ancienne du cortex située dans le repli interne du lobe temporal.

La mémoire dépend de l'apprentissage, mais l'apprentissage dépend aussi de la mémoire. Les connaissances mémorisées constituent une trame sur laquelle viennent se greffer les nouvelles connaissances. Plus le bagage de connaissance est grand, plus on peut y greffer de nouvelles informations.

Le rôle-clef de la mémoire lexicale et sémantique

Le développement de la mémoire lexicale et sémantique est très important pour aider les élèves à lire et comprendre. Elle fait du "lecteur expert" un meilleur lecteur. Elle peut être "entraînée", sollicitée aux différents moments de l'apprentissage.

À l'école maternelle, les mots sont dits et brassés plusieurs fois pour que les enfants les associent aux actions réalisées, aux objets manipulés ou observés. En cycle 2, c'est la lecture fréquente de textes, en repérant les mots d'un lexique qui l'enrichit. Les mots sont repérés en contexte et réutilisés dans des productions langagières. C'est par la répétition que les neurones travaillent. L'élève doit comprendre le

3000

C'est le nombre de mots "moyennement connus" par les élèves en CE1, il est de 6000 en CM2.

(Source : Ehrlich, Bramaud du Boucheron et Florin, 1999.)

La mnémotechnie

La mnémotechnie permet d'alléger le coût cognitif de certaines tâches. L'élève peut récupérer en mémoire immédiate des informations directement disponibles; il le fait grâce à des astuces qui l'aident à les mémoriser et les rappeler de manière automatique: "Mais, où est donc Ornicar?" pour les conjonctions de coordination, des listes de mots déroulées comme "Chou, bijou, caillou, genou, joujou, pou" pour les exceptions des pluriels en s.

sens des mots qu'il s'approprie. Accéder à l'abstraction implique d'aborder plusieurs facettes de sens. Par exemple, pour savoir ce qu'est le caméléon, l'élève va regarder un documentaire audio-video, consulter internet, chercher dans des livres documentaires... ce qui va lui permettre d'abstraire le concept de caméléon et de l'inscrire dans sa mémoire sémantique. Le nombre et la variété des types de connaissances dont il dispose facilitent la mémorisation.

Les procédés de mémorisation

Pour apprendre à gérer sa mémoire, il faut:
- Savoir que l'on sait déjà quelque chose et le mobiliser. Bien "gérer" sa mémoire peut être alors l'objet d'un accompagnement de l'enseignant au cours de l'apprentissage, notamment pour aider l'élève à mobiliser son attention et sélectionner les informations utiles.
- S'entraîner à saisir et à retenir des indices par des croquis, une prise de notes, un brouillon, exercer différents types de mémoire pour une chanson, une poésie, des synthèses en vue d'une restitution. La mise en mémoire est une projection, une action tendue du présent vers l'avenir.
- S'appuyer sur des "rituels" de mise en mémoire (comptines, rappels d'indices, reformulations, utilisation d'une signalétique expliquée...) Organiser la mémoire visuelle en classe se fait grâce à l'affichage. Tous les murs de la classe sont des supports de mémoire auxiliaire pour les élèves qui ont besoin d'aides pour se souvenir.

Éclairage

Faciliter la mémorisation

Pour développer la capacité à créer des associations et faciliter la mémorisation, l'enseignant montre des images avec un seul objet (une épée) et demande aux élèves de retrouver les images des objets qui vont avec. Il fait émerger l'intérêt de construire des scénarios parfois amusants en créant des associations entre les objets, pour faciliter leur mémorisation. L'épée est associée à l'armure, mais elle peut aussi être associée au vélo, si l'enfant raconte une histoire d'enfant déguisé en chevalier et qui fait du vélo. ■

> **“Alors que l'attention ouvre notre esprit aux signaux sensoriels, le processus de concentration, complémentaire, ferme notre conscience à tout ce qui peut distraire notre esprit de la tâche. Elle agit comme un isolant en bloquant l'arrivée à la conscience de toute information qui pourrait nuire à la réflexion [...]. Elle favorise en cela une utilisation maximale de la mémoire de travail.”**
> Alain Lieury, *Mémoires et apprentissages scolaires*, conférence à Poitiers, 2012

→ Développement / Différenciation / Langage / Lecture / Méthodes

Pour aller plus loin

- Alain Lieury, *Mémoire et réussite scolaire*, Dunod, 2012.
- Cécile Delannoy, *Une mémoire pour apprendre*, Hachette éducation/Sceren, 2007.
- Olivier Houdé, *Mémoire, les jardins de l'intelligence*, conférence, Créteil, 2012.

Méthodes (métacognitation)

On appelle méthodologie le "chemin" (*odos*) qui permet de traverser la situation d'apprentissage (*méta*, "à travers") pour accéder aux savoirs. Les "méthodes" sont le terme générique donné à un ensemble de procédures que l'élève doit maîtriser dans son travail scolaire.

Contexte

Apprendre à apprendre

Les méthodes désignent à la fois les médiations qui permettent à l'enfant de bien gérer son travail et les outils et procédures pour apprendre. Elles sont souvent reprises sous la formule "apprendre à apprendre" ou le terme "métacognition". L'intelligence scolaire s'apprend, elle donne à l'élève l'occasion d'organiser ses propres modes de pensée. Pour réussir, l'enfant doit comprendre les règles de fonctionnement de l'école, le sens de l'activité proposée.

Faire acquérir des compétences exige que l'élève développe des conduites autonomes. L'enseignant l'accompagne pour qu'il prenne conscience de ses modes de travail, pour qu'il comprenne "ce qui est à faire", et recherche les meilleures procédures pour y parvenir. Son intervention pour rendre explicites et compréhensibles les méthodes peut se faire en trois temps :

- celui de la prise de conscience. En présentant les situations d'apprentissage, il recourt à une pédagogie centrée sur la compréhension et la maîtrise des procédures qui permettent à l'élève de comprendre la tâche ;
- celui de la mobilisation des méthodes et de l'ajustement de l'activité mentale pour développer des capacités adaptées aux situations ;
- celui de l'organisation, conçu comme une aide à l'apprentissage en utilisant les bonnes méthodes.

Les sciences cognitives

Il faut distinguer les méthodes pour enseigner des méthodes pour apprendre. Les éclairages des sciences cognitives sur les conditions de la pensée permettent de porter un regard sur l'aide procédurale à apporter au travail de l'élève.

La "**métacognitation**" désigne le retour que l'enfant fait sur son propre fonctionnement intellectuel qui lui permet de mieux diriger son apprentissage. Connaître ses points forts (je comprends mieux avec un schéma), ses points faibles (je ne comprends pas bien la consigne, sauf si on me la lit) donne l'occasion de rechercher les appuis pour poursuivre le travail en dépassant les obstacles de cet ordre. Les méthodes concernent autant la face externe du savoir (savoir comment) que la face interne (savoir quoi). Elles sont liées à la personnalité de l'élève, à ses besoins personnels et sa maîtrise des tâches scolaires.

Les styles cognitifs

La psychologie cognitive montre qu'il n'y a pas deux façons identiques d'apprendre. La personnalité de l'enfant n'est pas seulement affective et sociale : elle est cognitive, chaque élève a ses propres modes de fonctionnement. L'enseignant doit partir de ce que l'élève sait et l'aider à se mettre en recherche. Certains élèves ont besoin d'un délai de réponse, d'une construction mentale avant de travailler. D'autres procèdent directement par l'action, par essais et erreurs, l'erreur étant une étape de l'apprentissage.

Bruner distingue la représentation par centration, où un travail intensif sur un aspect central domine, et la pensée latérale, plus extensive et globalisante. Witkin décrit les modes de dépendance-indépendance au champ. Certains élèves ont besoin de struc-

Favoriser la compréhension de la consigne

- "Lis silencieusement l'énoncé, regarde le texte en identifiant les mots: ce que tu vois, ce qu'on te dit, ce que tu comprends, ou pas."
- "Lis la consigne, demande-toi en faisant ton travail: ce que je fais répond-il à la consigne? Relis l'énoncé pour vérifier cela."
- "Identifie les termes et surligne les plus importants: de quoi ça parle, les questions posées, le sens de la situation."
- "Représente-toi dans ta tête la tâche à faire, ce qui t'est demandé."
- "Imagine ce que tu vas trouver, représente-toi le résultat attendu."
- "De quels outils as-tu besoin, quels outils as-tu à ta disposition?"

tures définies, d'un accompagnement langagier. D'autres ont la possibilité de reformuler les consignes avec leurs propres mots mais ont besoin d'un cadre de référence. Lautrey rappelle les dimensions différentes qui interviennent au sein même du développement cognitif et dans la formation des concepts. Par exemple, pour raconter une histoire ("aller au restaurant"), certains utiliseront le script (déroulement linéaire par suite des événements), d'autres la scène (disposition, disposition globale et relations analogiques).

L'importance de la consigne

La consigne scolaire, texte prescriptif, a une fonction de mise en acte d'une activité pour réaliser une tâche. Elle ne dit pas comment il faut la lire et la comprendre, et ne révèle pas à travers sa formulation la clarté des opérations mentales en jeu. Comprendre une consigne demande un véritable travail de traduction. Beaucoup d'élèves ont besoin de l'aide de l'enseignant: relecture, reformulation, adaptation au niveau de compréhension, schématisation, mise en scène cognitive…

Éclairage

Comprendre l'enjeu cognitif

L'équipe universitaire Escol (Éducation, Scolarisation) a étudié la manière dont se construisent les inégalités devant la réussite scolaire. Elle montre que, malgré la bonne volonté des enseignants, les pratiques scolaires ne réduisent pas l'écart entre les élèves de milieu favorisé et les autres, mais contribuent à l'accroître. En particulier parce que le sens du travail scolaire reste implicite. Les enfants de milieu plus fragile ont du mal à identifier les objets d'apprentissage et les enjeux cognitifs des tâches qu'on leur donne à faire. Par exemple, quand l'enseignant donne aux élèves de grande section une fiche sur laquelle ils doivent coller dans le bon ordre les différents mots qui composent une phrase donnée en modèle en haut de la feuille, certains enfants ne comprennent pas l'enjeu cognitif de l'activité. Ils découpent et collent bien, mais ne savent pas qu'ils travaillent sur le langage écrit. ■

> **« L'élève n'a pas fait son apprentissage d'apprenant. Le maître sait, avant d'enseigner, comment on enseigne, l'écolier avant d'apprendre ne sait pas comment on apprend. »**
> Robert Cousinet, *Une méthode de travail libre par groupe*, 1959

→ Autonomie / Mémoire / Théories de l'apprentissage

Pour aller plus loin

- Robert Van Cleef, Michèle Viel, *Apprendre à apprendre*, Magnard, 1996.
- Coord. Michel Grangeat, *La métacognition, une aide au travail des élèves*, ESF, 1997.
- Jean-Michel Zakhartchouk, *Apprendre à apprendre*, Canopé, 2015.

Motivation

Du latin *motus* "mouvoir" et *motio*, "mouvement", la motivation désigne tout ce qui amène à entreprendre des actions et à y persister jusqu'à réaliser ses objectifs. Elle suppose la volonté de faire un effort et d'atteindre des buts. La motivation est un levier indispensable pour apprendre.

Contexte

Pour la psychologie, il existe plusieurs motifs à la motivation : rationnels, émotionnels, égocentriques, altruistes, d'attrait ou de rejet… La motivation est souvent l'état de réponse à des besoins de réussite, d'auto-efficacité et de perspective sur sa propre action. Elle suppose une certaine autonomie à penser pour soi-même. La démotivation, opposée à la motivation, désigne un sentiment de désespérance ou d'angoisse face aux obstacles. Il peut s'exprimer sous la forme d'un manque d'enthousiasme et d'énergie et peut empêcher d'apprendre.

Le rapport à la tâche

Les travaux d'Albert Bandura (docteur en psychologie, Standford) ont contribué à montrer l'importance du sentiment d'efficacité personnelle, déterminant pour la réalisation d'une tâche. Il permet à un élève d'évaluer ses capacités et de s'engager en conséquence. Il se mesure par la performance qu'il se sent en capacité de réaliser, la proportion de réponses correctes qu'il pense pouvoir donner… Les études ont montré que les élèves qui ont une conception fixe de l'intelligence ont tendance à choisir des activités qui leur assurent un jugement positif de la part de l'enseignant. Ils évitent les risques d'évaluation négative, donc les activités plus complexes mais qui pourraient les faire progresser. Ils se comportent comme s'ils étaient face à un jeu de "quitte ou double" : en cas de réussite, ils croient en leur intelligence ; en cas d'échec, ils l'attribuent à leur non-intelligence. En revanche, les élèves qui ont une conception évolutive de l'intelligence considèrent les échecs non pas comme une résultante de leur incompétence définitive, mais comme le signe d'une stratégie inappropriée, qu'il faut modifier.

Motivation et tâche scolaire

La motivation pour les tâches scolaires est aussi déterminée par la conception que l'élève se fait des buts de l'école. S'il pense que l'école est faite pour sélectionner, il n'a aucun intérêt à dévoiler ses lacunes et il va éviter les tâches difficiles. Toute son énergie va être consacrée à la validation de ses compétences existantes, plutôt qu'à l'acquisition de compétences nouvelles. L'élève qui pense que l'école a pour but de favoriser les apprentissages va tenter tout ce qui est en son pouvoir pour progresser, réussir de nouvelles activités.

La situation déclenchante

La situation déclenchante est déterminante pour motiver les élèves. C'est l'entrée dans le sujet, le moment où les élèves vont se faire une idée positive ou négative de ce qui est

140 000

C'est le nombre de décrocheurs, en moyenne et par année. Sont qualifiés de "décrocheurs" les élèves âgés de 16 à 25 ans qui quittent le système de formation sans un diplôme professionnel, ou un baccalauréat en poche. Les garçons décrochent plus que les filles : 57,4 % contre 42,6 %.

(Source : Étude menée par le Système interministériel d'échange d'information (SIEI), décembre 2013.)

Pistes pour évaluer la motivation des élèves

Trois questions principales peuvent être posées.

1. Quelle valeur l'élève accorde-t-il à l'activité et aux apprentissages qui s'y rattachent ?

- Il trouve intéressantes les activités proposées.
- Il pose des questions qui dépassent ce qui est fait.
- Il s'engage dans des activités d'apprentissage non obligatoires.
- Il ne s'arrête pas facilement quand il a commencé une activité.

2. Quelle opinion a-t-il de sa compétence à réussir ?

- Il peut persévérer dans l'accomplissement d'une tâche difficile.
- Il travaille de façon autonome.
- Il tente de répondre spontanément aux questions posées en classe.
- Il n'abandonne pas quand il rencontre des difficultés.
- Il prend plaisir à relever des défis dans ce qu'il a à apprendre.

3. Quel degré de contrôle estime-t-il avoir sur le déroulement de cette activité ?

- Il prête attention à ce que l'enseignant dit.
- Il commence immédiatement à travailler lorsqu'on demande d'accomplir une tâche.
- Il reste attentif jusqu'à ce qu'il ait terminé un travail.
- Il respecte les délais.

proposé. Si la situation les attire, elle provoquera l'envie d'aller plus loin et de se poser davantage de questions. Les programmes insistent sur son importance : l'enseignant sélectionne une situation de départ qui focalise la curiosité des élèves, déclenche leurs questions et leur permet d'exprimer leurs idées préalables. Elle peut partir d'une lecture qui questionne ou qui nécessiterait une expérience pour prouver les propos. Elle peut prendre appui sur un sujet d'actualité ou un événement qui se serait produit dans la vie des élèves. Ça peut être l'observation d'un phénomène, avec une question : "À votre avis, pourquoi… comment… ?"

Éclairage

Un exemple de situation déclenchante

La situation déclenchante a été mise en œuvre lors d'une séance sur les conifères en grande section. Les enfants confrontés à la pomme de pin ramassée dans la cour de l'école ont pris le temps de l'observer, de la toucher, de la sentir. Cela leur a permis de mieux entendre et comprendre les questions que posait l'enseignant pour guider leurs observations. L'approche a été d'abord sensori-motrice pour nourrir la curiosité naturelle des jeunes enfants. Puis sont venus les éléments de description : la forme, la couleur, la texture… L'enseignant a pu introduire les mots de vocabulaire tels que cône, conifère, écailles, graines…

L'enseignant est parti de l'intérêt, de la curiosité et du questionnement des enfants sur un objet ramassé pour les amener vers la connaissance. ■

> **“ Nous ne nous efforçons à rien, ne voulons, n'appétons ni ne désirons aucune chose parce que nous la voulons bonne ; mais au contraire, nous jugeons qu'une chose est bonne parce que nous nous efforçons vers elle, la voulons, appétons et désirons. ”**
>
> Baruch Spinoza, *Éthique*, 1677

→ Autonomie / Compétences / Difficulté / Estime de soi

Pour aller plus loin

■ Albert Bandura (trad. Jacques Lecomte), *Auto-efficacité : Le sentiment d'efficacité personnelle*, De Boeck, 2007.

■ Rolland Viau, *La Motivation en contexte scolaire*, De Boeck, 2009.

Numérique

À l'école, le numérique intègre les technologies de l'information et de la communication sous deux aspects : dans les apprentissages, pour amener l'élève à acquérir de nouvelles compétences ; comme support pédagogique utilisant d'autres procédés que l'analogique (informatique, son, vidéo...)

Contexte

À l'école, les usages courants des nouvelles technologies se sont développés, créant une "culture numérique". L'écolier d'aujourd'hui habite plutôt un espace urbain et possède des pouces d'une redoutable dextérité ; Michel Serres l'a baptisé "Petite poucette". Il est aussi qualifié de "digital native". Les écrans sont massivement présents dans son quotidien. Depuis que la télévision est entrée dans les foyers à la fin des années 1970, les écrans ont changé de dimension et se sont adaptés à des usages proliférants. Le plan numérique pour l'école lancé en 2015 par le ministère de l'Éducation incite à prendre en compte cette culture nouvelle pour la mettre au service des apprentissages et éviter que ne s'installe une fracture supplémentaire entre ceux qui la maîtrise et ceux qui en sont exclus, faute d'outils. Ce plan s'appuie sur les nouveaux programmes et le nouveau socle de connaissances, notamment dans le domaine de l'informatique et de l'éducation aux médias.

Les enjeux éducatifs

Pour surfer sur internet de façon efficace et en toute sécurité, un enfant doit posséder deux compétences : comprendre que toute information relève d'un point de vue, et savoir faire clairement la distinction entre espace public et espace intime. Le socle commun de 2016 vise des compétences liées à l'usage des outils numériques. L'élève doit savoir créer des documents intégrant divers médias et les publier ou les transmettre, pour qu'ils soient consultables et utilisables par d'autres. Il doit réutiliser des productions collaboratives pour enrichir ses propres réalisations, dans le respect des règles du droit d'auteur. Il doit utiliser les espaces collaboratifs et communiquer notamment par les réseaux sociaux dans le respect de soi et des autres. Il doit comprendre la différence entre sphères publique et privée et savoir ce qu'est une identité numérique en étant attentif aux traces qu'il laisse.

L'impact sur les apprentissages

Une étude de Jean Heutte (revue *Spirale*, 2008) montre qu'un usage en classe piloté par l'enseignant participe à une amélioration des résultats scolaires des élèves de l'école primaire. Les élèves habitués à l'usage du numérique en classe réussissent significativement à long terme et ce indépendamment du type de support. Ils comprennent plus vite et mieux ce qu'ils lisent. L'effet principal des technologies et du numérique se manifeste dans des environnements pédagogiques nouveaux, plus proches de la manière dont la personne apprend. La technologie permet d'apprendre avec les autres, d'inter-apprendre et donc de multiplier les approches : individuelle, mutualiste ou collaborative. L'approche pédagogique utilisée par l'enseignant lors de l'utilisation des Tice incite à modifier les apprentissages.

1 milliard

C'est la somme en euros votée en 2015 par l'Assemblée nationale pour les ressources du numérique éducatif et son équipement.

Les nouvelles modalités d'apprentissage
L'usage des Tice et du numérique dans l'environnement d'apprentissage d'enfants handicapés permet de dégager plusieurs modalités, transférables à tous les élèves :
- **Une approche tutorielle et interactive.** L'ordinateur et ses logiciels sont considérés comme des "sortes de tuteurs" qui guident et accompagnent l'élève dans son cheminement. Elle repose sur des jeux qui sollicitent une réponse, des dialogues.
- **Une approche augmentative.** Grâce à des outils de tracés, au traitement d'images photographiques, de documents scannés, à la saisie de texte…, les Tice deviennent des auxiliaires techniques pour l'élève.
- **Une approche supplétive.** Ainsi la fonction "oralisation" du texte à l'écran raconte une histoire à lire, les logiciels de reconnaissance vocale comme le dispositif *SpeechViewer* permettent de s'enregistrer et s'écouter.
- **Une approche procédurale.** Savoir utiliser la technologie constitue une véritable situation-problème. L'élève développe des stratégies, prend des initiatives, revient sur ses stratégies en s'adaptant à l'environnement…
- **Une recherche d'informations et une approche communicationnelle.** Par l'usage d'internet et des réseaux, des messageries…, l'enseignant apprend à vérifier les sources et à appliquer un esprit critique.

Éclairage

Faire de la photo en maternelle

Virginie F., professeure en école maternelle à Vaucresson, a emprunté une mallette d'appareils photo numériques pour sa classe de GS. Sa démarche s'inscrit dans le cadre du projet d'école "Image", qui concerne les 6 classes de l'école. Les parents de l'école ont fait part de leur inquiétude face à la surexposition grandissante de leurs enfants aux images via les écrans. L'équipe pédagogique a travaillé sur la lecture active et critique des images. Différentes activités ont été menées tout au long de l'année pour aborder l'éducation à l'image, notamment les types et supports d'images et leurs fonctions, les notions de cadrage et d'échelle de plan, de prise de vues, la réalisation d'un film d'animation. Durant les mois de janvier/février, des photographies de la cour de l'école ont été prises par les enseignants pour percevoir des notions de cadre et d'échelle de plan. Puis les élèves en petits groupes ont pris leurs propres photos. Ils ont aussi travaillé les compétences suivantes : percevoir et utiliser la notion de cadrage, acquérir un vocabulaire spécifique (gros plan, plan large, plan moyen…), verbaliser, argumenter ses choix. L'appareil photo numérique a été utilisé comme outil de découpage de l'espace visuel. (Voir http://www.reseau-canope.fr/creatice/spip.php?article430) ■

> **« Les livres seront bientôt obsolètes dans les écoles. Les élèves recevront un enseignement visuel. Il est possible d'enseigner tous les domaines de la connaissance humaine par le cinéma. »**
> Thomas Edison, 1913

→ ENT / Innovation / Socle

Pour aller plus loin

- Franck Amadieu, André Tricot, *Apprendre avec le numérique, mythes et réalités*, Retz, 2014.
- http://www.gouvernement.fr/action/l-ecole-numerique
- www.education.gouv.fr/cid77084/direction-du-numerique-pour-l-education-dne.html
- L'enfant et les écrans, avis de l'Académie des sciences http://www.academie-sciences.fr/fr/Rapports-ouvrages-avis-et-recommandations-de-l-Academie/l-enfant-et-les-ecrans-l-avis.html

Obligations (des enseignants)

On appelle obligations des enseignants, les devoirs et les engagements imposés par le statut et la fonction qu'ils occupent. Les obligations sont celles de tout fonctionnaire de l'État, définies par le régime général de la Fonction Publique (loi Le Pors). Elles sont appliquées au domaine spécifique de la fonction d'éducation et d'enseignement.

Contexte

Les obligations du service d'enseignement

L'enseignant est responsable de l'exécution des tâches qui lui sont confiées. Il doit effectuer son service de façon continue (obligation de ponctualité et d'assiduité). Il doit connaître et respecter la législation et la réglementation de ses fonctions, notamment les lois d'orientation et de refondation (1989, 2013) et leurs décrets d'application.

Il doit appliquer les horaires d'enseignement, les contenus du socle commun, le programme des cycles. Il doit travailler selon les objectifs définis en équipe dans le projet d'école et veiller à prendre en compte les mesures d'adaptation ministérielle, comme l'enseignement des langues vivantes, le plan numérique, le livret du socle… Il est tenu d'apporter une aide au travail personnel des élèves, d'en assurer le suivi, de procéder à leur évaluation, de les encourager et de les conseiller.

Le service des enseignants du premier degré, défini par la circulaire n° 2013-019 du 4 février 2013, s'organise en 108 heures annuelles, effectuées sous le contrôle et après validation de l'inspecteur de la circonscription.

Ces 108 heures sont ventilées en :

- 60 heures consacrées aux activités pédagogiques complémentaires (APC) organisées pour des groupes restreints d'élèves. 24 heures (sur 60) sont consacrées à la réflexion des enseignants en équipe.
- 24 heures forfaitaires consacrées à des travaux en équipes pédagogiques, conseils des maîtres de l'école et des conseils des maîtres de cycle, à la continuité pédagogique entre les cycles et la liaison entre l'école et le collège, aux relations avec les parents, au suivi des projets personnalisés de scolarisation des élèves handicapés.
-18 heures consacrées à l'animation pédagogique et à la formation continue.
- 6 heures pour les conseils d'école obligatoires.

Ce qui est lié au code pénal : le secret professionnel

Les fonctionnaires doivent faire preuve de discrétion professionnelle sur les faits, informations ou documents dont ils ont connaissance dans l'exercice de leurs fonctions. Ils ne peuvent être déliés de cette obligation que par décision de l'autorité sous laquelle ils sont placés (loi n° 83.634 du 13 juillet 1983). La révélation de secrets est permise notamment pour prouver son innocence ou lorsque la personne intéressée a donné son autorisation.

Elle est obligatoire dans les cas suivants : dénonciation de crimes ou délits dont on a connaissance dans l'exercice de ses fonctions (art 40 du Code de procédure pénale) ; communication de renseignements, pièces et documents aux autorités de justice agissant en matière criminelle ou correctionnelle ; témoignage en justice, communication au juge administratif saisi d'un recours contre un acte administratif, ou au juge judiciaire.

Autres obligations

L'obligation d'information du public. Les enseignants en tant que fonctionnaires ont le devoir de répondre aux demandes d'information des parents (loi n° 79.587 du 11 juillet 1979). En particulier, tout parent a le droit de connaître les informations contenues dans un dossier ou document concernant son enfant.

L'obéissance hiérarchique. Les fonctionnaires doivent se conformer aux instructions de l'autorité hiérarchique (loi n° 83-634 du 13 juillet 1983). L'inspecteur de circonscription est le supérieur hiérarchique direct de l'enseignant. Cette obligation est levée lorsque l'ordre donné est manifestement illégal ou de nature à compromettre gravement un intérêt public (sécurité des élèves, neutralité religieuse ou politique…). Cette obligation impose également de se soumettre au contrôle hiérarchique et de faire preuve de loyalisme dans l'exercice de ses fonctions. Elle implique le respect des lois et règlements.

L'obligation de réserve. Le principe de neutralité du service public interdit au fonctionnaire de faire de sa fonction l'instrument de toute propagande politique, religieuse, syndicale… La réserve n'a pas trait uniquement à l'expression des opinions. Elle vise aussi les comportements portant atteinte à la considération du service public à l'égard des administrés et des usagers. L'enseignant ne peut se livrer à des attaques ou proférer des insultes à l'encontre du ministère de l'Éducation nationale ou de ses collègues, que ce soit en public ou dans la presse. D'autres attitudes, comme celles de distribuer des tracts à l'entrée de la porte de l'école, en incitant les autres enseignants à participer à une action dont le caractère politique ne fait aucun doute, constituent un manquement à l'obligation de réserve.

Les obligations pour la protection des enfants. En tant que citoyen, l'enseignant a des obligations identiques à celles des autres citoyens. En particulier, il doit signaler tout fait de maltraitance et d'abus sexuels dont il a connaissance (circulaire du 15 mai 1997). Il a des obligations de prise en charge éducative des enfants qui lui sont confiés : la sécurité morale et physique, la mise en sécurité de l'espace scolaire…

Éclairage

L'obligation de réserve

Née de la jurisprudence du Conseil d'État, elle limite la liberté d'expression personnelle. Elle a été mise en place pour éviter des prises de position de nature à donner une image négative de l'école. Elle doit être distinguée de l'obligation de discrétion professionnelle (art. 26, loi du 13 juillet 1983) : "*Les fonctionnaires doivent faire preuve de discrétion professionnelle pour les faits, informations et documents dont ils ont connaissance dans l'exercice de leurs fonctions. En dehors de ces cas, expressément prévus par la réglementation en vigueur, notamment en matière de liberté d'accès aux documents administratifs, les fonctionnaires ne peuvent être déliés de cette obligation de discrétion professionnelle que par décision expresse de l'autorité dont ils dépendent.*" ■

> **« Dans une démocratie, les principes fondateurs de l'École ne peuvent être trouvés que dans les conditions de possibilité elles-mêmes de l'exercice démocratique. »**
> Philippe Meirieu, *Faire l'école, faire la classe*, ESF, 2004

→ Droits des enseignants / Éthique / Système éducatif / Valeurs

Pour aller plus loin

- http://www.ac-versailles.fr/cid107716/statuts-droits-et-obligations-des-personnels.html

Orientation

L'orientation est l'art de savoir où l'on en est dans un parcours. L'orientation scolaire consiste à proposer à un élève le parcours le mieux adapté à ses acquis, à sa personnalité et à son projet. Les différents paramètres pris en compte s'appuient sur le projet de l'enfant et de sa famille.

Contexte

Le terme "orientation" recouvre deux activités que la langue anglaise distingue : le processus qui répartit les élèves dans différentes voies de formation, filières et options (*students distribution*) et l'aide aux élèves dans le choix de leur avenir scolaire et professionnel (*vocational guidance, school and career counseling*). Cette dimension du choix est essentielle pour savoir comment bien s'orienter.

L'orientation est un processus qui se construit tout au long de la scolarité, grâce à un dialogue régulier entre l'élève, ses parents et les enseignants ; dans le second degré avec les conseillers d'éducation, le chef d'établissement et les conseillers d'orientation – psychologues.

Une évolution des objectifs

La loi d'orientation sur l'Éducation du 10 juillet 1989 place l'élève au centre du système éducatif et fait de l'orientation l'un des outils permettant d'atteindre les objectifs qu'elle s'est fixés : l'obtention d'un diplôme ou d'une qualification pour tous. La loi d'orientation et de Refondation de l'École du 8 juillet 2013 fait évoluer le paysage de l'orientation en donnant une responsabilité aux acteurs des régions. L'accord-cadre du 28 novembre 2014 prévoit la mise en œuvre du service public régional d'orientation (SPRO), chargé de prendre en charge les élèves qui sortent du système éducatif sans diplôme ni certification professionnelle. Réunissant six ministères et l'association des régions de France, il est conclu pour trois ans et se décline en conventions types pour les acteurs de la région.

À l'école primaire

Le conseil des maîtres de cycle fait le point sur la progression des enfants dans l'acquisition des diverses compétences définies pour chaque cycle. Il formule les propositions de passage des élèves d'un cycle à l'autre ou de maintien dans le cycle, en prenant éventuellement l'avis du réseau d'aides spécialisées (psychologue scolaire, médecin scolaire). Il adresse une proposition aux parents, qui doivent répondre par écrit dans un délai précisé sur le document "Proposition d'orientation". L'absence de réponse équivaut à l'acceptation de la proposition. Les parents peuvent faire appel de la proposition auprès du directeur des services académiques.

Si l'élève rencontre des difficultés scolaires graves et durables auxquelles n'ont pu remédier les actions de prévention, d'aide et de soutien, et l'allongement des cycles (circulaire n° 2006-139 du 29 août 2006), son orientation vers les enseignements généraux et professionnels adaptés (EGPA) peut être envisagée dès la fin du CM1 (voir tableau). Cette décision relève de la compétence de l'inspecteur d'académie, après avis de la commission départementale

1,5

Les élèves issus de milieux défavorisés ont une probabilité 1,5 fois plus forte de redoubler que ceux issus de milieux favorisés.

Modalités d'orientation vers les EGPA des élèves en élémentaire		
Étapes		Documents
CM1 Premier entretien école/famille pour évoquer les difficultés rencontrées par l'enfant et l'éventualité d'une orientation EGPA.		- "Bilan des entretiens avec les représentants légaux de l'élève" (à conserver par le directeur d'école).
CM2 - Bilan psychologique établi par le psychologue scolaire. - À l'issue du conseil des maîtres, avec la participation du psychologue scolaire, si l'orientation reste envisagée : 2ᵉ entretien école/famille pour envisager l'orientation avec la famille et recueillir son opinion. - Constitution du dossier : bilan des entretiens école/famille ; renseignements scolaires ; renseignements psychologiques ; renseignements sociaux le cas échéant ; autres renseignements (si suivi CMPP, CAMPEA, orthophonie…). - Examen du dossier par la commission : les orientations sont adressées à la famille ; les circonscriptions et les écoles sont informées des avis de la commission par courriel.		- "Bilan psychologique" (communiqué sous pli au directeur d'école de la Commission départementale d'orientation – CDO). - "Bilan des entretiens avec les représentants légaux de l'élève" (à compléter), "Lettre d'information aux représentants légaux de l'élève" (à transmettre à al famille). - Documents à télécharger également sur le site ASH par le directeur de l'école, qu'il adresse à l'inspecteur de la circonscription pour avis et transmission à la commission.
Avis favorable de la CDO et accord de la famille : 6ᵉ EGPA.	Avis défavorable de la CDO ou refus de la famille : maintien cycle 3 ou 6ᵉ ordinaire.	

(Source : web17.ac-poitiers.fr/ASH/?Orientation-vers-les-EGPA.)

d'orientation (qu'il préside) et la réponse des parents. Ceux-ci disposent d'un délai de quinze jours, à compter de la date d'envoi de l'avis, pour l'accepter ou le refuser.

Les paliers d'orientation en cycles 3 et 4

Si l'élève rencontre de graves difficultés scolaires persistantes en 6ᵉ ou 5ᵉ, le conseil de classe peut proposer une réorientation vers les EGPA, en saisissant la commission départementale pour l'orientation vers les enseignements adaptés du second degré (CDOEASD). L'orientation après la 3ᵉ est souvent décisive car le système cesse alors de guider tous les élèves vers le même but. C'est aussi la fin de l'obligation scolaire. On constate qu'une majorité d'élèves optent pour une seconde générale ou technologique ; le choix de la voie professionnelle est souvent fait par défaut.
Le choix de la série du baccalauréat (scientifique, économique et social, littéraire, technologique) se fait en fin de seconde ; le plus souvent en fonction des résultats scolaires, parfois par l'expression d'une réelle préférence de l'élève pour certains enseignements.

Éclairage

Lutter contre le décrochage scolaire

L'objectif du ministère est de diviser par deux le nombre de jeunes, sortant sans qualification du système scolaire d'ici 2017. Un nouveau plan a été présenté en 2014 et repris à la rentrée 2015, avec un budget de 50 millions d'euros par an pour "traiter à la fois la prévention du décrochage, le raccrochage et la remédiation". ■

> **"Postuler l'existence d'un projet personnel, et s'y référer, suppose le problème résolu, alors qu'appeler de ses vœux ce projet ne donne aucun moyen de le faire devenir."**
> Philippe Perrenoud, "Mettre la pratique réflexive au centre du projet de formation", *Cahiers pédagogiques*, 2001

→ Conseils / Cycle / Parents / Primaire

Pour aller plus loin

- HCE, *L'orientation à l'école, bilan des résultats de l'école*, 2008.
- eduscol.education.fr/cid48057/priorites-orientation.html

Parcours

On appelle parcours scolaire la progression d'un élève dans les différents degrés du système scolaire. Sa progression suit la structure de l'organisation scolaire, depuis l'entrée en Petite section de l'école maternelle jusqu'à sa sortie du système scolaire, selon son projet. Celui-ci s'inscrit dans la dynamique de personnalisation et d'accompagnement individualisé des apprentissages.

Contexte

Un parcours inscrit dans les textes

La notion de parcours personnalisé est apparue dans la loi du 11 février 2005 sur la scolarisation des enfants handicapés. Rattachée à la logique du socle commun dès 2005, elle est réaffirmée dans la loi sur la Refondation de l'École du 8 juillet 2013. Elle implique une acquisition progressive et continue des connaissances et des compétences par l'élève.

La fluidité du parcours

L'évaluation et la certification des acquis du socle se conçoivent selon la continuité du parcours, en référence aux attendus et aux objectifs de formation des programmes de chaque cycle. Il s'agit de suivre les apprentissages réalisés et le curriculum de l'élève en s'appuyant sur des bilans réguliers. Ils ne conditionnent pas le passage dans la classe supérieure mais constituent une information importante pour l'enfant et sa famille. Si une évaluation met en évidence le niveau insuffisant d'un élève, ou pour éviter qu'il ne le devienne, l'école doit mettre en place des actions de prévention et d'accompagnement. Elles sont proposées dans le cadre normal de la classe ou dans des activités conduites en groupes réduits, par l'enseignant, ou par un professionnel spécialisé selon l'analyse des besoins.

Il y a des moments clefs dans le parcours : le passage de l'école maternelle à l'école élémentaire et le passage de l'école au collège, qui sont souvent des moments de fragilisation des acquis. L'élaboration de dispositifs passerelle garantit à chacun des élèves la réussite dans la suite de leur parcours.

Le suivi personnalisé

La première mesure de personnalisation du parcours scolaire est le recours à une pédagogie différenciée dans la classe. Les **activités pédagogiques complémentaires (APC)** en petits groupes, et les **stages de remise à niveau (SRAN)** proposés durant les vacances prioritairement aux élèves de cycle 3 s'adressent à des élèves qui ont besoin de réponses mieux ciblées. Le **projet personnalisé de réussite éducative (PPRE)** est un programme écrit qui définit, à l'attention des familles, les dispositifs mis en place pour aider l'enfant qui n'a pas acquis les compétences en fin de cycle. Le dossier de suivi conserve la mémoire écrite des actions, il est inséré dans le livret scolaire. Il centralise les informations et constitue le support du dialogue avec les familles. Élément de réflexion du conseil de cycle, ce dossier peut être le point d'appui de toute proposition d'orientation.

8 %

C'est le taux, en moyenne, d'élèves d'école élémentaire bénéficiant d'un PPRE (données de la DGESCO, année scolaire 2012-2013). 6,5 % de collégiens en bénéficient également.

(Source : rapport de la cour des comptes, "Le suivi individualisé des élèves, une ambition à concilier avec l'organisation du système éducatif".)

Le livret scolaire et le livret personnel de compétences (LPC)

Le suivi des acquis se concrétise par l'évaluation portée dans le livret scolaire. Le livret scolaire comporte souvent les documents d'évaluation périodique en usage dans l'école. En fin d'école maternelle, un bilan des acquisitions réalisé en Grande section sert de "passerelle" avec le CP. Le livret scolaire est remis aux parents en fin d'école primaire. Le livret personnel de compétences atteste l'acquisition des compétences du socle commun, au palier 1 et au palier 2 pour l'école primaire. En 2012, sa forme a été simplifiée. Elle est revue dans la logique du nouveau socle qui s'applique à la rentrée 2016. Les résultats relatifs à la maîtrise des compétences du palier 2 de l'école, ainsi que les résultats aux évaluations sont transmis pour permettre la préparation au collège (circulaire n° 2008-155 du 24 novembre 2008 sur la mise en œuvre du livret scolaire). Pour accompagner le programme 2015 de l'école maternelle, le ministère conseille aux équipes de pratiquer une évaluation positive (observation attentive des élèves) qui permet de mettre en évidence le cheminement et les progrès de chacun des élèves. Un livret de suivi des progrès, complété régulièrement et transmis aux parents, est préconisé.

Éclairage

Un exemple de remédiation

L'enseignante de Jeanne (CM2) remarque des problèmes dans la production écrite pour enchaîner plusieurs phrases. Afin de conforter ce constat, elle lui donne des phrases à remettre dans l'ordre pour reconstituer un paragraphe. Jeanne ne réussit pas et se bloque. Son enseignante lui demande de verbaliser ses difficultés et s'aperçoit qu'elle comprend mal la logique de construction des phrases et leurs articulations. Lors d'échanges avec l'équipe, le constat est confirmé. Le maître de réseau rappelle qu'elle a bénéficié d'une prise en charge en CE1 et qu'elle est suivie par une orthophoniste depuis le CM1. L'équipe décide de rédiger un document qui organise toutes les aides qui sont proposées et celles qu'il faut envisager. Le document informe la famille des modalités retenues pour une durée initiale de sept semaines. À chaque séance de français, l'enseignante demande à Jeanne de résumer par oral les différentes étapes de son travail. En EPS, elle lui demande de formuler à l'oral les tâches successives que les élèves ont à faire. Elle lui fait travailler l'organisation de paragraphes selon des idées enchaînées, à l'aide de supports différents. Jeanne construit une fiche méthodologique qu'elle utilise quand elle passe à l'écrit. Tous les intervenants prennent soin de suivre de façon particulière ses écrits. À l'issue des sept semaines, l'équipe fait le point et évalue la suite à donner au parcours individualisé. ■

> **« Il faut se placer du point de vue de l'élève, de son curriculum de formation, comme suite d'expériences de vie qui ont contribué à forger sa personnalité, son capital de connaissances, ses compétences, son rapport au savoir, son identité. [...] Même de vrais jumeaux, élevés et scolarisés ensemble, ne suivent pas le même parcours de formation. »**
>
> Philippe Perrenoud, *La pédagogie à l'école des différences*, ESF Éditeur, 1995

→ Différenciation / Évaluation / Handicap / Remédiation / Socle

Pour aller plus loin

- http://eduscol.education.fr/pid23263/individualisation-des-parcours.html
- www.unige.ch/fapse/SSE/teachers/perrenoud/php_main/php_1996/1996_32.html

Parents

Les parents des élèves sont membres à part entière de la communauté éducative depuis la loi d'orientation de 1989. Ils ont un double statut, co-éducateur de leurs enfants et partenaires dans certaines conditions.

Contexte

Rôle et place des parents

Une collaboration étroite et la responsabilité partagée entre l'école et la famille conditionnent la réussite scolaire. Elle se réalise grâce à un dialogue constant qui permet d'assurer l'effectivité des droits des parents: droit d'information et d'expression, droit de participation.

Les parents siègent dans la plupart des instances existantes aux différents niveaux de l'Éducation nationale: conseil d'école, équipe éducative, conseil de ZEP... Ils ont des droits: gratuité de l'enseignement, droit à l'information... Mais ils ont également des devoirs: obligation scolaire, en matière de santé, de protection de l'enfant, de respect de la laïcité... Leur droit à l'information est garanti par des réunions en début d'année, des rencontres parents-enseignants au moins deux fois par an, une information régulière sur les résultats et le comportement scolaires de leurs enfants. Les enseignants ont l'obligation de répondre aux demandes d'information et d'entrevues. L'examen des conditions d'organisation du dialogue parents-école est précisé à l'occasion de la première réunion du conseil d'école.

Les parents disposent de plusieurs outils de dialogue: le conseil d'école, où siègent les représentants des parents; les réunions de rentrée dans chaque classe; le carnet de liaison; les rendez-vous individuels; le livret scolaire.

Aider les parents à comprendre l'école

Les parents sont régulièrement informés sur l'organisation et le fonctionnement de l'école; des réunions répondant aux préoccupations des familles peuvent être organisées. Pour animer les débats avec les parents, les équipes éducatives peuvent s'appuyer sur des outils comme les actions éducatives familiales, la mallette des parents, les Réseaux d'écoute, d'appui et d'accompagnement des parents ou les contrats locaux d'accompagnement scolaire, etc.

L'aménagement des "espaces parents", lieux principalement dédiés aux rencontres individuelles ou collectives, facilite la participation des familles, les échanges et la convivialité. Des actions et projets collectifs, en lien avec le projet d'école, peuvent être proposés par les parents d'élèves, leurs représentants et leurs associations.

L'exercice conjoint de l'autorité parentale

La notion d'autorité parentale est définie dans l'article 371-1 du code civil comme "un ensemble de droits et de devoirs ayant pour finalité l'intérêt de l'enfant".

45,86 %

C'est le taux de participation aux élections de représentants des parents dans le 1er degré en octobre 2014 (46,03 % en 2013), soit 4 281 268 votants (-0,17 point par rapport à 2013). Nombre de sièges pourvus dans le 1er degré: 243 571 sièges pourvus sur 246 834 à pourvoir, soit 98,67 % (96,86 % en 2013). Répartition des sièges (1er degré): FCPE 14,17 %, PEEP 2,36 %, UNAAPE 1,52 %, Associations locales non affiliées 13,73 %, listes parents non constituées en associations 62,03 %, listes d'union 6,19 %.

Conseils pratiques aux parents

La réussite de la scolarité de l'enfant est liée au dialogue qui s'établira entre les personnels de l'école et les parents et de leur implication dans l'accompagnement de sa scolarité. Accompagner l'enfant dans sa scolarité, c'est:

- L'encourager dans sa découverte de la lecture et de l'écriture et dans sa recherche d'autonomie.
- Développer son sens des responsabilités, lui apprendre le nécessaire respect de lui-même et des autres ainsi que l'utilité des règles de vie commune.
- L'aider à acquérir une certaine hygiène de vie (sommeil et alimentation équilibrés, hygiène corporelle, activités physiques, etc.) qui le rendra plus disponible pour apprendre mais aussi, à l'adolescence, pour affronter les tentations de conduites à risques.

En cas de questions, de difficulté ou seulement d'inquiétude, les personnels de l'école, enseignants, psychologues scolaire et personnels médicaux et sociaux (de l'Éducation nationale ou des collectivités locales) peuvent, chacun pour ce qui les concerne, informer ou conseiller les parents, l'enfant.

Ces droits et devoirs conférés aux parents revêtent des aspects juridiques (ex.: fonction d'éducation, de direction et de surveillance à l'égard de l'enfant) et matériels. L'exercice conjoint de l'autorité parentale, ou coparentalité, est le régime de principe pour les parents quelle que soit leur situation matrimoniale. Les parents exerçant conjointement l'autorité parentale sont coresponsables de leurs enfants. L'école doit entretenir avec les deux parents, même séparés, des relations de même nature, leur faire parvenir les mêmes documents (convocations, bulletins scolaires, etc.) et répondre à leurs demandes d'information ou de rendez-vous.

Éclairage

Les nouvelles formes de parentalités

Les fonctions maternelle et paternelle sont touchées par les changements au sein de la société. Un rapport du Sénat publié en 2006 parle de nouvelles formes de parentalités, avec des parcours familiaux de plus en plus instables. Depuis la loi votée en 2014, des mesures nouvelles encadrent les parentalités. Par exemple le "mauvais parent" peut être verbalisé, notamment en cas d'absence, ou de carence éducative avérée. La loi classe explicitement tout changement d'adresse comme un acte important pour l'enfant, ainsi que tout changement d'école. Le statut du "beau parent" est mieux reconnu. ■

“Le couple, ce n'est plus ce qui, avec deux, ne fait qu'un – parlant par la voix du mari, portant le nom du mari. C'est ce qui, avec un et un, fait deux. Ce qui suppose d'harmoniser deux voix différentes.”
Irène Théry, entretien à *Télérama*, 2011

→ Conseils / Droits de l'enfant / Orientation / Partenaires

Pour aller plus loin

- Irène Théry, Anne-Marie Leroyer, *Filiation, origines, parentalité*, Odile Jacob, 2014.
- www.education.gouv.fr/cid2659/les-parents-d-eleves.html
- http://eduscol.education.fr/pid26667/mallette-des-parents.html

Partenariat

Le partenariat se définit comme une association active de différents intervenants qui mettent en commun leurs efforts, leurs compétences au profit d'un objectif commun. Il implique une responsabilité partagée et une mise en adéquation de compétences et d'intérêts.

Contexte

Remontant au XVIIIe siècle, de l'anglais *partner*, la notion de partenariat est liée à celle d'ouverture de l'école. La circulaire de 1981, qui crée les Zones d'éducation prioritaire, parle des "*partenaires habituels de l'école*" c'est-à-dire les collectivités locales, les services de soins et de santé essentiellement, les associations de proximité. Pour les parents, on parle souvent de partenaires d'éducation ou encore de coéducation entre école et familles. À partir de la loi d'orientation de 1989, les partenaires sont incités à partager avec l'école des missions qui relevaient auparavant de sa seule compétence : l'organisation du soutien scolaire, les aides au devoir, par exemple. L'image de l'école évolue vers une forme plus accomplie, celle de la communauté éducative, une école inscrite dans son environnement et qui agit en collaboration avec lui.

Les partenaires interviennent aux côtés de l'école dans le respect des compétences de chacun. Il faut distinguer les partenaires institutionnels, et les partenaires que l'école sollicite pour l'aide qu'ils peuvent apporter à la réalisation de ses objectifs d'enseignement. Pour l'école primaire, il existe un partenariat spécifique avec les délégués départementaux de l'Éducation nationale (DDEN), qui siègent au conseil d'école et veillent en particulier aux questions matérielles.

Les associations complémentaires

Elles accompagnement les projets de l'école et peuvent intervenir aux côtés des enseignants à condition d'être agréées. Le Conseil national des associations éducatives complémentaires de l'enseignement public (CNAECEP) veille à la qualité du partenariat dans le respect des principes de l'École. Il délivre ou non son agrément et favorise la concertation entre le Ministère et ses partenaires. Parmi intervenants les plus connus dans l'école, on peut citer la Ligue de l'enseignement, l'office central de la coopération à l'école (OCCE), la fédération des associations départementales des Pupilles de l'enseignement public PEP, les CEMEA et FRANCAS qui forment les animateurs.

Les parents, partenaires d'éducation

Les parents qui siègent dans les instances locales et nationales peuvent appartenir à des fédérations. Deux d'entre elles jouent un rôle plus important au niveau national :
- la Fédération des conseils de parents d'élèves (FCPE), créée en 1947 pour "propager et défendre l'idéal laïque",
- la Fédération des parents d'élèves de l'enseignement public (PEEP), qui souhaite "opposer le pouvoir de la famille à celui de l'État éducateur".

Beaucoup de parents qui siègent au conseil des écoles, notamment dans les petites écoles, sont des parents "indépendants".

Éclairage

Un exemple de partenariat

Le projet d'accompagnement à la scolarité de la commune de Saint-Priest (69) s'appuie sur le partenariat avec des associations locales d'aide au travail scolaire et les écoles. Il comporte 4 axes :

Les différents types de partenariat

- **Les partenaires institutionnels "naturels" :** les collectivités locales, selon le principe de décentralisation c'est-à-dire les communes, les départements, et les régions financent des locaux, du matériel d'enseignement et du personnel.
- **Les partenaires institutionnels des autres ministères** pour des actions en compétences partagées, dans le cadre de projets contractualisés où peuvent intervenir des financements (classes à projet artistique et culturel via les DRAC, agriculture, justice, santé, famille, sport...).
- **Les organismes externes :** culturels, socioculturels, scientifiques ou techniques ; les cellules éducatives et pédagogiques sont souvent des partenaires pour les enseignants dans le cadre de projets.
- **Les associations agréées et/ou subventionnées par l'Éducation nationale** et les associations européennes, qui sont des interlocuteurs pour des actions de sensibilisation, des projets avec financement éventuel.
- **Les représentants du monde économique**, entreprises et organisations professionnelles dans le cadre de projets avec financement éventuel.

1. Les savoirs à construire et à décontextualiser dans et hors de l'école : former les encadrants à construire des activités qui réutilisent les savoirs acquis à l'école ; permettre aux parents d'utiliser les situations quotidiennes pour transférer les savoirs scolaires.
2. Rendre l'école lisible et visible : prendre en compte les parents dans les temps d'accompagnement des élèves ; mettre en place un accompagnement des parents dans leurs relations avec l'école ; mettre en place un accompagnement des enseignants dans leurs relations avec les parents ; développer un portail internet de ressources pour les parents, les enfants et les professionnels.
3. L'ouverture à la culture et à l'environnement : renforcer le lien école-structures culturelles ; développer les pratiques artistiques sur les temps d'accompagnement à la scolarité ; créer un nouveau type d'offre qui s'articule sur les temps de loisirs en utilisant le potentiel local ; développer la culture scientifique.
4. Le travail personnel de l'élève : mieux préparer en classe le travail demandé ; rendre compréhensible pour l'élève, les parents, les accompagnants, l'objectif et la méthode du travail demandés par l'école ; apprendre à l'enfant à développer une méthodologie personnelle de travail adaptée à chaque apprentissage. ■

« Le partenariat entre institutions suppose le constat de problèmes communs, le diagnostic de l'intérêt d'une action concertée, la définition d'objets cadrés dans le temps, la répartition claire des zones d'intervention et de responsabilités de chacun, des modalités de régulation de l'action en cours, le souci d'établir des procédures d'évaluation de l'action selon des critères acceptés par chacun des partenaires. »
Danielle Zay, *Dictionnaire encyclopédique de l'éducation et de la formation*, Nathan, 1998

→ **Décentralisation / Parents / Projet / Système éducatif**

Pour aller plus loin

- Dominique Glasman (dir.), *L'école réinventée ? le partenariat dans les zones d'éducation prioritaire*, L'Harmattan, 1992.
- Danielle Zay, *Prévenir l'exclusion scolaire et sociale des jeunes. Une approche franco-britannique*, PUF, 2005.
- www.education.gouv.fr/pid24459/les-partenaires.html

Pédagogie

Du grec *paidos*, “enfant” et *gogia*, “conduire”, la pédagogie est étymologiquement la “direction des enfants”. Le terme désigne les méthodes d’enseignement et d’éducation et les qualités requises pour transmettre une connaissance, un savoir ou un savoir-faire. Par extension, l’expression “faire preuve de pédagogie” signifie l’aptitude à enseigner et à transmettre un savoir ou une expérience par l’usage des méthodes les plus adaptées au public concerné.

Contexte

L’art de l’éducation

Dans la Grèce antique, le pédagogue était le premier des esclaves, celui qui avait la confiance des maîtres puisqu’il devait remplir la délicate mission d’amener l’enfant à l’école. Le “pédagogue” devait non seulement décider du chemin pour se rendre à l’école, mais aussi choisir les disciplines que l’on devait enseigner à l’enfant (l’escrime ou les mathématiques, la natation ou la versification) ainsi que les précepteurs chargés de ces enseignements.

Vers un statut scientifique de la pédagogie

À la fin du XIXe siècle, les pédagogues revendiquent pour la pédagogie un statut scientifique, en précisant que son but n’est pas de décrire ou d’expliquer, mais de diriger l’action. La pédagogie n’est pas seulement une pratique, elle est aussi une recherche méthodique sur les fins et les moyens de l’éducation. Elle se nourrit de connaissances scientifiques qui lui permettent d’élaborer des théories, et non des conseils, des directives ou des recettes. Le pédagogue est un décideur ; pour être efficace son action doit être éclairée par la connaissance. Elle a une double visée : améliorer une situation réelle et comprendre les déterminants psychologiques, historiques, sociaux… et les principes générateurs de l’action éducative.

En France, les sciences de l’éducation sont aujourd’hui largement aux mains des didacticiens et des sociologues, après avoir été dominées, à l’origine, par les psychologues. Les psychologues sont aujourd’hui marginalisés, souvent cantonnés dans le traitement des formes pathologiques de l’échec scolaire. Pourtant, des questions comme la mémoire, l’attention ou la psychologie des groupes sont essentielles pour la réflexion pédagogique.

Pour Philippe Meirieu, les pédagogues sont des “*artisans d’humanité qui se coltinent l’éducation d’êtres de chair et de sang, sans renoncer à aborder avec eux, un jour ou l’autre, aux rives de l’universalité*”.

Le triangle pédagogique

Dans un modèle de compréhension, en 1988, Jean Houssaye définit tout acte pédagogique comme l’espace entre trois sommets d’un triangle : l’enseignant, l’élève, le savoir. Les côtés du triangle sont les relations nécessaires à l’acte pédagogique. La relation didactique est le rapport qu’entretient l’enseignant avec le savoir et qui lui permet d’enseigner. La relation pédagogique est le rapport qu’entretient l’enseignant avec l’élève et qui permet le processus de formation. La relation d’apprentissage est le rapport que l’élève va construire avec le savoir dans sa démarche pour apprendre.

Les méthodes pédagogiques

Une méthode pédagogique décrit les moyens adoptés par l’enseignant pour favoriser l’apprentissage et atteindre ses

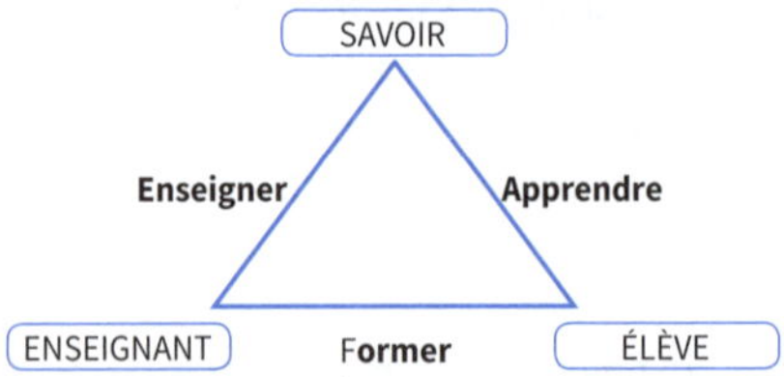

objectifs. Il peut valoriser plutôt à un instant donné une méthode qu'une autre. Une méthode pédagogique comprend un ensemble de composantes variées et qui peuvent être combinées. Elle se définit par cinq caractéristiques :

- **Le degré de didactisation** renvoie à la position des savoirs enseignés par rapport aux pratiques sociales de référence. Cela peut amener à débattre des "méthodes traditionnelles" et des "méthodes actives", cours magistral et pédagogie de projet.
- **Les situations pédagogiques** proposées par les différentes méthodes peuvent être classées en situations impositives collectives (le cours magistral et ses variantes technologiques : film, télévision, etc.), situations interactives (toutes les formes de travail de groupe) et situations individualisées (qui vont de l'entretien individuel à la lecture individuelle d'un ouvrage, l'interrogation écrite ou l'exercice grâce à un didacticiel).
- **Les outils d'apprentissage** peuvent être divers : texte écrit, parole, corps, objets de toutes sortes à manipuler ou technologies éducatives. Une même situation peut utiliser des outils différents.
- **Le type de relation pédagogique** renvoie au mode de gestion, plutôt directif, plutôt non directif ou un équilibre trouvé entre deux extrêmes.
- Une méthode pédagogique se caractérise enfin par **son mode d'évaluation**. La manière d'évaluer est une composante essentielle de toute la méthode.

Éclairage

La pédagogie active

Adolphe Ferrière, au début du XXᵉ siècle, a été parmi les premiers à utiliser l'appellation "école active". La pédagogie active est un des fondements du courant d'éducation nouvelle. Elle a pour objectif de rendre l'élève acteur de ses apprentissages, afin qu'il construise ses savoirs à travers des situations de recherche. Les situations pédagogiques proches de la réalité connue des enfants concrétisent les concepts abordés. Elle permet une transposition facile à la réalité quotidienne.

Les modules d'apprentissage doivent avoir du sens pour les élèves, pour qu'ils puissent s'approprier l'enseignement et mieux mémoriser les contenus.

L'intérêt des scénarios retenus et la conception de bons supports de travail doivent mobiliser les élèves, susciter une attention constante et conforter la mémorisation. L'adaptation et la diversité des situations d'apprentissage sont garantes de la motivation des élèves, elles favorisent les interactions entre eux. ■

> **« La pédagogie est donc à la fois la science et l'art de l'éducation ; [...] mais comme il faut choisir, je n'hésiterai pas à définir la pédagogie simplement : la science de l'éducation. »**
>
> Ferdinand Buisson, *Dictionnaire de pédagogie*, Hachette, 1887

→ **Didactique / Meirieu / Méthode / Pestalozzi**

Pour aller plus loin

- Dir. Jean Houssaye, *La pédagogie : une encyclopédie pour aujourd'hui*, ESF, 2013.
- Philippe Meirieu, *La pédagogie entre le dire et le faire*, ESF, 1995.
- Michel Soëtard, *Qu'est ce que la pédagogie ?*, ESF, 2001.

Pédagogie inversée

Importée des États-Unis, la pédagogie inversée consiste à faire découvrir une matière à l'élève chez lui ou en classe, à partir d'un travail sur documents (lectures, vidéos...) donné par l'enseignant. La séance en classe devient un moment de synthèse et permet de stabiliser l'essentiel à partir de la réflexion active des élèves.

Contexte

Une expérimentation américaine

Expérimentée à l'université de Harvard dans les années 1990 par le professeur Eric Mazur, la pédagogie inversée a été développée à partir des années 2000 par le mathématicien américain Salman Kahn, qui publie d'abord des vidéos pour aider des enfants de sa famille en mathématiques, avant de fonder la Kahn Academy, qui prône un espace web d'apprentissage gratuit et libre pour tous. Ces deux professeurs se demandaient comment captiver des élèves très souvent absents. Ils ont eu l'idée d'enregistrer leurs cours, que chaque élève pouvait visionner quand il voulait. Ils ont observé des effets positifs : moins d'absentéisme, plus d'interactivité en classe. Avec la pédagogie inversée (de l'anglais *flipped classrooms*, classes inversées), le professeur n'a plus à répéter son cours d'une classe à l'autre. Il passe davantage de temps à expliquer, à faire réfléchir ses élèves. Il discute de ce qui n'a pas été compris. Les élèves ne sont plus passifs en classe. Ils deviennent acteurs de leurs apprentissages. La pédagogie inversée fait partie des nouveaux dispositifs dont l'usage se répand grâce aux réseaux de communication numérique. Elle semble être au confluent de trois courants : les approches par compétences ou par programmes, les méthodes actives et l'usage "à valeur ajoutée" des TIC. Elle repositionne les espaces-temps traditionnels de l'enseigner-apprendre. L'enseignement peut être regardé comme la mise à disposition de l'élève d'occasions où il puisse apprendre.

Un nouveau modèle de classe

La pédagogie inversée chamboule les rôles traditionnels à l'école.

Dans le modèle traditionnel, l'apport magistral (la leçon) est fait en classe, par l'enseignant, suivi par des exercices puis repris dans des situations d'application, révisé et éventuellement revu à la maison via les leçons, les recherches. Dans la pédagogie inversée, la notion est d'abord découverte par l'élève, chez lui ou à l'école. Il arrive en classe "chargé" de questions, d'interrogations et d'envies. En classe, l'enseignant va proposer des "tâches complexes" liées à ce qui a été vu, à de la manipulation, des questionnements, des échanges d'idées, des travaux de groupe. Il guide les élèves, les accompagne de manière plus individualisée.

Ce dispositif se rapproche des démarches actuelles qui recherchent des solutions alternatives pour des enfants qui sont démotivés, peinent à se saisir des cadres traditionnels de l'école pour développer leurs apprentissages. Elles s'appuient sur le désir naturel de savoir, leur redonnent confiance en leurs capacités pour construire leur parcours et grandir.

3 à 4

C'est le nombre de point de progression des notes pour les mêmes évaluations, sans puis avec la pédagogie inversée.

Les paramètres à prendre en compte

Pour l'enseignant, préparer sa "classe inversée" l'amène à bien réfléchir à différents paramètres :

- les informations, les ressources proposées comme **sources** de l'apprentissage ;
- les **motivations** des élèves à apprendre pour qu'un apprentissage de qualité puisse prendre place et pour que les connaissances fassent sens pour l'enfant ;
- les activités, les **outils** mis à la disposition de l'élève pour qu'il puisse construire de nouvelles connaissances et de nouvelles compétences validées au travers des activités proposées ;
- la forme et les contenus des **interactions** au cours des périodes de travail collectif, du travail individuel et de la synthèse, importante, menée par l'enseignant ;
- les **productions** : dans quelles conditions le travail est produit, comment, les traces de l'apprentissage effectué.

Éclairage

Une expérimentation en CE1

Carole enseigne en CE1 dans une école en regroupement pédagogique de 9 communes en milieu rural, qui bénéficie de technologies numériques (ENT) et d'une classe mobile. Depuis septembre 2012, elle expérimente un protocole de pédagogie inversée sur proposition de sa circonscription.

La classe est divisée en trois groupes hétérogènes de 7 à 8 élèves. Chaque groupe a un plan de travail qui indique précisément la tâche à faire. Les groupes tournent environ toutes les 10 minutes. L'enseignante utilise une vidéo d'environ 2 minutes (capsule) réalisée avec le logiciel du TNI. Les enfants peuvent ainsi la consulter à volonté sur l'ENT. C'est un apport de connaissances qui permet aux élèves d'aborder la phase d'interaction avec "un petit bagage".

Les élèves se regroupent pour confronter ce qu'ils ont compris ou pas. Les autres groupes font des exercices d'entraînement ou de remédiation sur des notions abordées lors de séances précédentes.

L'interaction est la phase essentielle d'apprentissage ; elle structure la prise de connaissances des élèves. Pour synthétiser tout ce que rapportent les élèves, le groupe construit une carte mentale. Cette phase permet d'arriver à la maîtrise de la compétence. L'enseignante relève quatre intérêts majeurs : un grand calme dans la classe ; des élèves toujours en activité, pleinement investis et acteurs dans les phases d'apprentissage ; un travail en petits groupes qui permet de bien cerner les acquis ou les difficultés de chaque élève ; une capsule qui peut être écoutée à volonté par les élèves (à la maison par exemple). ■

“On comprend que ce modèle pédagogique soit particulièrement attractif : à l'ère du numérique, au moment où tant de ressources documentaires sont disponibles, le professeur voit ainsi son rôle renouvelé et peut se consacrer pleinement à l'appropriation des connaissances.”
Philippe Meirieu, www.meirieu.com

→ **Classe / Didactique / Magistrale / Parcours / Pédagogie**

Pour aller plus loin

- Alain Taurisson, Claire Herviou, *Pédagogie de l'activité, pour une nouvelle classe inversée*, ESF éditeur, 2015.
- www.classeinversee.com/
- http://clic2015.sciencesconf.org/
- www.cndp.fr/crdp-reims/index.php?id=1881
- /www.cndp.fr/agence-usages-tice/temoignages/la-pedagogie-inversee-1217.htm

PISA

Le programme PISA (acronyme pour *Pogram for International Student Assessment*, en français Programme international pour le suivi des acquis des élèves) est un ensemble d'études menées par l'OCDE et visant à la mesure des performances des systèmes éducatifs des pays membres et non membres. La publication des études est triennale.

Contexte

Un outil de lecture des performances

Le programme PISA a pour but de fournir aux pays membres de l'OCDE et aux pays participant à l'enquête, des informations sur les performances des jeunes de 15 ans en lecture, en mathématiques et en sciences. Les résultats servent à établir en priorité trois types d'indicateurs :

- des indicateurs de performance dans les trois domaines de compétences testés : lecture, mathématiques et sciences ;
- des indicateurs contextuels permettant d'associer les résultats aux caractéristiques des élèves et des établissements ;
- des indicateurs de tendances montrant l'évolution des résultats et des indicateurs contextuels au fil du temps.

Les critères d'évaluation

Les compétences évaluées sont définies comme celles dont tout citoyen européen a besoin pour évoluer dans sa vie quotidienne. Il s'agit d'évaluer la façon dont les jeunes sont capables d'exploiter et de transférer ce qu'ils ont appris pour agir et se débrouiller dans la vie. Les indicateurs dégagés doivent permettre aux pays d'identifier les facteurs de succès, les facteurs exogènes, notamment le milieu social économique et culturel des familles, le cadre offert par l'établissement scolaire et le fonctionnement du système éducatif national. Il s'agit aussi de réfléchir sur des données propres à l'acte d'apprendre (motivation des élèves, estime d'eux-mêmes, stratégies d'apprentissage). Chaque évaluation traite d'une compétence particulière, en 2000 et 2009 la lecture, en 2003 et 2012 les mathématiques, en 2006 et 2015 les sciences.

L'évolution des performances des élèves entre 2003 et 2012

Les résultats PISA 2012 (mathématiques) montrent que de nombreux pays ont amélioré leur performance, quels que soient leur niveau socio-économique et culturel. Sur les 39 pays et économies qui ont participé aux évaluations PISA 2003 et 2012, le Mexique, la Turquie et l'Allemagne sont parvenus à améliorer leur score en mathématiques. Le degré d'équité de leur système d'éducation a progressé. En moyenne, les élèves issus de milieux socio-économiques plus favorisés obtiennent en mathématiques 39 points de plus que les élèves issus de milieux moins favorisés. Les élèves préscolarisés pendant plus d'un an ont obtenu en mathématiques 53 points de plus – soit l'équivalent de plus d'une année d'études – que les élèves qui n'ont pas été préscolarisés. Le pourcentage d'élèves issus de l'immigration a augmenté, mais il ne constitue pas un facteur influant sur les performances.

16

C'est le nombre de points "perdus" par la France sur l'échelle de culture mathématique (PISA 2012). Le pourcentage d'élèves en difficulté en culture mathématique en France est de 22,4 %.

Que nous apprennent les résultats ?

Les résultats 2012 (mathématiques) montrent que les contenus des programmes scolaires et le travail des enseignants sont déterminants pour la transmission des compétences en résolution de problèmes.

L'anxiété vis-à-vis des mathématiques détermine la performance. Les élèves ouverts à l'idée de résoudre des problèmes mathématiques ont le sentiment d'être capables de traiter beaucoup d'informations et cherchent les liens entre des faits pour les comprendre. De bonnes relations entre élèves et enseignants sont en forte corrélation avec le comportement et donc les performances des élèves. Les ambitions que les parents ont pour leurs enfants ont également une incidence sur la confiance que ceux-ci peuvent avoir dans leurs capacités à résoudre des problèmes mathématiques. Par ailleurs, le manque de ponctualité et l'absentéisme sont en corrélation avec les performances des élèves. Si les filles font jeu égal avec les garçons dans la performance, elles se jugent moins persévérantes. PISA démontre que les systèmes les plus performants et équitables sont ceux qui luttent le mieux contre les déterminismes sociaux et qui limitent les écarts de niveaux entre les élèves. Dans le cadre de ses politiques d'éducation prioritaire, l'État français renforce les moyens et les concentre sur les territoires où les élèves en ont le plus besoin. Les dispositifs "plus de maîtres que de classes", "scolarisation des moins de trois ans" en sont des exemples. La refonte de la formation initiale des enseignants dans les ESPE, l'entrée de l'école dans l'ère du numérique sont des actions destinées à venir en aide aux élèves qui rencontrent les plus grandes difficultés. Les programmes scolaires conçus sur des dynamiques de cycles revues deviennent des outils au service des pratiques pédagogiques. Il s'agit de mieux personnaliser les parcours des élèves les plus fragiles.

Éclairage

Évaluation de la France

L'édition 2012 a mis l'accent sur le niveau des élèves de 15 ans en mathématiques. Les statisticiens de l'OCDE situent la France à la 25e place sur 65 participants – à la 18e sur les 34 pays membres de l'OCDE. Avec un score de 495 points, elle est tout juste dans la moyenne des pays de l'OCDE, mais loin derrière ceux qui lui ressemblent en termes de niveau de vie et de richesse économique. Si l'on ne tenait compte que des performances des élèves issus de milieux sociaux favorisés, la France se situerait dans le premier quart du classement (13e). En revanche, en ne comptabilisant que les élèves les plus défavorisés, elle perdrait vingt places, pour figurer au 33e rang. L'OCDE salue toutefois les orientations de la refondation de l'école (2013) et indique la voie à suivre : les systèmes les plus équitables, ceux qui luttent le mieux contre les déterminismes sociaux et qui limitent les écarts de niveaux entre les élèves sont souvent aussi les plus performants. ■

> « L'équité au service de l'excellence : offrir à chaque élève la possibilité de réussir. »
> Devise PISA

→ Compétences / Évaluation / Système éducatif

Pour aller plus loin

- www.oecd.org/pisa/aboutpisa/pisa-en-francais.htm
- www.education.gouv.fr/pisa2012/

Polyvalence

La polyvalence est définie (arrêté du 22 février 1995) comme la maîtrise par un maître unique des procédures d'enseignement et des techniques d'évaluation pour permettre la construction cohérente des compétences disciplinaires et transversales attendues des élèves. L'exercice du métier de professeur en école primaire s'appuie sur le concept de polyvalence.

Contexte

Une spécificité de l'école primaire

La spécificité de l'école primaire est liée à la polyvalence de l'instituteur. La polyvalence est d'abord historique : le déploiement progressif d'un enseignement à partir du savoir-lire et du savoir-compter pour l'instituteur se démarque du professeur spécialiste de sa discipline. Elle est devenue une culture des savoirs. Le terme de "polyvalence" est lui-même polysémique, il exprime :

- Une maîtrise professionnelle de l'ensemble des disciplines ou des domaines à aborder. Il s'agit de pluridisciplinarité, en opposition à la spécialisation qui caractériserait l'expertise dans une discipline ;
- La capacité à créer des liens entre les disciplines : c'est la notion d'interdisciplinarité. La mise en cohérence des apprentissages donne du sens à l'acte d'apprendre ;
- La conception d'un apprentissage qui contribue à développer chez l'élève des compétences transversales. La discipline ne représenterait pas une fin en soi, elle est au service d'acquisition d'outils, de ressources mobilisables pour des objectifs de formations ultérieurs. C'est la notion de transdisciplinarité.

La polyvalence du professeur des écoles est un des éléments forts du référentiel de compétences. La maîtrise disciplinaire ne relève pas d'un exercice instrumental mais d'un apprentissage cognitif et culturel dont les champs d'application se répondent et s'enrichissent mutuellement. Elle révèle la complexité d'une action professionnelle qui est l'aspect concret de la relation éducative et du travail scolaire. Il s'agit de mettre en réseau toutes les dimensions de l'école, éducative, culturelle, environnement, partenaires, mise en projet…

Polyfonctionnalité et polyintervention

La polyfonctionnalité se réfère à l'idée que l'enseignant doit, en plus d'enseigner, éduquer des élèves. Il se trouve fréquemment amené à exercer d'autres fonctions qu'enseigner. La nécessité de travailler en équipe au sein de l'école ou d'établir des liens avec différents partenaires implique par ailleurs pour lui une multitude de fonctions.

Le concept de polyintervention décrit l'intervention du maître dans divers contextes : l'hétérogénéité des populations sur lesquelles il intervient, la ruralité, le classement en zone sensible, la constitution des classes, la taille des écoles, la présence d'enfants du voyage, d'enfants de migrants…

Un rapport ambivalent

Des recherches ont montré que certains enseignants vivent leur polyvalence d'une façon ambivalente, ils la défendent au plan

12

12 disciplines doivent être maîtrisées par le professeur des écoles pour qu'il soit réellement polyvalent : français, mathématiques, sciences, technologie, informatique, anglais (ou allemand), histoire, géographie, instruction civique, EPS, musique, dessin et peinture.

De la polyvalence formelle à la polyvalence réelle

Une enquête nationale réalisée en 1997 par une équipe de l'INRP a évalué les écarts entre polyvalence formelle et polyvalence réelle chez des enseignants d'élémentaire. Elle montre que plus de la moitié des enseignants reconnaissent qu'ils n'enseignent pas eux-mêmes l'ensemble des domaines. Cette situation augmente d'autant plus que l'âge des élèves s'élève. Elle ne dépend pas des caractéristiques personnelles des enseignants mais plutôt de variables contextuelles telles que la dimension de l'école et sa localisation : les échanges entre enseignants sont plus fréquents dans les écoles urbaines importantes. L'enseignement du français ainsi que celui des mathématiques sont les domaines dans lesquels les enseignants s'impliquent le plus, tandis que l'EPS, les disciplines de la "sensibilité" comme les arts visuels, la musique, ainsi que les langues vivantes sont les plus délaissées et les plus fréquemment déléguées à des collègues mais aussi à des non enseignants. Dans ces disciplines lorsque le maître enseigne seul, les horaires sont inférieurs aux horaires recommandés dans les IO. Le recours à des intervenants extérieurs normalise cette situation, à l'exception cependant de l'EPS. À l'école maternelle la polyvalence est mieux préservée.

Publié in "Revue Française de Pédagogie", n° 134, janvier-février-mars 2001

des principes, mais apprécient quand des intervenants prennent en charge une partie des enseignements, comme le font en EPS, musique et arts visuels les PVP – professeur de la ville de Paris. Ils y sont attachés comme élément de leur identité professionnelle qui les différencie de leurs collègues du secondaire. Ils reconnaissant que le maître polyvalent peut appréhender l'enfant dans sa globalité et présenter les savoirs dans leur unité. Dans la réalité concrète et quotidienne de la classe, la polyvalence peut être pesante. Les décloisonnements, les échanges de services, l'appel à des intervenants extérieurs… marquent un écart par rapport à la polyvalence théorique prescrite.

Éclairage

Organiser la polyvalence dans l'enseignement de l'EPS, au cycle 2

En menant des activités sportives, des compétences d'autres disciplines sont sollicitées et associées. Par exemple :

- **Maîtrise de la langue :** débats sur des actions, dialogue entre élèves, expression, vocabulaire spécifique du corps, des objets utilisés
- **Mathématiques :** calcul de scores, tracés géométriques, mesures de temps, distances Découverte du monde : représentation de l'espace, planification dans le temps, découverte du vivant, hygiène corporelle, découverte des objets et de règles de manipulation
- **Compétences transversales :** écoute, sécurité, connaissance de soi, des autres
- **Éducation artistique :** utilisation des images, dessin, schématisation, rythmes et écoute musicale, expression du corps, danse. ■

« Quand je dis que je suis prof on me demande ce que j'enseigne, alors je dis que je suis instit. »
V. F. 26 ans

→ Classe / Didactique / Pédagogie / Référentiel de compétences

Pour aller plus loin

■ Jean-Luc Allain, Christian Frin, *Les figures de la polyvalence*, CRDP des Pays de Loire, 2003.

■ A. Bouchez, *La polyvalence des enseignants de l'école primaire aujourd'hui : un état des lieux*, rapport IGEN, 1997.

Précocité

L'enfant intellectuellement précoce (EIP), également appelé surdoué ou "à haut potentiel", est un enfant dont les capacités intellectuelles dépassent la norme. Il est diagnostiqué en passant un bilan psychométrique qui teste le quotient intellectuel et la personnalité.

Contexte

Une prise en compte dans les textes

La prise en considération des enfants à besoins particuliers dans le cadre scolaire date du rapport de l'inspecteur général Delaubier publié en 2002 qui précise que 1,25 % des élèves sont concernés. Elle est rappelée par la circulaire n° 2007-158 du 17 octobre 2007 sur le parcours scolaire des élèves intellectuellement précoces ou manifestant des aptitudes particulières à l'école et au collège. Elle a été suivie par l'édition d'un "guide d'aide à la conception de modules de formation pour une prise en compte des élèves intellectuellement précoces" (circulaire n° 2009-168 du 12 novembre 2009). La loi pour la Refondation de l'École de 2013 rappelle cette nécessité.

Les indicateurs

La situation de l'élève est examinée lorsqu'il manifeste un mal-être à l'école, s'il a un trouble des apprentissages, si son comportement alerte son enseignant ou si les parents en font la demande. L'école doit répondre aux besoins de ces enfants et à l'attente de leurs familles. Savoir les détecter est important pour mieux les prendre en charge. Leurs profils sont à la fois divers et atypiques.
Le bilan de l'enfant précoce révèle un mode de réflexion différent, une pensée en arborescence, liée à une hypersensibilité émotionnelle. Le quotient intellectuel (QI) n'est pas une référence suffisante pour classer une personne dans une catégorie. Il doit être accompagné d'un bilan psychologique complet effectué par un professionnel compétent. La définition d'un enfant "surdoué" reste ouverte. C'est un enfant qui possède des facilités et des aptitudes particulières et rares dans plusieurs domaines. Son QI est supérieur ou égal à 130. Il a souvent un rythme de développement intellectuel très supérieur à celui de son âge, alors que ses développements affectifs, relationnels et psychomoteurs correspondent peu ou prou aux normes de son âge.
L'évaluation de ces enfants est complexe. On observe souvent une dyssynchronie interne, l'âge affectif ne suit pas forcément l'âge intellectuel. Ils peuvent présenter un retard affectif et connaître des troubles qui vont d'une grande sensibilité à des angoisses. Ils sont souvent en décalage avec le programme scolaire classique, leur capacité à comprendre rapidement peut provoquer un certain ennui, ils sont parfois des élèves médiocres.

Parcours

Il est aujourd'hui encore très courant d'assimiler la précocité intellectuelle à la réussite scolaire. Pourtant on sait qu'un tiers de ces élèves présente des difficultés psychologiques ou scolaires et que la même proportion n'accède pas au baccalauréat. Les actions de prévention et de remédiation des troubles sont rendues possibles grâce à la formation

400 000

C'est le nombre d'enfants entre 6 et 16 ans, diagnostiqués EPI, répartis dans le système scolaire. Ils appartiennent à tous les milieux socioculturels.

des enseignants. Il s'agit de proposer des aménagements appropriés au profil de ces élèves afin de leur permettre de développer pleinement leurs potentialités. Ils doivent donc bénéficier de réponses individualisées, dans le cadre de la personnalisation des parcours scolaires : la prise en charge dans des groupes spécifiques, des décloisonnements (groupe de besoin), la fréquentation de la classe supérieure dans certaines disciplines, une offre d'activités supplémentaires, l'élaboration d'un projet global de scolarisation avec la possibilité d'accélération du cursus et l'accompagnement que nécessite cette pratique, dans le second degré des classes à projet. Dans chaque académie, un référent EIP est l'interlocuteur privilégié pour les parents et les enseignants.

En cas de difficultés comportementales, on procède à des bilans et investigations. S'ils mettent en évidence la précocité intellectuelle, la famille, l'enseignant et le psychologue scolaire dialoguent pour convenir d'un parcours adapté. L'enrichissement et l'approfondissement des matières où l'élève est brillant, l'accélération du parcours scolaire ou la mise en place de dispositifs adaptés sont proposés. Un programme personnalisé de réussite éducative (PPRE) peut être mis en œuvre en concertation avec la famille si l'élève a des difficultés importantes.

Dès lors que l'élève intellectuellement précoce poursuit une scolarité sans heurt, voire brillante, en milieu scolaire ordinaire, aucune mesure n'est nécessaire car il réussit.

Éclairage

Les bilans psychométriques

Il existe différents tests, basés notamment sur le QI : ceux des travaux du psychologue David Wechsler (1896 – 1981), WPPSI (Wechsler Preschool and Primary Scale of Intelligence) pour les enfants d'âge préscolaire, le WISC (Wechsler Intelligence Scale for Children) pour les enfants de 6 à 16 ans, le WAIS (Wechsler Adult Intelligence Scale) pour les adultes et le K-ABC (Kaufman-Assessment Battery for Children, 1983). Le résultat des tests est obtenu par un calcul statistique. Un QI élevé signifie que la personne a obtenu un score élevé par rapport à l'échantillon de personnes de la même tranche d'âge qui ont servi à étalonner le test. Le test donne une indication qui peut être éclairante pour un bilan psychologique mais n'est pas une vérité absolue. Il doit être renvoyé à une analyse plus globale de l'enfant qui repose souvent sur un croisement d'observations et d'indicateurs, ses attitudes par rapport à la règle, ses relations au sein de la famille, ses relations dans le groupe-classe, ses réactions face à l'échec…

Les tests de Wechsler et le K-ABC sont les deux seuls types de tests reconnus par l'Éducation nationale pour identifier un EPI. ■

> **« L'ennui naît d'une trop grande disponibilité. On se réveille un matin et on pense à toute cette journée qu'il va falloir affronter et pour laquelle aucune activité n'est prévue. […] Rien n'est plus triste que de voir ces adolescents qui ne suivent pas en classe et qui arrivent, l'oreille basse et l'œil terne, dans une classe où ils vont devoir rester assis pendant six ou sept heures sans retirer aucun profit de ce que les enseignants cherchent à leur enseigner. »**
> Sophie Cote, *Doué, surdoué, précoce*, Albin Michel, 2002

→ **Besoins éducatifs particuliers / Différenciation / Difficulté / Estime de soi**

Pour aller plus loin

- Arielle Adda, Hélène Catroux, *L'enfant doué : L'intelligence réconciliée*, Odile Jacob, 2003.
- Jeanne Siaud-Facchin, *L'Enfant surdoué*, Odile Jacob, 2012.

Primaire

On désigne par école primaire le niveau de scolarité qui couvre l'école maternelle et l'école élémentaire. C'est le premier degré de l'enseignement et la première étape du parcours scolaire des élèves. Il doit assurer la maîtrise des instruments fondamentaux de la connaissance.

Contexte

Petite histoire de l'école

L'école s'est construite tout au long du XIXe siècle selon deux ordres distincts : l'ordre primaire installé au sein de chaque département et l'ordre secondaire géré depuis le ministère par le relais des inspections générales. Chacun a ses enseignants et chacun sa culture pédagogique ; une école du peuple cohabite avec une école des notables.

L'école primaire s'organise en service public avec les lois Ferry, la loi de gratuité (1881), l'obligation d'instruction et son corollaire, la laïcité (1882). Le remplacement des instituteurs congréganistes par des instituteurs laïques se fait progressivement. En 1889, ils deviennent fonctionnaires d'État. L'organisation actuelle date de la mise en système des établissements dans les années soixante. La prolongation de l'obligation scolaire jusqu'à 16 ans (1959) aboutit à l'installation du collège unique (1975) et à l'introduction de la logique des cycles.

Un lien collectif d'éducation

L'école primaire française est connue comme un lieu collectif d'éducation et de transmission de savoirs. L'ensemble des services qui permettent de faire fonctionner les établissements scolaires constituent ce qu'on appelle le système éducatif. Il a réussi à absorber une croissance spectaculaire et une certaine démocratisation de l'enseignement en se démultipliant et en se déconcentrant pour rester gérable. Il est cependant vulnérable aux violences des élèves qui échouent et vivent l'école comme une contrainte vide de sens.

L'équipe pédagogique

Les écoles primaires sont dirigées par des directeurs, qui ne sont pas des chefs d'établissement. Les enseignants travaillent sous la responsabilité de la directrice, ou du directeur, qui n'est pas leur supérieur hiérarchique ; c'est l'inspecteur de la circonscription qui a cette autorité. Les obligations réglementaires de service (ORS) des professeurs des écoles sont définies par la circulaire 2013-019 du 4 février 2013 : 27 heures dont 24 hebdomadaires d'enseignement à tous les élèves et 3 heures hebdomadaires en moyenne annuelle pour des tâches diverses, soit 108 heures annuelles. L'organisation des 108 heures annuelles de service est précisée dans un tableau élaboré en équipe et adressé à l'inspecteur pour validation.

L'article L912-1-1 du Code de l'éducation édicte le principe de liberté pédagogique.

6 753 800

C'est, à la rentrée 2013, le nombre d'élèves (public et privé) que comptent la France métropolitaine et les Dom pour 52 900 écoles et 323 449 enseignants, dont 81,9 % de femmes. Dans le secteur public, ils sont 25,8 élèves par classe en maternelle en moyenne, 22,8 élèves par classe en moyenne dans l'élémentaire. La dépense moyenne d'éducation par élève et par an (premier degré) est de 5 870 euros.

Cela signifie que, en France, les enseignants ont le choix de leurs démarches pour mettre en œuvre les programmes officiels et assurer la réussite des élèves. Mais leur liberté de fonctionnaires s'exerce dans le cadre réglementaire des programmes, dont les objectifs s'imposent à tout enseignant.

L'organisation en cycles

La loi d'orientation de 1989 organise la scolarité en trois cycles d'apprentissages : le cycle des apprentissages premiers se déroule à l'école maternelle, le cycle des apprentissages fondamentaux débute au cours de la GS de l'école maternelle et couvre le CP et le CE1 de l'élémentaire, le cycle des approfondissements couvre les trois dernières années de l'élémentaire, CE2, CM1 et CM2. Le décret du 24 juillet 2013 relatif aux cycles d'enseignement à l'école primaire et au collège procède à une refonte. L'école maternelle devient un cycle à part entière de trois ans, le cycle des apprentissages fondamentaux commence au CP, le cycle de consolidation démarre en CM1 et se termine à la fin de la première année du collège (6e). Le cycle des approfondissements du collège couvre les classes de 5e à la 3e.

Programmes et socle

Les programmes d'enseignement sont fixés par le ministère de l'Éducation nationale, ainsi que les compétences attendues des élèves en fin de cycle. Le socle commun de connaissances et de compétences (décret n° 2006-830 du 11 juillet 2006), définit les savoirs indispensables pour accomplir avec succès une scolarité, poursuivre sa formation, construire son avenir personnel et professionnel et réussir sa vie en société. La loi d'orientation et de programmation pour la Refondation de l'École de la République n° 2013-595 du 8 juillet 2013 fait évoluer le principe du socle. Il est précisé comme cadre pour donner forme, sens et cohérence à l'ensemble des programmes. Les programmes de maternelle, d'élémentaire et du collège sont réécrits pour mieux s'harmoniser avec les objectifs du socle.

Éclairage

Les nouveaux rythmes scolaires

En septembre 2013, la réforme des rythmes scolaires modifie les horaires de l'école ; 180 jours de classe sur 24 heures hebdomadaires sont proposés, contre 144 jours auparavant. Son application se fait selon un calendrier échelonné, toutes les écoles devant l'appliquer à la rentrée de septembre 2014. Cette nouvelle organisation du temps répond à des objectifs pédagogiques et doit permettre aux enfants de mieux apprendre à l'école. Il s'agit de favoriser les apprentissages fondamentaux le matin, au moment où les élèves sont les plus attentifs et d'optimiser la succession des 5 matinées (avec le mercredi matin) au lieu de 4 pour des temps d'apprentissage plus réguliers. ■

> « Les maîtres d'école sont des jardiniers en intelligences humaines. »
> Victor Hugo, *Océan, Faits et croyances*, Robert Laffont, 1989

→ Cycle / Élémentaire / Maternelle / Programmes / Rythmes / Socle / Système éducatif

Pour aller plus loin

- http://eduscol.education.fr/cid46787/l-ecole-primaire.html
- www.education.gouv.fr/cid195/les-chiffres-cles.html

Prioritaire (éducation)

On appelle éducation prioritaire l'ensemble des stratégies politiques qui visent à corriger l'impact des inégalités sociales et économiques sur la réussite scolaire. Les stratégies s'appliquent dans les écoles des territoires qui rencontrent les plus grandes difficultés sociales.

Contexte

Les zones d'éducation prioritaire (ZEP) sont fondées en 1981. La politique d'éducation prioritaire est relancée en 1997 et s'étend aux réseaux d'éducation prioritaire (REP) qui associent les écoles à un collège de secteur. À partir de 2000, la constitution de pôles d'excellence scolaire vise à encourager des partenariats d'excellence au sein des REP. On parle d'ambition-réussite, puis en 2012 de réseau Éclair (Écoles, collèges et lycées pour l'ambition, l'innovation et la réussite). La loi pour la Refondation de l'École du 8 juillet 2013 définit l'objectif de ramener à moins de 10 % les écarts de réussite scolaire entre les élèves de l'éducation prioritaire et les autres.

La refondation de l'éducation prioritaire

L'exigence de justice est au cœur de la refondation de l'éducation prioritaire, qui est elle-même avant tout pédagogique. Les réussites observées montrent que c'est principalement dans le quotidien des pratiques pédagogiques et éducatives que se joue la réussite scolaire des élèves issus des milieux populaires. Une approche inscrite dans la continuité des parcours est essentielle. C'est l'esprit du référentiel de l'éducation prioritaire (janvier 2014) qui offre aux personnels des repères solides, fiables et organisés (pp. 162-163 : "Le référentiel de l'éducation prioritaire : les six axes prioritaires"). Les projets des réseaux doivent se fonder sur ce référentiel qui est la disposition de tous.

La carte de l'éducation prioritaire

Elle est réexaminée tous les quatre ans ; elle a été revue pour la rentrée 2015 et retravaillée pour être plus juste en distinguant notamment les REP et REP+. Les REP+ concernent "*les quartiers ou les secteurs isolés qui connaissent les plus grandes concentrations de difficultés sociales ayant des incidences fortes sur la réussite scolaire*", et se distinguent ainsi des REP, qui "*regroupent les collèges et les écoles rencontrant des difficultés sociales plus significatives que celles des collèges et écoles situés hors éducation prioritaire*". Le nombre de réseaux reste inchangé : 1 081 réseaux à la rentrée 2015, 781 REP et 350 REP+. Les établissements classés Éclair et réseaux de réussite scolaire ont vocation à évoluer pour devenir REP ou REP+.

L'évolution de la carte est facilitée par :

- le principe d'allocation progressive des moyens, qui se développe sur l'ensemble du système éducatif et limite les incidences d'une sortie de la carte de l'éducation prioritaire ;
- une mesure de sauvegarde concernant les personnels dont l'école ou le collège sortira de l'éducation prioritaire : ils continuent de bénéficier de leurs indemnités pendant trois années et voient leur mutation facili-

18 %

En 2014, 18 % des écoliers, 20 % des collégiens et 2 % des lycéens sont en éducation prioritaire, soit environ 1 700 000 élèves sur les 11 800 000 élèves français.

Le référentiel de l'éducation prioritaire : les six axes prioritaires

1. **Maîtriser** le lire, écrire, parler et enseigner plus explicitement
2. **Conforter** une école bienveillante et exigeante
3. **Coopérer** avec les parents et les partenaires
4. **Favoriser** le travail collectif
5. **Soutenir**, former et accompagner les personnels
6. **Renforcer** le pilotage et l'animation des réseaux

tée s'ils souhaitent continuer de travailler en éducation prioritaire.

La rentrée 2015 voit également la revalorisation des régimes indemnitaires des personnels exerçant en REP. L'indemnité annuelle de 1 156 euros est ainsi augmentée de 50 % dès la rentrée 2015, voire de 100 % pour ceux exerçant dans les réseaux les plus difficiles.

Les clés de la réussite

Le travail en équipe, la réflexion et la formation organisées au sein des réseaux permettent de faire évoluer les pratiques professionnelles. Dans les REP+, les obligations de service des enseignants du premier et du second degré ont été modifiées afin de tenir compte du temps à consacrer au travail en équipe. Il est indispensable pour la prise en charge des besoins des élèves, pour les actions spécifiques, et pour construire les relations avec les parents.

Éclairage

La refondation de l'éducation prioritaire

Cette refondation, décidée par le ministère de l'Éducation nationale (loi du 8 juillet 2013), comporte trois axes forts : des élèves accompagnés ; des équipes éducatives formées ; un cadre propice aux apprentissages. Le premier axe se concrétise par six mesures dont les deux premières intéressent plus particulièrement l'école primaire.

Mesure 1. La scolarisation des moins de 3 ans dans chaque réseau. Cette scolarisation a été identifiée comme un puissant levier pour la réussite des élèves, notamment de ceux issus des milieux les moins favorisés.

Mesure 2. "Plus de maîtres que de classes" dans chaque école. L'affectation dans une école d'un maître supplémentaire favorise le travail collectif des enseignants et contribue à bien identifier les besoins des élèves. Elle permet d'instaurer des pédagogies différenciées. ■

> **« Pourquoi, dans les ZEP, parle-t-on plus facilement de "familles" que de "parent" ? [...] Une enquête monographique auprès de familles "clientes" du travail social montre que, même dans une catégorie aussi "défavorisée", les attitudes et les attentes à l'égard de l'école sont des plus contrastées, mais qu'elles ont en commun un certain nombre de problèmes dans leurs relations avec l'institution scolaire. »**
> Dominique Glasman, *Revue Française de Pédagogie* n° 100, 1992

→ Égalité / Partenaires

Pour aller plus loin

- Gérard Chauveau, *Comment réussir en ZEP ? Vers des zones d'excellence pédagogique*, Retz, 2000.
- http://cache.media.eduscol.education.fr/file/education_prioritaire_et_accompagnement/53/5/referentiel_education_prioritaire_294535.pdf

Programmation/Progression

Outil de préparation et de planification du travail de l'enseignant, la programmation détermine l'acquisition des compétences définies par niveau dans les programmes, en tenant compte des rythmes des élèves. Il s'agit d'ordonner et de hiérarchiser les apprentissages pour assurer la cohérence et la continuité dans le parcours des élèves. Les outils professionnels de programmation aident les enseignants à travailler en équipe.

Contexte

Un outil pour préparer sa classe

Préparer sa classe, c'est organiser et planifier son enseignement pour le mettre au service des élèves. Les écrits professionnels de planification figurent dans la compétence P3 du référentiel de compétences des professeurs, praticiens experts des apprentissages : "*Construire, mettre en œuvre et animer des situations d'enseignement et d'apprentissage prenant en compte la diversité des élèves*" (arrêté du 1er juillet 2013). La compétence se décline en cinq composantes :

- Savoir préparer les séquences de classe, définir des programmations et des progressions ; identifier les objectifs, contenus, dispositifs, obstacles didactiques, stratégies d'étayage, modalités d'entraînement et d'évaluation.
- Différencier son enseignement en fonction des rythmes d'apprentissage et des besoins repérés ; adapter son enseignement aux élèves à besoins éducatifs particuliers.
- Prendre en compte les préalables et les représentations sociales (genre, origine ethnique, socio-économique et culturelle) pour traiter les difficultés éventuelles dans l'accès aux connaissances.
- Sélectionner des approches didactiques appropriées au développement des compétences visées.
- Favoriser l'intégration de compétences transversales (autonomie, créativité, responsabilité, collaboration) et le transfert des apprentissages par des démarches appropriées.

Programmation, progression et séquence

Les deux termes, programmation et progression, renvoient à des logiques différentes. La **logique est temporelle pour la programmation** : les contenus d'apprentissages sont répartis à l'intérieur des cycles, par année ou par période. La **logique est didactique pour la progression** : c'est une suite progressive de savoirs et compétences organisée en séquences, l'organisation se fait selon un ordre de difficultés, en intégrant la dimension des progrès et acquis des élèves.

Dans la programmation, l'organisation des contenus d'apprentissage sur une durée déterminée implique une projection des activités sur l'année scolaire, découpée souvent en 5 périodes. Chaque période correspond en principe à un intervalle entre les vacances scolaires. En tant qu'outil de planification, la programmation permet à l'enseignant de vérifier que les attendus des programmes pour son niveau sont bien pris en compte. Elle ne tient pas compte du cheminement différencié des élèves.

Dans la progression, il s'agit de construire un enchaînement des apprentissages par étapes successives selon les acquis évalués. La progression tient compte des rythmes et progrès des élèves. La notion de difficulté croissante conditionne l'organisation didactique d'une progression. La progression comprend un enchaînement chronologique de séquences, apportant un ordre dans les apprentissages, un itinéraire, des temps de synthèse.

La séquence est constituée d'un ensemble continu ou discontinu de séances, articulées entre elles dans le temps et organisées autour d'une ou plusieurs activités en vue d'atteindre des objectifs fixés par les programmes, selon une progression. L'enseignant doit concevoir son enseignement à long terme : la séquence est une unité de sens organisée autour d'un objectif général à atteindre explicité aux élèves.
La séance, enfin, est définie autour d'un objectif spécifique à atteindre. Elle correspond à une unité de temps à l'intérieur d'une séquence.

Comment élaborer une programmation

Plusieurs paramètres doivent être pris en compte :
- Respecter une logique par niveau de classe, répartir les contenus sur l'année scolaire.
- Bien repérer les contenus disciplinaires et avoir une idée précise des connaissances à construire pour chacune des notions. Cela nécessite de travailler en équipe.
- Choisir quelques projets, en lien avec les objectifs du projet d'école, pour lier les acquis scolaires avec la connaissance du monde. Les projets sont nommés "contrats de savoir" par André Giordan.
- Mettre en cohérence les contenus, les compétences et les activités.
- Évaluer le temps consacré à chaque partie programmée et répartir selon les périodes.
- Vérifier avec ses collègues la répartition sur les années du cycle.
- S'appuyer sur les documents "repères" édités par le Ministère pour accompagner les programmes officiels, ainsi que sur les documents d'accompagnement.
- Programmer tout en préservant une certaine souplesse : évaluer pour réguler.

Le classeur personnel de l'enseignant rassemble les outils de programmation de son action. Il comprend une partie "mise en œuvre dans la classe", la fiche "emploi du temps", les tableaux de planification de l'enseignement dans chaque discipline par période, les fiches de préparation par discipline, les évaluations prévues.

Éclairage

Programmation de notions mathématiques en Petite section

Voici un exemple de programmation annuelle de notions mathématiques en PS du cycle 1 (dans l'ordre où les notions sont abordées) :
- La décomposition des nombres de 1 à 3 : savoir que "dans 3 il y a 1 et 1 et 1" ou encore "2 et 1" ;
- La comparaison de petites collections (de 1 à 3) : pareil, pas pareil, beaucoup, pas beaucoup ;
- L'association d'un objet avec sa photo ou son dessin ;
- Distribution, associations et comparaisons ;
- La conservation de la quantité par déplacement des objets ;
- La sériation, le rangement : de plus en plus grand ;
- L'aspect cardinal des nombres, le dernier mot correspond au nombre d'objets ;
- Le tri par critères. ■

> « Il faut savoir domestiquer le temps et l'organiser méthodiquement. »
> André Giordan, *Apprendre*, Belin, 1998

→ Emploi du temps / Pédagogie / Programmes / Référentiel / Séance

Pour aller plus loin

- Daniel Bensimon, *Préparer et conduire sa classe à l'école élémentaire*, Retz, 2010.
- http://eduscol.education.fr

Programmes

On appelle programmes l'ensemble des textes officiels qui définissent les contenus à enseigner, les volumes horaires assignés à chaque discipline, ainsi que les compétences attendues pour chaque cycle de l'école primaire. Ils ont un caractère obligatoire pour tous les enseignants.

Contexte

De 1882 à 1960

Depuis l'instauration de l'école primaire obligatoire (loi du 8 mars 1882), des instructions et de nombreux programmes scolaires sont parus pour l'école. Ils sont la marque de leur temps et reflètent les orientations de politiques éducatives données à l'école par les législateurs. Les premières instructions officielles datent du 2 août 1882 ; de nouvelles instructions officielles sont publiées le 20 juin 1923 ; les programmes de 1938 sont identiques à ceux de 1923 jusqu'au CM compris ; les programmes de 1945 donnent des indications de volumes horaires par disciplines ; la circulaire de 1956 supprime les devoirs écrits à la maison. la circulaire du 19 octobre 1960 précise l'enseignement du français et du calcul en lien avec la 6e après la réforme Berthoin (ordonnance n° 59-45 portant prolongation de la scolarité obligatoire et circulaire et décret n° 59-57 portant réforme de l'enseignement public, du 6 janvier 1959).

De 1962 à 2002

Les programmes de 1970 sont marqués par l'introduction des mathématiques modernes, ceux de 1977 (CP), de 1978 (CE) et de 1980 (CM) échelonnent les nouvelles instructions. En 1981 sont créées les zones d'éducation prioritaire. Les programmes de 1985 sont marqués par le ministre de l'époque Jean-Pierre Chevènement. Les programmes de 1991 introduisent les cycles d'apprentissage de la loi d'orientation de 1989 (dite Loi Jospin). À partir de 1995 le rythme s'accélère, les programmes de 1995 sont orientés vers un "nouveau contrat pour l'école" pour lutter contre les difficultés de certains élèves en échec. Les programmes de 2002 réintroduisent un enseignement des matières artistiques ; ils ont été plébiscités par les enseignants.

De 2008 à 2015

Les programmes de 2008 sont réécrits pour s'articuler avec les objectifs du socle commun (loi d'orientation et de programme pour l'avenir de l'école, dite loi Fillon). La loi de Refondation de 2013 (dite Loi Peillon) instaure de nouveaux programmes en février 2015 pour l'école maternelle et une nouvelle discipline (l'enseignement moral et civique). Elle modifie les programmes des cycles 2 et 3 et révise le socle commun qui devient "socle commun de connaissances, de compétences et de culture".

864 heures

C'est la durée de l'année scolaire (hors 60 heures attribuées dans le cadre de l'aide personnalisée). Au début du XXe siècle, l'année scolaire durait 1 338 heures ! Cette diminution du nombre annuel d'heures d'enseignement correspond à une diminution du nombre de jours d'école (par l'augmentation des jours de congé) et, de fait, à la baisse du nombre d'heures dans la semaine : passage à 27 heures en 1969, 24 heures actuellement.

(D'après Bruno Suchaut, *L'Organisation et l'utilisation du temps scolaire à l'école primaire : enjeux et effets sur les élèves*, 2009.)

Évolution d'un domaine de l'école maternelle de 2002 à 2015		
Vivre ensemble programme 2002	Devenir élève programme 2008	Apprendre et vivre ensemble Programme 2015
Présenté comme un des premiers objectifs de l'école maternelle, il est l'un des 5 "domaines d'activité pour structurer les apprentissages". Objectifs et programme : 1. Être accueilli. L'enseignant aide l'enfant à trouver des repères dans la classe et dans l'école. 2. Construire sa personnalité au sein de la communauté scolaire : aidé de l'adulte, l'enfant trouve ses repères et sa place, apprend à coopérer, comprend et s'approprie les règles du groupe. 3. Échanger et communiquer dans des situations diversifiées : l'enfant apprend à dialoguer avec des camarades et des adultes, découvrir les usages de la communication réglée et prendre sa place dans les discussions.	Il figure parmi les 5 "grands domaines d'activité". Objectifs : 1. Vivre ensemble : apprendre les règles de civilité et les principes de comportement conforme à la morale. 2. Coopérer et devenir autonome.	Ce n'est plus un domaine d'apprentissage. Il est présenté comme un "enjeu de formation central pour les enfants". Il est rappelé en introduction : 3. Une école où les enfants vont apprendre ensemble et vivre ensemble. "La classe et le groupe constituent une communauté d'apprentissage qui établit les bases de la construction d'une citoyenneté respectueuse des règles de la laïcité et ouverte sur la pluralité des cultures. 3.1 Comprendre la fonction de l'école [...] et une manière d'apprendre spécifique. [...] L'école construit progressivement la posture d'élève. 3.2 Se construire comme personne singulière au sein d'un groupe (par des tâches assumées et l'intégration progressive des règles collectives, des droits et des obligations).

Éclairage

L'élaboration des programmes

En 2002, le processus d'élaboration des programmes est défini par la Charte des programmes de 1992 : ils sont le résultat d'une longue concertation qui engage les directions du ministère de l'Éducation nationale, la plupart des syndicats d'enseignants, certaines associations de spécialistes, des groupes d'intérêt selon les disciplines, les représentants de parents d'élèves. La commande ministérielle est transmise par une lettre de cadrage du Conseil national des programmes (CNP) à un Groupe technique disciplinaire (GTD), appelé groupe d'experts depuis 2000, responsable de l'écriture du texte. Le GTD soumet son projet à un certain nombre d'acteurs éducatifs, mais également au CNP, qui émet des avis, puis à l'avis du Conseil supérieur de l'Éducation (CSE) avant de le remettre au ministre qui décide seul de valider, ou non, le programme.

Aux termes de la loi de Refondation de l'École de 2013, cette charte est adoptée par le Conseil supérieur des programmes (CSP). Il dispose de "*toute latitude de consulter les interlocuteurs et acteurs concernés*", il peut mettre en place des groupes d'expert. Les organisations syndicales et associations sont consultées. La date d'entrée en vigueur d'un nouveau programme doit tenir compte des "*délais indispensables à la formation des enseignants comme à l'édition des outils pédagogiques*". ■

> **"Donner à chaque enfant les clés du savoir et les repères de la société dans laquelle il grandit est la première exigence de la République et l'unique ambition de l'école primaire."**
> Préambule des programmes de 2008

→ Cycle / Emploi du temps / Maternelle / Obligations / Primaire / Système éducatif

Pour aller plus loin

- www.education.gouv.fr/pid24321/les-programmes-de-l-ecole-maternelle.html
- www.education.gouv.fr/pid24307/les-programmes-de-l-ecole-elementaire.htm

Projet

Le projet (projeter, mettre en avant) est une démarche qui suppose la représentation des buts que l'on se donne et l'anticipation de son résultat. En pédagogie, le projet consiste à identifier des objectifs, à préciser des compétences visées et à définir des actions organisées dans le temps qui vont permettre d'impliquer les élèves dans des apprentissages.

Contexte

Le terme de projet est récent, et n'est couramment employé qu'à partir du milieu du XXe siècle. Depuis la loi d'orientation n° 89-486 du 10 juillet 1989, chaque école doit se doter d'un projet d'école.

Le projet d'école

Le projet d'école est un outil au service des élèves parce qu'il tient compte de leurs besoins évalués et des ressources et contraintes du terrain. C'est un contrat entre tous les membres de l'équipe et un instrument de cohérence interne à l'école. Il est réévalué tous les trois ans. Les actions pédagogiques intégrées peuvent faire l'objet de financement de la part de l'État pour les actions éducatives innovantes, les actions en direction d'enfants en difficulté passagère, les classes transplantées et les ateliers de pratiques artistiques en partenariat avec d'autres ministères. Le directeur académique des services de l'Éducation nationale (DASEN) accorde des aides selon la qualité du projet et son adéquation aux objectifs des textes officiels.

La pédagogie de projet

Il faut distinguer plusieurs types de pédagogie de projet (Bru et Not, 1991) :
- Celle qui organise, dans une architecture de projet, les activités qu'elle fait exercer aux élèves. Le projet est un cadre de travail.
- Celle qui assure l'éducation des activités de projet au même titre que celle des activités mathématiques littéraires, historiques, etc. Le projet est un objet d'éducation.
- Celle qui part des projets des élèves pour organiser leurs activités d'apprentissage. Le projet est un mobile et une méthode de travail. C'est la planification et la division des tâches pour la production d'un objet ou d'un effet objectif. Elle peut combiner deux ou trois des caractères précédents.

La pédagogie de projet permet aux élèves de s'entraîner à transférer et à combiner des compétences acquises dans un contexte précis pour les rendre opérationnelles. La démarche de projet suppose de rendre l'élève actif et acteur. En cela, elle favorise la formation de futurs citoyens qui savent développer des actions autonomes mais régulées et utiliser leurs capacités critiques. Réaliser un projet développe également certaines compétences transversales d'organisation du travail en groupe (savoir-être). La démarche de projet permet d'inscrire les enseignements des programmes en les nourrissant d'échanges avec des partenaires extérieurs à l'école.

Éclairage

100 % de réussite au B2i

Une école, ayant constaté que tous ses élèves n'avaient pas le B2i en quittant la classe de CM2, a inscrit un volet numérique dans son projet d'école. Elle a procédé à un état des lieux des structures et des ressources de

5 ans

C'est la durée maximum de validité du projet scolaire (art. 33, loi du 8 juillet 2013).

Les étapes de réalisation de tout projet		
Étapes	**Questions**	**Outils, démarches**
1. Émergence de l'idée	- Que faut-il résoudre ? - À quels besoins faut-il répondre ? - Quel faut-il produire ?	- Recherche d'informations - Discussion élèves/enseignant
2. Analyse de la situation - Formalisation des objectifs - Inventaire des stratégies - Étude de la faisabilité	- Quel(s) objectif(s) atteindre ? - Quelles ressources employer ? - Quelles contraintes prendre en compte ? - Quelles stratégies envisager ?	- Brainstorming - QQQCCP (Qui ? Quoi ? Quand, Comment ? Combien ? Pourquoi ?) - Outils de résolution de problème - Fiche de faisabilité
3. Choix d'une stratégie	- Quel plan d'action adopter ? - S'accorde-t-il avec l'objectif ? - Est-il réaliste ? - Quel cahier des charges établir ?	- Fiche d'appréciation collective du projet - Cahier des charges - Fiche des tâches
4. Montage et planification du projet	- Quelles étapes (productions attendues) ? - Comment les organiser : acteurs (rôle, responsabilité) ? - Comment les hiérarchiser ? - Quelle évaluation prévoir ?	- Document descriptif du projet - Planning
5. Mise en œuvre du projet	- Comment suivre le projet ? - Quels indicateurs de réussite choisir ? - Quelle régulation, quels ajustements apporter ? - Comment garantir la cohérence entre la mise en œuvre et les objectifs ? - Quelle aide individualisée apporter ?	- Travail en équipe - Fiches de suivi des activités - Bilans intermédiaires - Cahier de bord des élèves - Grilles de suivi de l'aide individualisée
6. Bilan/évaluation	- Comment évaluer le projet ? - Comment évaluer les compétences développées par les élèves ? - Comment rendre compte du projet : mise en valeur	- Fiche d'appréciation collective du projet - Fiches d'évaluation des compétences - Traces écrites

l'école, un inventaire des moyens informatiques : équipement informatique (nombre d'ordinateurs par classe, salle informatique, réseau, serveur, connexion Internet, vidéo-projecteur, gestion de la BCD), ressources (site d'école, blog, journal scolaire).

Elle a mis en place des actions : monter une correspondance avec des classes de pays étrangers (correspondre en utilisant la messagerie électronique, le "chat"), avoir des espaces de travail communs avec les correspondants (sites Web, dossiers partagés – portfolio commun, tableau blanc en ligne.), utiliser la visioconférence pour communiquer, échanger des documents.

Les indicateurs de réussite des élèves sont : le pourcentage d'obtention du B2i ; la participation à des projets fédérateurs avec le collège, sur *eTwinning*, etc. ■

« C'est l'idée même de valeur (au sens philosophique et non économique) qui spécifie le mieux le "projet". […] Ce sont, dès lors, des finalités qui le font porteur de significations, plus soucieux, finalement de signifiance que de cohérence. »
Jacques Ardoino, *Pédagogie de projet ou projet éducatif*, in revue *Pour*, 1984

→ **Compétence / Équipe / Pédagogie / Primaire**

Pour aller plus loin

■ Marc Bru, Louis Not, *Où va la pédagogie du projet ?*, Éditions Universitaires du Sud, 1991.

■ Philippe Perrenoud, *Apprendre à l'école à travers des projets, pourquoi, comment ?*, Université de Genève, 1999.

Protection de l'enfance

La protection de l'enfance consiste à prévenir les difficultés auxquelles les parents peuvent être confrontés dans l'exercice de leurs responsabilités éducatives, à les accompagner et à assurer, le cas échéant, une prise en charge partielle ou totale des enfants.

Contexte

La protection de l'enfant incombe d'abord aux parents, qui exercent "*l'autorité parentale*", c'est-à-dire "*un ensemble de droits et de devoirs ayant pour finalité l'intérêt de l'enfant*" (art. 371-1 Code civil). Elle est régie par la loi n° 2007-293 du 5 mars 2007, et par la Convention relative aux droits de l'enfant du 20 novembre 1989 (ratifiée par la France le 7 août 1990).

La loi n° 2000-197 du 6 mars 2000 (modifiant le Code de la santé publique) renforce le rôle de l'école dans la prévention et la détection des faits de mauvais traitements aux enfants. L'école a pour devoir de protéger les enfants maltraités, les mineurs en danger dont elle a connaissance. Elle doit agir en prenant en compte leurs besoins fondamentaux, physiques, intellectuels, sociaux et affectifs. L'article 40 du Code de procédure pénale fait par ailleurs obligation à tout fonctionnaire dans l'exercice de ses fonctions de signaler tout crime ou délit dont il aurait connaissance. La non-dénonciation d'une maltraitance malgré l'obligation peut être punie de 3 ans d'emprisonnement et de 45 000 € d'amende.

Les enfants à protéger

Il s'agit d'abord de l'enfant maltraité. Il peut s'agir d'une maltraitance physique (coups, brûlures…), psychologique (brimades, menaces…), à caractère sexuel ou encore de négligence lourde (manque de soin, nourriture…). L'enfant est exposé à des situations dont l'impact émotionnel dépasse ses capacités d'intégration psychologique. Il s'agit ensuite de l'enfant en risque de danger. Il connaît des conditions d'existence qui risquent de mettre en danger sa santé, sa sécurité, sa moralité, son éducation sans pour autant être maltraité. Cette situation se détecte à partir d'un faisceau d'indices qui doivent être recueillis et analysés avec discernement.

L'enfant à protéger peut présenter différents symptômes qui doivent éveiller la vigilance, par exemple des troubles du comportement, une grande inhibition ou passivité, une agitation et instabilité associée à de l'agressivité, une grande quête affective, un absentéisme, un désinvestissement scolaire, des troubles de la conduite alimentaire. Aucun indicateur n'a de valeur en soi.

Les modalités d'alerte à l'école

Le décret n° 2013-994 du 7 novembre 2013 définit l'information préoccupante que tout enseignant doit rédiger et transmettre en cas de suspicion fondée sur des indices recueillis : "*C'est une information transmise à la cellule départementale pour alerter le président du conseil général sur la situation d'un mineur, pouvant laisser craindre que sa santé, sa sécurité ou sa mora-*

119

Le "GIP Enfance en danger" regroupe l'Observatoire national de l'enfance en danger (ONED) et le service national d'accueil téléphonique "119 Allô Enfance en danger". Le 119 est un numéro d'urgence national gratuit, accessible 24 h/24.

Éléments de guidance à destination des professionnels émetteurs de l'information préoccupante

1. L'enseignant qui souhaite alerter la cellule départementale de l'existence d'un danger ou d'un risque de danger pour un enfant doit argumenter sa saisine avec des informations précises, telles que : l'environnement de l'enfant, les ressources et capacités des parents.

2. S'il identifie un besoin de procéder à une évaluation plus précise de la situation, ou bien d'assurer une protection immédiate à l'enfant, il procède à la transmission rapide de ses observations à la cellule départementale, y compris en rapportant les paroles de l'enfant telles qu'elles ont été prononcées.

3. Il n'agit pas seul ; le travail de réflexion est partagé dans le cadre de discussions professionnelles au sein de l'équipe, avec la directrice, le directeur, le médecin et le psychologue scolaires, l'assistante sociale le cas échéant... Sauf intérêt contraire de l'enfant (protection immédiate), l'école dialogue avec la famille et l'informe de la transmission d'une information préoccupante à la cellule.

lité sont en danger ou risquent de l'être ou que les conditions de son éducation ou de son développement physique, affectif, intellectuel et social sont gravement compromises ou risquent de l'être."

Le partage des informations à caractère secret

Il est encadré par des dispositions législatives (article 226-14 du Code pénal et article L.226-2-2 du Code de l'action sociale et des familles). Les membres des équipes éducatives travaillent en étroite collaboration dans le respect de la déontologie. Ils peuvent obtenir aide et conseils auprès des conseillers sociaux et de santé. Dans cette mission de protection, la collaboration avec l'ensemble des partenaires en charge de la protection de l'enfance (conseils généraux, justice, police, hôpitaux...) est essentielle.

Éclairage

Renforcer la prévention

Le renforcement de la prévention est assuré à l'école par des séances d'information et de sensibilisation sur l'enfance maltraitée et notamment sur les violences intrafamiliales à caractère sexuel (article L 542-3 du Code de l'éducation) : transmission de connaissances sur la Convention internationale des droits de l'enfant, risques qu'ils peuvent encourir dans la vie quotidienne, différentes formes de maltraitance auxquels ils peuvent être confrontés. Les enseignants informent les élèves sur le dispositif de protection, les aident à acquérir des compétences pour savoir se prémunir et demander de l'aide. Les personnels sociaux et de santé sont les interlocuteurs de référence. Ils apportent expertise et conseils aux enseignants, aux élèves ainsi qu'à leur famille. La vigilance des membres des équipes éducatives des écoles, au contact quotidien avec les élèves et leurs parents, facilite une intervention précoce. ■

« L'enfant maltraité est celui qui est victime de violences physiques, d'abus sexuels, de cruauté mentale, de négligences lourdes ayant des conséquences graves sur son développement physique et psychologique. »
Définition de l'ODAS (Observatoire décentralisé de l'action sociale)

→ Droits / Obligations / Parents / Valeurs

Pour aller plus loin

- Collectif, *Le Guide de la protection de l'enfant*, ESF éditeur, 2009
- www.allo119.gouv.fr

Punitions

Le dictionnaire Le Robert définit une punition comme ce que l'on fait subir à l'auteur d'une simple faute. Dans les pratiques éducatives, le sens utilisé est celui d'une mesure répressive attachée à un ordre non exécuté, une défense transgressée.

Contexte

Le règlement intérieur de l'école comporte un chapitre consacré à la discipline des élèves. Il indique ce qui peut être mis en place en matière de réprimandes et de punitions ainsi que de mesures d'encouragement. Le recours à ces mesures doit toujours avoir une visée éducative, ce qui suppose une adaptation à chaque situation. La circulaire-cadre n° 2014-088 du 9 juillet 2014 précise que les comportements qui troublent l'activité scolaire, les manquements au règlement intérieur, l'atteinte à l'intégrité physique ou morale d'autres élèves ou d'enseignants, donnent lieu à des réprimandes. Elles sont portées immédiatement à la connaissance des représentants légaux de l'enfant. Ces réprimandes ne peuvent porter atteinte à l'intégrité morale ou physique d'un enfant. Elles sont prévues dans le règlement intérieur. Un élève ne doit pas être privé de la totalité de la récréation à titre de punition.
Lorsque le comportement d'un élève perturbe gravement et de façon durable le fonctionnement de la classe, la situation est soumise à l'examen de l'équipe éducative définie à l'article D. 321-16 du code de l'éducation.

Le cadre juridique

La mesure s'applique selon plusieurs principes de droit :
- **Le principe de la légalité des sanctions et des procédures :** elles doivent être fixées dans le règlement intérieur et peuvent faire l'objet d'un recours administratif interne.
- **Le principe du contradictoire :** il est impératif d'instaurer un dialogue avec l'élève et d'entendre ses arguments. Les représentants légaux de l'élève sont informés et peuvent être entendus s'ils le souhaitent. Toute sanction doit être motivée et expliquée.
- **Le principe de la proportionnalité de la sanction :** elle doit être graduée selon la gravité du manquement à la règle.
- **Le principe de l'individualisation :** toute sanction est individuelle.

Punition/sanction

Jacques Salomé explique la distinction entre punition et sanction. La sanction est une réponse, de type privatif, à une transgression. Elle peut servir de référence éducative dans le sens où elle place l'enfant devant sa responsabilité. Introduire un régime de sanction dans l'école suppose 4 conditions : l'existence d'une référence à une loi, un règlement qui font consensus ; la connaissance d'une réponse privative, adaptée à l'importance de la transgression ; un garant connu, l'enseignant, le directeur, chargé de rappeler la loi et les conséquences d'une transgres-

26 %

C'est la part des élèves ayant copié des lignes sur l'année scolaire, alors que cette punition est interdite. 22 % ont fait des devoirs supplémentaires. 10 % ont fait des devoirs collectifs, une sanction elle aussi interdite. 60 % ont été retenus, 23 % exclus de classe, 21 % ont reçu un avertissement.

(Enquête sur 15 établissements de Créteil en 2013, Benjamin Moignard, Observatoire Universitaire International de l'Éducation et de la Prévention)

Quelle sanction appliquer ?	
Actes, attitudes d'élèves	**Sanctions possibles**
Simple désobéissance passive sans remise en cause frontale de l'autorité de l'enseignant.	Rappel aux règles, avertissement.
Bavardage persistant en classe, malgré les rappels. Déplacements non autorisés en classe, source de bruit et perturbations, malgré des rappels à la règle.	Simple mise à l'écart temporaire du groupe. Mise à l'écart dans le bureau du directeur pour retrouver le calme dans la classe.
Refus d'écouter – tentative de quitter la classe.	Réprimandes fermes en tête à tête – rappel de l'attention durant le temps de l'échange.
Agression franche et unilatérale contre un élève, sans blessure (à distinguer de la bagarre aux responsabilités souvent partagées).	Demande d'excuses, information écrite aux parents ; avertissement écrit selon le règlement intérieur. En cas de réelle blessure : basculement dans la catégorie "agression, coup violent".

sion ; une transgression volontaire (s'il y a méconnaissance de la loi, c'est une erreur). La punition est vécue comme une réaction souvent émotionnelle à un comportement perçu comme transgression ou faute. Souvent elle est donnée, non pour réparer, mais pour accentuer la culpabilité ou servir d'exemple, ce qui explique qu'une punition est une sanction majorée.

Éclairage

Les degrés de la sanction

Dans la classe, l'enseignant peut avertir une ou deux fois un élève avant de le sanctionner. L'important est que l'élève sache au bout de combien d'avertissements il sera sanctionné. L'enseignant doit faire ce qu'il dit, c'est-à-dire qu'il sanctionne effectivement pour rester crédible. Au niveau de l'école, la gradation peut porter sur la "fonction" de la personne qui réprimande : d'abord l'enseignant témoin de l'infraction, puis le directeur. Celui-ci fait un rappel solennel au règlement intérieur. Une information écrite est adressée aux parents. Des mises à l'écart et des exclusions temporaires peuvent être graduées. D'abord internes à la classe, mise à l'écart du groupe au moment d'une activité à haute intensité, dans une autre classe, dans le bureau du directeur. Une discussion en conseil des maîtres peut aboutir à la rédaction d'un projet simple d'accueil temporaire. Il prend en compte les contraintes imposées à l'élève et comptabilise les progrès qu'il réalise. Le changement d'école est une mesure d'exception et concerne les violences pénalement répréhensibles.

Les mesures de réparation symboliques, paroles d'excuse, poignée de main… ou plus réelles pour la réparation du préjudice subi, sont possibles. Elles peuvent prendre la forme d'un travail d'intérêt général, une tâche utile à l'école, à la classe. ■

> **« Une sanction qui compromet l'avenir de l'enfant n'est pas éducative, on ne punit pas pour effacer la faute mais pour ne plus avoir à punir. La sanction prépare l'enfant à affronter de manière symbolique les sanctions de la vie. »**
> Francis Imbert, *La sanction : approches plurielles*, Cahier Alfred Binet, Erès

→ Autorité / Discipline / Vie scolaire

Pour aller plus loin

- Erick Prairat, *Sanction et socialisation*, PUF
- Erick Prairat, *Questions de discipline à l'école*, Erès, 2004
- Bruno Robbes, *L'autorité éducative, la construire, l'exercer*, Sceren, Amiens, 2013

Référentiel

Le référentiel de compétences décrit le cadre statutaire du déroulement des activités et les différents domaines d'intervention du professeur des écoles. Il inscrit l'exercice professionnel dans une dimension éducative fondatrice, liée à la prise en charge de l'enfance.

Contexte

Le dispositif français

Le référentiel définit la feuille de route des formateurs et constitue une boussole pour l'action. Il vise plusieurs objectifs: affirmer que tous les enseignants concourent à des objectifs partagés et se réfèrent à la culture commune de leur profession; reconnaître la spécificité de leur métier dans son contexte d'exercice; identifier les compétences professionnelles attendues. Elles s'acquièrent et s'approfondissent dès la formation initiale et se poursuivent tout au long de la carrière par l'expérience et l'apport de la formation continue.

L'arrêté du 25 juillet 2013 précise les compétences du référentiel, base de la définition des objectifs et de la validation des formations, et de l'évaluation. Il décrit des compétences communes à tous les personnels d'éducation (compétences 1 à 14), des compétences communes à tous les professeurs (compétences P1 à P5) et des compétences spécifiques aux documentalistes (compétences D1 à D4).

Le cadre européen

La notion de compétence figure dans la recommandation 2006/962/CE du Parlement européen. Elle est définie comme un ensemble de connaissances, d'aptitudes et d'attitudes appropriées au contexte: chaque compétence implique la réflexion critique, la créativité, l'initiative, la résolution de problèmes, l'évaluation des risques, la prise de décision et la gestion constructive des sentiments.

L'enseignant expert

La compétence est un processus d'acquisition qui s'inscrit dans un savoir mobilisé en contexte d'action. La compétence des enseignants conditionne la réussite des élèves et l'efficacité du système éducatif. Être compétent pour un enseignant, c'est être efficace et posséder un certain niveau d'expertise dans l'acte d'enseigner. C'est savoir comment agir face aux élèves. Un enseignant doit posséder à la fois des connaissances précises en pédagogie et en didactique et adapter ses savoirs aux situations en maîtrisant la relation aux élèves.

La spécificité de la maternelle

Pour l'enseignement en maternelle, il existe une déclinaison du référentiel général (publié en 2009). La maîtrise par les enseignants de gestes professionnels se résume dans six grands domaines, qui mobilisent plusieurs des compétences du référentiel:
- la maîtrise de la communication orale dans la classe;
- le pilotage des activités et des apprentissages, en réponse aux besoins connus et repérés des jeunes élèves;
- le choix et la maîtrise des outils d'évaluation et de validation, dans une perspective

19

C'est le nombre de compétences énoncées par le référentiel de 2013 (arrêté du 1er juillet 2013). 14 sont communes à tous les professeurs et personnels d'éducation, 5 sont spécifiques aux professeurs.

Les compétences à acquérir

L'arrêté du 12 mai 2010 énonce "les compétences à acquérir par les professeurs, documentalistes et conseillers principaux d'éducation pour l'exercice de leur métier. Elles recouvrent trois aspects :

- **Les fondements et les valeurs :** agir en fonctionnaire et en professionnel porteur de valeurs, d'objets de savoirs et de culture ; communiquer clairement à l'oral et à l'écrit, dans les divers contextes de l'action professionnelle
- **L'acte d'enseignement :** concevoir des situations d'enseignement-apprentissage en fonction des élèves et des compétences visées dans les programmes ; piloter ces situations en fonction des élèves et des compétences en jeu ; évaluer la progression des apprentissages et le degré d'acquisition des compétences ; planifier, organiser et superviser le fonctionnement de la classe pour favoriser les apprentissages et les liens sociaux entre les élèves.
- **Le contexte d'action :** adapter ses interventions aux caractéristiques et aux besoins des élèves : intégrer les technologies de l'information pour préparer, piloter les démarches pédagogiques ; travailler en équipe pour réaliser les tâches mises au service des compétences des élèves ; coopérer avec d'autres professionnels, les parents, les partenaires pour atteindre les objectifs éducatifs de l'école.

de valorisation des parcours et des progrès ;
- la différenciation et la diversification pédagogique, à chaque niveau et selon les besoins observés des enfants ;
- la collaboration avec les parents : la relation école/famille fournit un modèle de compréhension des attentes réciproques ;
- la capacité à conduire une réflexion sur sa pratique professionnelle : l'analyse et la régulation des situations conditionne un ajustement au "réel de la classe".

Éclairage

Compétence n° 1 – "Faire partager les valeurs de la République"

Il s'agit de savoir transmettre et faire partager les principes de la vie démocratique au sein de l'école, ainsi que les valeurs de la République, c'est-à-dire la liberté, l'égalité, la fraternité, la laïcité, le refus de toutes les discriminations. Il s'agit aussi d'aider les élèves à développer leur esprit critique, à savoir distinguer les opinions des croyances, argumenter mais aussi respecter la pensée d'autres personnes. Des situations sont proposées dans le référentiel. Pour les enseignants du primaire on peut retenir : faire circuler la parole en veillant à l'expression de chaque élève et au respect mutuel ; savoir distinguer dans les propos ce qui relève de la libre expression et ce qui peut être identifié comme contraire aux valeurs portées par l'école. Par exemple, quand un enfant déclare ne pas vouloir jouer dans la cour avec un élève iranien parce que ses parents ne veulent pas qu'il soit copain avec un étranger. ■

> **“ Le référentiel est à la fois la carte de l'institution, la feuille de route des formateurs et la boussole de chaque enseignant. ”**
> Florence Robine, www.education.gouv.fr

→ ESPE / Formation continue / Polyvalence / Valeurs

Pour aller plus loin

- Dominique Bucheton (dir.), *L'agir enseignant : des gestes professionnels ajustés*, 2009, Octares éditions, 2014.
- www.education.gouv.fr/cid73215/le-referentiel-de-competences-des-enseignants-au-bo-du-25-juillet-2013.html

Remédiation

Le mot a la même racine que remède. Dans le domaine des sciences de l'action, la remédiation est synonyme d'action corrective. En pédagogie, la remédiation est un dispositif plus ou moins formel qui consiste à fournir à l'élève de nouvelles activités d'apprentissage pour lui permettre de combler les lacunes identifiées lors d'une évaluation formative à la suite d'un apprentissage.

Contexte

Le rôle de l'enseignant est notamment d'être un observateur attentif des procédures de l'élève et de ce qu'il réussit à réaliser. Grâce au faisceau d'indices recueilli, il met en place les remédiations. Les propositions pédagogiques en remédiation sont de ce fait sensiblement différentes des méthodes utilisées lors de la phase initiale d'enseignement. L'enseignant va avoir recours à des supports différents, des petits groupes de travail, un étayage individualisé, un enseignement mutuel en s'appuyant sur des élèves plus "performants", de nouveaux exercices…

Les modes de pensée

La psychologie cognitive identifie 7 modes de pensées qui impliquent que l'enseignant propose des médiations de différents types selon ce qu'il a observé chez ses élèves.

- **La pensée inductive** part de plusieurs faits pour stabiliser une loi qui permet ensuite d'ordonner et de comprendre ces faits (en sciences par exemple).
- **La pensée déductive**, à l'inverse, part d'une loi, d'un fait, d'un événement afin d'envisager plusieurs conséquences et une conclusion (par exemple pour l'explication de textes, une démonstration mathématique).
- **La pensée créatrice** consiste à créer, selon des itinéraires et des agencements inattendus, un élément nouveau par la mise en relation d'éléments appartenant à des domaines différents (rêve, couleurs, intuition…).
- **La pensée dialectique** conçoit les rapports entre les différentes réalités abstraites par comparaison et élabore ainsi des systèmes.
- **La pensée convergente** a pour objet la découverte d'une seule bonne réponse. Elle est fréquente dans les enseignements scientifiques.
- **La pensée divergente** produit plusieurs manières de résoudre un problème et plusieurs réponses. Elle est très liée à la pensée créatrice.
- **La pensée analogique** établit des rapports de ressemblance entre des objets différents.

Le statut de l'erreur

L'erreur est formatrice. L'analyse des erreurs doit permettre à l'élève de savoir comment il s'y est pris. C'est en regardant un élève en train d'effectuer une opération (par exemple) que l'enseignant saura débusquer l'erreur commise et en trouver la source, même s'il ne suffit pas de "regarder" pour comprendre. Il faut interroger : "Pourquoi as-tu mis un 5 ici ?", "Es-tu certain de ce résultat ?" Il faut faire "penser tout haut" autant qu'on le peut. La correction immédiate est essentielle car elle évite l'installation d'erreurs. La prise en compte des erreurs individuelles est une activité subtile qui nécessite des qualités d'écoute et de dialogue. Il faut aussi un savant dosage de questions ouvertes et de réponses partielles.

Les procédures de remédiations dans la stratégie générale

Sur la base des résultats obtenus par chaque élève, l'enseignant met en place des remédiations différenciées (différenciation simultanée) pour aider les élèves à trouver

Anticiper les fautes de stratégie des élèves

Il existe 7 familles d'aides aux apprentissages :

1. Exercer – systématiser (en travail intensif), automatiser : les élèves ont découvert le mécanisme mais ils ne l'ont pas suffisamment intégré ; il faut les entraîner. Ex. : le calcul mental.
2. Réviser – synthétiser, préparer une évaluation commune : faire reformuler ce qui a été fait dans la journée, éclaircir ce que les élèves ont appris et compris. Ex. retour sur une leçon d'histoire, sur les questions qui pourraient être posées.
3. Soutenir – observer l'élève au travail sur des tâches courantes, verbaliser les objectifs, les contenus, les procédures : mettre des mots sur ce qui est en cours pour lever les malentendus.
4. Préparer – réunir les conditions de la compréhension de la future séance collective (différenciation en amont).
5. Revenir en arrière – reprendre les bases, combler les "lacunes" : il est important de cibler les priorités à traiter, de trouver les difficultés décisives.
6. Compenser – enseigner des compétences requises mais non enseignées (procédures et stratégies transversales ou spécifiques). Ex. : la lecture d'un tableau à double entrée.
7. Faire autrement – enseigner la même chose, autrement (ou par quelqu'un d'autre).

et mettre en œuvre les stratégies efficaces. Il pourra s'agir :
- de répéter ou de récapituler la notion non acquise (si les élèves ont été inattentifs) ;
- de proposer des exercices supplémentaires (en cas de maîtrise insuffisante) ;
- de reprendre des notions antérieures ;
- de modifier des représentations ;
- de changer de stratégie d'appropriation de la notion, de supports, de contenus ;
- de travailler sur des aspects méthodologiques utiles à l'acquisition de la notion.

Éclairage

Identifier l'erreur

Dans l'exercice "écrire les nombres en chiffres à partir de l'écriture en lettres", dans la case soixante-trois, quatre élèves d'une classe ont écrit 57. L'enseignant interroge un élève qui indique alors : "En mathématiques, on fait faire des opérations. Soixante moins trois, je fais une soustraction et je trouve 57." L'erreur vient de la stratégie de l'enfant : il associe la discipline avec les opérations travaillées à cet instant, il est resté sur l'analyse de contexte. Une erreur peut être ponctuelle : un élève écrit 12 x 12 = 41. L'enseignant l'interroge sur la méthode employée : l'élève a inventé "sa" technique pour une multiplication donnée en ligne. La question a conduit l'élève à s'interroger sur le sens de ce qu'il faisait, sur l'ordre de grandeur du résultat attendu : 12 x 12 est plus grand que 10 x 10, c'est-à-dire 100 ; donc 41 est forcément un résultat faux. ■

« C'est l'espace d'une encyclopédie qui serait nécessaire pour recenser et démonter les questions que posent les erreurs des élèves. »
Stella Baruk, *Si 7 = 0 : quelles mathématiques pour l'école ?*, Odile Jacob, 2004

→ **Adaptation / Différenciation / Difficulté**

Pour aller plus loin

- "Les remédiations cognitives entre rééducation et thérapie", *Le Journal des Psychologues*, n° 320, septembre 2014.
- Catherine Berdonneau, *Aider les élèves en difficultés en mathématiques*, Hachette, 2006.
- http://tacit.univ-rennes2.fr/presentation/accueil

Réseau d'aides

Le réseau d'aides spécialisées aux élèves en difficulté (RASED) est un dispositif de circonscription qui dispense des aides spécialisées, pédagogiques ou rééducatives, aux élèves d'écoles maternelles et élémentaires en difficulté. Le psychologue scolaire, les professeurs des écoles spécialisés dispensent des aides pédagogiques ou rééducatives en complément du travail des enseignants dans les classes.

Contexte

Un réseau coordonné par l'IEN

Le réseau d'aides spécialisées aux élèves en difficulté (RASED) est constitué des enseignants chargés des aides spécialisées – aide à dominantes pédagogique (maître E) et rééducative (maître G) – et des psychologues scolaires. Il est placé sous l'autorité de l'IEN qui, après concertation, arrête l'organisation générale des actions de prévention et des aides spécialisées et les évalue. Il renforce les équipes pédagogiques des écoles. Il les aide à analyser les situations des élèves en grande difficulté et à construire des réponses adaptées. Il contribue à la mise en œuvre des programmes personnalisés de réussite éducative (PPRE, PAP, PPS). Son fonctionnement est précisé dans la circulaire n° 2014-107 du 18 août 2014.
Les aides spécialisées peuvent intervenir à tout moment de la scolarité, en appui et en accompagnement de l'action dans la classe. Le projet d'aide spécialisée est précisé dans un document écrit qui fait la cohérence entre cette aide spécifique et l'aide apportée par le maître de la classe ou dans le cadre d'autres dispositifs pédagogiques. Le document précise les objectifs visés, la démarche envisagée, une estimation de la durée de l'action et les modalités d'évaluation. Les parents sont systématiquement mobilisés autour du projet d'aide de leur enfant.

Les intervenants du réseau

Le psychologue scolaire aide à l'analyse de la situation d'un enfant en liaison avec la famille et les enseignants. Il réalise des observations, des bilans et des suivis psychologiques, analyse et interprète les données recueillies. Il mène des entretiens avec l'enfant, les enseignants et avec les parents pour comprendre ce qui fait obstacle à l'appropriation des apprentissages. Il recherche l'ajustement des conduites pédagogiques et éducatives.
Le maître E apporte une aide aux élèves qui ont des difficultés à comprendre et à apprendre dans le cadre des activités scolaires. Il conduit son analyse des difficultés avec l'enseignant de la classe ou l'équipe du cycle. Il apporte une remédiation pédagogique, accompagne les élèves vers la prise de conscience et la maîtrise des attitudes et des méthodes de travail qui conduisent à la réussite et à la progression dans les savoirs et les compétences. Il vise toujours un transfert de cette dynamique d'apprentissage vers la classe.
Le maître G apporte une aide aux élèves dont les rapports aux exigences de l'école, l'investissement dans les activités scolaires sont faibles. Les deux formes d'aide ne sont pas des spécialisations cloisonnées. Le

33 %

Les postes en Réseau d'aides : depuis 2002, les RASED ont été particulièrement touchés par les suppressions. Alors que 9 % des postes ont disparu dans l'Éducation nationale, cette proportion a atteint 33 % pour les Réseaux.

Aide personnalisée et aide spécialisée	
L'aide personnalisée	L'aide spécialisée
Elle est dispensée dans la classe, dans le cadre des petits groupes d'actions pédagogiques complémentaires (APC). Elle est mise en œuvre par l'enseignant sur une durée courte. Elle est une réponse à des difficultés passagères.	Elle est prise en charge par un enseignant spécialisé, maître E ou maître G. Il choisit ses modalités d'intervention : dans la classe/hors de la classe. Elle est une réponse à des difficultés persistantes.
Elle se caractérise plutôt par :	
- L'enseignant agit en fonction des difficultés que l'élève rencontre. - Les aides qu'il propose sont en lien direct et immédiat avec le travail fait en classe, exemple d'un résumé d'histoire fourni avant, qu'on va lire pour un enfant qui a des difficultés de compréhension.	- L'approche globale des difficultés permet d'appréhender l'enfant et son "devenir élève". - Le projet écrit détermine le début et de la fin de l'aide. - L'enseignant utilise des outils d'évaluation spécifiques, dont l'observation de l'enfant en classe.
- Les aides personnalisées sont discutées en conseil de cycle ou de maîtres.	- Les projets d'aide spécialisée sont discutés en réunion de concertation et de synthèse du RASED, chaque enseignant spécialisé apporte son expertise. Il est mené en partenariat avec l'enseignant de l'élève pris en charge.

maître E prend en considération le découragement induit par des difficultés d'apprentissage persistantes. Le maître G prend en compte les demandes de réussite scolaire des enfants et de leur famille.

Éclairage

En Finlande, une politique d'assistance précoce et de soutien – scolaire et/ou psychologique – à l'école est mise en place dès qu'un problème est identifié chez l'enfant. Tous les enseignants sont systématiquement formés au repérage et au "diagnostic" des élèves en difficulté, ainsi qu'à un enseignement différencié en fonction des divers besoins et profils de leurs élèves.
Par ailleurs, les cours se déroulant en Finlande tous les matins, et jusqu'à 15 heures, des activités extrascolaires, organisées par les municipalités, sont proposées aux jeunes dans leurs établissements ou à l'extérieur, qui englobent des mesures de soutien. (Source : Thierry Foucault, Claude Haut, Rapport d'information au Sénat, n° 737, session 2012-2013.) ■

> **« Dans la conscience de l'élève en difficulté, il n'y a de place pour le bonheur, si vif et si constant est le sentiment d'échec surtout si celui-ci a pour objet une matière principale comme les mathématiques ou la lecture. »**
> Antoine de la Garanderie,
> *Plaisir de connaître, Bonheur d'être*,
> Chronique sociale, 2013

→ **Adaptation / Besoins éducatifs particuliers / Handicap / Inclusion / Orientation**

Pour aller plus loin

- Jean-Jacques Guillarmé, *Écouter l'enfant, aider l'élève (Les outils de la réussite)*, Érès, 2007.
- Sites Internet des fédérations nationales des associations de maîtres E (Fname), des rééducateurs de l'Éducation nationale (Fnaren) des Psychologues de l'Éducation nationale (Afpen)
- Jean-Jacques Guillarmé, Dominique Luciani, *La querelle des aides à l'école*, rapport de recherche : www.editions-eres.com
- www.education.gouv.fr/cid24444/les-reseaux-d-aides-specialisees-aux-eleves-en-difficulte-rased.html

Rythmes

On appelle rythmes l'ensemble des horaires et des emplois du temps qui organisent la journée de l'enfant à l'école. Les rythmes scolaires sont aussi définis comme les rythmes propres aux enfants en situation scolaire. Ils désignent les variations des capacités de vigilance, d'attention et d'apprentissage en fonction du temps et du moment de la journée, de la semaine.

Contexte

Le rythme biologique

Il se définit comme une suite de variations physiologiques significatives, qui déterminent en fonction du temps des variations de forme. Un certain nombre de facteurs sont susceptibles d'influencer ou de modifier les rythmes, l'alternance jour/nuit, repos/activité, les heures des repas… Il y a aussi des variations qui sont propres aux personnalités, les besoins de sommeil sont variables d'une personne à l'autre.

La notion **d'horloge biologique** est bien établie. Elle assure une synchronisation temporelle interne, qui coordonne les variations circadiennes de multiples paramètres, biochimiques, physiologiques, et de comportement. Des dérèglements de la rythmicité d'un certain nombre de paramètres physiologiques peuvent être facilement mis en évidence, par exemple dans le phénomène du décalage horaire que l'on vit quand on voyage.

La chronopsychologie étudie les fluctuations du comportement, de l'activité intellectuelle par l'observation du comportement des élèves en classe, par exemple les comportements de passivité, les bâillements, les étirements, les affalements, le frottement des yeux… ou inversement une grande activité cognitive.

La réforme des rythmes scolaires

Définie par le **décret n° 2013-77 de janvier 2013**, elle est conçue pour mieux répartir le temps d'enseignement sur la semaine et faciliter les apprentissages de tous les élèves. Elle vise à améliorer la maîtrise des savoirs fondamentaux, lire, écrire, compter. Les apprentissages fondamentaux sont situés plutôt le matin, au moment où les élèves sont les plus attentifs. On fait bénéficier tous les élèves de 5 matinées au lieu de 4, pour des temps d'apprentissage plus réguliers.

La semaine des enfants se découpe en temps d'enseignement pour toute la classe, en activités pédagogiques complémentaires (APC) proposées à des petits groupes d'élèves et en temps d'activités périscolaires (TAP) pris en charge par les collectivités locales.

Le projet **éducatif territorial** (PEDT) est un outil permettant de définir le cadre général entre école et périscolaire. Rassemblant, à l'initiative de la collectivité territoriale, les acteurs intervenant dans le domaine de l'animation et de l'éducation, il formalise une démarche permettant de proposer à chaque enfant un parcours éducatif de qualité. Cette collaboration prend en compte le temps de l'enfant dans sa globalité. Le PEDT contribue à renforcer le travail d'équipe, les liens avec les autres intervenants dans l'école.

87 %

C'est le pourcentage de communes comptant une école publique ayant opté pour le cadre général du décret à la rentrée 2014. 13 % ont souhaité expérimenter une organisation différente rendue possible par le décret du 7 mai 2014. La quasi-totalité des communes a fait le choix d'organiser la matinée de classe supplémentaire le mercredi.

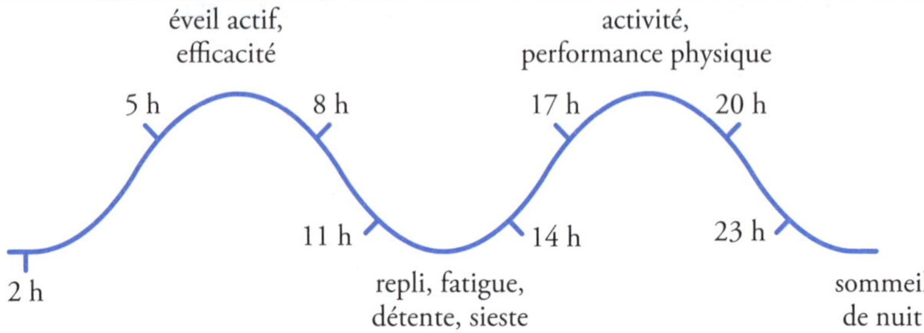

Au réveil, l'enfant est actif, prêt à apprendre, à mémoriser, à effectuer un travail physique important. En milieu de journée, une phase moins efficace survient, c'est un moment de fatigue biologique. C'est souvent le moment de la sieste et beaucoup de jeunes enfants s'endorment avant leur repas de midi. Vers 17 heures, lors d'une nouvelle phase de performances physiques et intellectuelles, les enfants peuvent faire du sport, étudier efficacement et apprendre vite.

Le soutien financier de l'État

Dans le cadre du fonds d'amorçage, les communes reçoivent de l'État une subvention de 50 euros par élève et par an. La Caisse nationale d'allocations familiales (CNAF) verse 54 euros pour les communes qui ont un accueil de mineurs. Elle a été initiée en 2014 pour l'année 2015-2016, elle est reconduite pour 2016.

Éclairage

Mise en place dans une école rurale

Une commune rurale de 900 habitants, située dans le centre, compte 101 élèves d'une seule école primaire publique (59 en maternelle, 42 en élémentaire). Le temps scolaire est organisé sur cinq matinées et trois après-midi. Les activités périscolaires sont regroupées le jeudi de 13 h 15 à 16 h 15. Afin de tirer au mieux parti du contexte rural, les activités périscolaires proposées visent en premier lieu une meilleure connaissance de la nature, de l'environnement et du patrimoine local. La pratique de sports, de jeux collectifs sont également proposées. Ce programme s'appuie essentiellement sur des bénévoles associatifs et non associatifs. L'implication des familles et la promotion des relations intergénérationnelles ont été recherchées. Le PEDT organise, sur la base d'un contrat enfance jeunesse préexistant, un service de garderie tous les jours de classe, de 7 h 30 à 8 h 35, ainsi que les lundis, mardi, jeudi et vendredi, de 16 h 15 à 18 heures Des activités extrascolaires ont également pu être intégrées à cette réflexion globale. ■

« Mais pourquoi les quatre jours sont si néfastes ? L'alternance deux jours de repos [samedi-dimanche]/deux jours de classe [lundi-mardi]/un jour de repos [mercredi]/deux jours de classe [jeudi-vendredi] agit comme un yoyo très nuisible sur eux. »
François Testu, interview in *Le nouvel Obs*, novembre 2013

→ **Parents / Partenaires / Primaire / Vie scolaire**

Pour aller plus loin

- Hubert Montagner, *Les Rythmes de l'enfant et de l'adolescent*, Stock, 1990
- François Testu, *Rythmes de vie et rythmes scolaires*, Elsevier-Masson, 2011.
- www.education.gouv.fr/pid29074/rythmes-scolaires.html

Séance/Séquence

Une séance est une organisation de l'enseignement qui se rapporte à l'unité de temps qui figure à l'emploi du temps. Elle vise un objectif d'apprentissage fixé à son propre terme. Elle fait progresser l'élève vers la maîtrise des compétences visées par la séquence, qui est une suite de séances.

Contexte

Une démarche réfléchie

La préparation écrite de la classe repose sur des outils de pilotage et de régulation de l'action. L'objectif d'apprentissage de chaque séance doit être cohérent et s'articuler avec celui des autres séances et avec l'objectif d'apprentissage de la séquence. La séquence concerne en général une notion importante qui nécessite un temps long pour l'aborder et justifie le découpage en séances, chacune précisant les objectifs à atteindre et les contenus à développer. Les objectifs clairs et peu nombreux sont à atteindre au travers de compétences à apprécier, de capacités à faire acquérir et d'attitudes à construire. Toute séance doit aussi envisager une évaluation pour vérifier si les capacités sont acquises au travers des connaissances abordées. Un réajustement pédagogique peut être introduit lors de la séance suivante.

Avant l'apprentissage, une évaluation diagnostique permet de savoir ce que les élèves savent déjà. La progression spécifique à cet apprentissage (objectifs intermédiaires) tient compte de l'analyse de l'évaluation diagnostique. L'analyse des difficultés et des erreurs amène à concevoir des réponses adaptées. En fin de séquence, le niveau d'acquisition est évalué de manière identique pour tous les élèves ; cela correspond au niveau d'exigence de base de la notion.

Les différentes phases d'une séance

Le déroulement s'articule en différentes phases: une phase orale d'une dizaine de minutes maximum avant la recherche ou la tâche. Pour chaque séance, l'enseignant annonce aux élèves ce qui est travaillé, notion et compétence, à quelle phase de l'apprentissage on se trouve et la production qui est visée.

1. Phase de mise en route. Elle situe le domaine ou les domaines travaillés. Elle remet en mémoire ce qui a été fait lors des séances précédentes. Elle rappelle aux élèves les acquisitions déjà réalisées qui pourront être exploitées pour le travail proposé.

2. Phase d'appropriation. C'est l'entrée dans la situation. Les élèves doivent comprendre ce qu'on attend d'eux (le but à atteindre), connaître les contraintes (matériel et temps) et les modalités de travail. La séance est resituée dans le module d'apprentissage en précisant si on est en phase de découverte, d'entraînement, d'évaluation… Énoncer aux élèves les critères et des indicateurs de réussite leur permet d'évaluer eux-mêmes la réussite de la tâche demandée.

3. La consigne. Elle est la plus précise possible et doit avoir été stabilisée au préalable par l'enseignant afin d'éviter les difficultés de compréhension. Elle doit être comprise par la totalité des élèves, écrite si nécessaire au tableau. Faire reformuler par quelques élèves permet de savoir ce qui est compris. Si les élèves travaillent en autonomie, la consigne doit permettre de savoir ce qu'il y a à faire, comment ils doivent s'y prendre.

30 à 35 min

C'est la durée d'efficacité d'une séance par discipline au cycle 2 ; elle est de 45 minutes au cycle 3.

Rédiger la fiche de séance	
Au préalable	Se référer au pilier du socle, aux libellés des programmes officiels. Rappeler le titre de la séquence, l'étape dans laquelle on se situe, les objectifs spécifiques de la séance dans la discipline, et les compétences de langue associées. Prévoir les matériels et supports. Se donner un cadre chronologique, anticiper sur ce qui va se passer, les consignes, la durée de chaque phase. Prévoir les traces écrites, l'évaluation et les prolongements éventuels. Dans la rubrique "Observations" seront notées toutes les informations sur le déroulement réel.
La durée	Il faut bien connaître ses élèves pour bien estimer le temps nécessaire à chaque phase.
Les enchaînements de séances	Il y a toujours un peu de temps perdu pour passer d'une activité à l'autre. Rythmer ces moments de passage par des activités courtes comme le calcul mental, des jeux vocaux ou rythmiques. Les prévoir dans le planning de la journée.
Commencer et terminer	Annoncer clairement aux élèves ce qui va être appris dans la séance. Terminer par un retour sur ce qui a été fait et appris.
Les consignes	S'assurer de la réception de la consigne en faisant reformuler par quelques élèves l'activité, le matériel, le temps, les aides possibles. Pour plus d'efficacité, les écrire sur la fiche de préparation, en écrire certaines au tableau, utiliser un vocabulaire et une syntaxe claires et simples.

4. Le déroulement. Les élèves sont en action : ils observent, ils expérimentent, ils manipulent, ils recherchent, ils produisent… L'enseignant observe les attitudes, les stratégies, les difficultés rencontrées pour pouvoir apporter des aides et remédiations. Il fait des relances en cas de blocages. Il peut travailler spécifiquement avec un groupe d'élèves. Si des difficultés massives sont observées, il fait un point collectif en cours de route.

5. La mise en commun. La confrontation des stratégies permet d'organiser les réponses pour aider le travail de structuration.

6. La clôture de la séance. Le bilan est rapide : rappel de l'objectif, des compétences travaillées, de la mise en œuvre, stabilisation d'une trace. Anticiper sur la séance suivante aide les élèves à se situer par rapport aux apprentissages.

Éclairage

Exemple de mise en œuvre au cycle 3 d'une séquence de 4 séances sur la sécurité routière

Étape préalable : recherche des représentations ou des conceptions des élèves par rapport à la circulation et à la sécurité.

1re séance : sortie dans le village en groupes pour relever les éléments organisateurs de la circulation.

2e séance : à partir du plan (du village), le groupe mène une synthèse des observations faites pour élaborer un schéma codé des panneaux et informations, pour réaliser un répertoire des mots qui s'y rattachent.

3e séance : le plan est partagé en trois zones pour que trois groupes d'élèves puissent jouer chacun dans un secteur. Un groupe pose des panneaux sur le plan, un deuxième groupe doit se déplacer sur le plan en identifiant les zones de danger, un troisième groupe dresse la carte des zones de danger possible. Les trois groupes tournent.

4e séance : La synthèse est menée par la mise en commun des travaux de groupes. Une carte des zones de danger peut être dressée. ■

> **« De l'organisation du travail dépend la rencontre entre chaque élève et le savoir. »**
> Philippe Perrenoud, *L'organisation du travail, clé de toute pédagogie différenciée*, ESF, 2012

→ Classe / Didactique / Pédagogie / Programmation

Pour aller plus loin

- http://eduscol.education.fr/pid23199/ecole-elementaire-et-college.html

Situation-problème

On appelle situation-problème une tâche concrète à accomplir dans des conditions où les élèves doivent franchir un certain nombre d'obstacles. Conduite sous le contrôle de l'enseignant, elle fait partie des outils d'une pédagogie fondée sur la construction active des savoirs. Une situation pédagogique fait problème si elle permet d'acquérir un savoir à partir d'une question.

Contexte

Un problème

Le terme "problème" recouvre trois sens: l'initiative et le projet; l'interposition et l'obstacle; l'élément significatif, saillant. La situation-problème relie deux aspects: un aspect externe lié à la tâche, un aspect interne qui prend en compte l'élève, ce qu'il se représente de la tâche. Ses réponses sont considérées comme des modes de résolution. Toutes les disciplines peuvent être concernées; l'élève peut avoir à résoudre un problème de production écrite en utilisant un lexique poétique, de composition plastique, d'ajustement de ses gestes pour atteindre une cible… La situation-problème est particulièrement bien adaptée dans les domaines mathématiques et scientifiques, où le développement de la capacité de raisonnement s'applique.

Elle est dorénavant convoquée dès la maternelle, le nouveau programme indiquant en effet que "[l'école maternelle] *organise des modalités spécifiques d'apprentissage en mettant en place des situations variées: résolution de problèmes, entraînements, mémorisation*".

L'attitude de l'enseignant

Pour bien mener des situations-problèmes, il faut pour l'enseignant: la capacité d'encourager et de guider le tâtonnement expérimental; l'acceptation des erreurs comme sources de régulation et de progrès; la valorisation de la coopération entre les élèves dans des tâches complexes; la capacité d'expliciter et d'ajuster le contrat didactique, d'entendre les résistances des élèves et d'en tenir compte; la capacité de s'impliquer personnellement dans le travail sans rester constamment dans la position de l'arbitre ou de l'évaluateur, en conservant sa position de maître.

Les approches pédagogiques

Philippe Meirieu et Jean-Pierre Astolfi définissent le dispositif d'apprentissage de manière complémentaire. L'un centre sa réflexion sur l'élève, l'autre sur les conditions pédagogiques et didactiques à réunir par l'enseignant.

Pour Philippe Meirieu, ce dispositif d'apprentissage enclenche chez l'élève le désir d'apprendre. L'élève doit accomplir une tâche qui constitue pour lui un problème au sens fort du terme. Par ses paramètres matériels et les consignes données, la tâche doit le conduire à apprendre. Cet apprentissage l'amène à construire une opération mentale qui correspond au savoir recherché. L'objectif d'apprentissage est compris comme un objectif-obstacle. Les contraintes de la tâche définissent des passages obligés dans la construction des savoirs mais doivent intégrer une différenciation des stratégies.

Jean-Pierre Astolfi met l'accent sur l'importance de questionnements mis à la portée des élèves. Une situation-problème est organisée autour du franchissement d'un obstacle par la classe, obstacle préalablement identifié. L'étude s'organise autour d'une situation concrète, qui permet effec-

> **Ne pas confondre**
> **Une question:** "Que faut-il qu'un repas contienne comme aliment?"
> **Un problème:** "Élaborez un menu pour notre journée de sortie en précisant les aliments choisis pour chacun des repas".
> **Une situation-problème:** "Faites un menu uniquement avec de bons aliments".

tivement la formulation des hypothèses. Les élèves perçoivent la situation comme une véritable énigme à résoudre, dans laquelle ils sont en mesure de s'investir. Le problème devient "leur affaire". C'est le besoin de résoudre qui conduit l'élève à élaborer ou à s'approprier collectivement les instruments qui seront nécessaires à la construction d'une solution. La situation doit offrir une résistance suffisante, amenant l'élève à y investir ses connaissances disponibles ainsi que ses représentations. La solution ne doit pas être perçue comme hors d'atteinte, la situation-problème n'est pas une situation à caractère problématique. Le travail de la situation-problème fonctionne sur le mode du débat scientifique à l'intérieur de la classe, stimulant les conflits socio-cognitifs. La validation de la solution résulte du mode de structuration de la situation elle-même. Le réexamen du chemin parcouru est l'occasion d'un retour réflexif, à caractère métacognitif. Il aide les élèves à prendre conscience des stratégies mises en œuvre et à les stabiliser en procédures disponibles pour de nouvelles situations-problèmes.

Éclairage

Une situation-problème en SVT (cycle 3)
Familiarisés avec une approche sensible de la nature, les élèves apprennent à être responsables face à l'environnement, au monde vivant, à la santé. Conformément au programme, les élèves de cycle 3 doivent découvrir le sens des relations alimentaires entre les êtres vivants (chaînes et réseaux alimentaires), comprendre le rôle vital que jouent les végétaux verts dans l'écosystème. La situation-problème proposée peut être la suivante: "Et si tous les végétaux disparaissaient de la surface de la Terre? Que pensez-vous qu'il arriverait?" Les élèves n'envisagent pas l'importance écologique des végétaux sur terre et encore moins leur rôle. Leur importance est liée à la production de matières organiques dont les animaux se nourrissent. Après discussion, les élèves prennent conscience que si les végétaux n'existaient plus..., il ne pourrait plus y avoir de vie sur terre. ■

> **"Dans une pédagogie de situations-problèmes, le rôle de l'élève est de s'impliquer, de participer à un effort collectif pour réaliser un projet, par la même occasion, de nouvelles compétences. Il est invité à faire part de ses doutes, à expliciter ses raisonnements, à prendre conscience de ses façons de comprendre, de mémoriser, de communiquer. On lui demande en quelque sorte, dans le cadre de son métier d'élève, de devenir un praticien réflexif."**
> Philippe Perrenoud, *Construire des compétences dès l'école*, ESF Éditeur, 2000

→ Groupe / Pédagogie

Pour aller plus loin

- Jean-Pierre Astolfi, *Placer les élèves en situations-problèmes*, INRP, 1993.
- Jean-Pierre Astolfi, "Situation-problème", in *Dictionnaire encyclopédique de l'éducation et de la formation*, Nathan, 1994.
- Gérard de Vecchi, Nicole Carmona-Magnaldi, *Faire vivre de véritables situations-problèmes*, Hachette Éducation, 2007.
- Philippe Meirieu, *Apprendre... oui, mais comment*, ESF Éditeur, 2002.

Socle

Le socle commun de connaissances et de compétences définit ce que tout élève doit savoir et maîtriser à la fin de la scolarité obligatoire. Introduit par la loi du 23 avril 2005 et redéfini en 2015, il rassemble l'ensemble des connaissances, compétences, valeurs et attitudes nécessaires pour réussir sa scolarité, sa vie d'individu et de futur citoyen. La définition du socle en France s'inscrit dans un cadre européen.

Contexte

Le cadre européen

À la suite du sommet de Lisbonne (2000), le Conseil européen a décidé d'adopter un cadre européen définissant les "*compétences de base*" à acquérir par l'éducation et la formation tout au long de la vie. Ces "*compétences-clés*" visent l'épanouissement, le développement personnel des individus, leur inclusion sociale, la citoyenneté active et l'accès à l'emploi. Elles doivent être acquises au terme de la période obligatoire d'enseignement et de formation préparant à la vie d'adulte, tout en constituant une base pour des apprentissages ultérieurs.

Le premier socle (décret du 11 juillet 2006) comprenait sept compétences, à la fois connaissances, attitudes et comportements : la maîtrise de la langue française, la pratique d'une langue vivante étrangère, des éléments de mathématiques et de culture scientifique, la maîtrise des techniques de l'information et de la communication, la culture humaniste, l'autonomie et l'initiative.

Le nouveau socle

La loi n° 2013-595 du 8 juillet 2013 pour la Refondation de l'École redéfinit le socle, désormais intitulé "*socle commun de connaissances, de compétences et de culture*". La conception a évolué, ainsi que les composantes pour préciser la culture commune à acquérir pendant la scolarité obligatoire. Le socle doit mieux s'articuler avec les nouveaux programmes de l'école primaire et du collège, applicables en septembre 2016. L'évaluation du socle, le livret scolaire et le diplôme national du brevet constituent un système cohérent de validation. Trois paliers de validation sont définis :

- au palier 1 en fin de cycle 2 (CE2), sont validées les compétences du cycle des apprentissages fondamentaux ;
- au palier 2, en fin de cycle 3 (classe de 6e), sont validées les compétences du cycle de consolidation ;
- au palier 3, en fin de cycle 4 (classe de 3e) sont validées les compétences du cycle des approfondissements. Le diplôme national du brevet atteste la maîtrise du socle commun.

Les compétences du socle sont validées dans un **Livret personnel de compétences** (LPC) qui suit l'élève tout au long de sa scolarité. Outil de dialogue avec les familles, il inclut aussi l'attestation de compétences aux premiers secours, les attestations scolaires de sécurité routière (ASSR) au collège.

La validation du socle n'est pas une condition de passage dans les classes supérieures.

79,8 %

C'est le pourcentage d'élèves maîtrisant la langue française en fin de CM2 (année scolaire 2012-2013) selon les attendus du socle. Il est de 70,9 % pour les mathématiques et la culture scientifique.
(Source DEPP RRS 2014.)

En revanche il faut au plus vite, notamment dès son entrée au collège, mettre en place les dispositifs qui lui permettront de valider le palier 2 (PPRE, ATP…).

Les cinq domaines du socle

La logique du socle implique une acquisition progressive et continue des connaissances et des compétences par l'élève. La vérification de la maîtrise des acquis est faite tout au long du parcours scolaire. Cinq domaines sont concernés :

1. Les langages pour penser et communiquer. Ils recouvrent quatre types de langage (objets de savoir et outils) : la langue française, les langues vivantes étrangères ou régionales, les langages mathématiques, scientifiques et informatiques, les langages des arts et du corps.

2. Les méthodes et outils pour apprendre. Ce domaine a pour objectif de permettre d'apprendre à apprendre. Un apprentissage explicite en situation se fait dans tous les enseignements et espaces de la vie scolaire.

3. La formation de la personne et du citoyen, pour acquérir la capacité de juger par soi-même, et le sentiment d'appartenance à la société. Cette formation prend appui sur les principes qui règlent la vie dans l'école.

4. Les systèmes naturels et techniques. Le domaine construit les fondements de la culture mathématique, scientifique et technologique. Il s'appuie sur l'observation, la manipulation et l'expérimentation.

5. Les représentations du monde et les activités humaines. Le domaine est consacré à la compréhension du monde habité et façonné par les hommes. L'espace et le temps, les représentations du monde, y compris dans l'invention, la création artistique et littéraire, sont des initiations à la diversité de l'expérience humaine.

Socle et programmes

Le socle commun ne se substitue pas aux programmes. Chacune des compétences est conçue comme une combinaison de connaissances fondamentales. Chaque compétence requiert la contribution de plusieurs disciplines et, réciproquement, une discipline contribue à l'acquisition de plusieurs compétences. Tout enseignement reste dans une logique de construction de compétences. Toute connaissance ou capacité prise isolément est toujours référée à la pratique qui lui donne sens.

Éclairage

Comment valider une compétence du référentiel du socle en acquis (A) ou non-acquis (NA) ?

Soit une compétence est considérée comme acquise en référence à un degré de maîtrise donné (les paliers), soit elle ne l'est pas et on peut considérer qu'elle est en cours d'acquisition. Le bilan de fin de scolarité obligatoire doit trancher pour valider le socle. On peut considérer que tout élève est toujours en train d'acquérir des compétences et qu'il les maîtrise à un degré variable. ■

> « Le seul apprentissage pendant l'enfance est celui qui anticipe le développement et le fait progresser. Mais on ne peut enseigner à l'enfant que ce qu'il est capable d'apprendre. »
> Lev Vygotski, *Pensée et langage*, La Dispute, 1997

→ Collège / Compétences / Cycle / Élémentaire / Programmes

Pour aller plus loin

- www.education.gouv.fr/cid2770/le-socle-commun-de-connaissances-et-de-competences.html

Système éducatif

Le système éducatif est l'ensemble des institutions qui organisent les enseignements scolaires, de la maternelle jusqu'aux études supérieures. Il relève de l'État dont la mission est d'assurer une école démocratique et égalitaire, selon les principes du préambule de la Constitution.

Contexte

En France, l'Éducation nationale est régie par le Code de l'éducation, qui rassemble toutes les lois votées pour l'école.

Le système éducatif comprend 3 degrés d'enseignement. **Le premier degré** correspond à l'enseignement pré-élémentaire (maternelle) et élémentaire dispensés en cycles d'apprentissage. **Le second degré** (enseignement secondaire) est dispensé dans les collèges et les lycées. Le second cycle professionnel est fait dans les lycées professionnels. Des enseignements adaptés sont également offerts en collège (sixième à troisième Segpa) sur projet d'orientation préparé dès le cycle 3 de l'école. **L'enseignement post-secondaire et supérieur** est dispensé dans les lycées (sections de techniciens supérieurs, classes préparatoires aux grandes écoles), les grandes écoles et les écoles ou instituts spécialisés, et dans les universités.

Les compétences partagées : État/collectivités territoriales

Le système éducatif est fortement déconcentré et de plus en plus décentralisé. La déconcentration correspond à un transfert de décision de l'administration centrale vers ses relais régionaux ou locaux. La décentralisation (lois de 1982-1983, loi du 13 août 2004 relative aux libertés et aux responsabilités locales) est un transfert de compétences des pouvoirs de l'État vers les collectivités locales, qui ont alors une certaine autonomie de décision. L'État est responsable du recrutement, de la formation, de l'évaluation et de la gestion des personnels. Il est chargé de certaines dépenses pédagogiques. Il légifère sur les orientations générales, les programmes scolaires et les diplômes. La répartition des compétences concerne trois niveaux des collectivités territoriales :

- pour les écoles primaires : la commune,
- pour les collèges : le département,
- pour les lycées et une partie des établissements universitaires : la région.

Les différents échelons administratifs

Il existe trois composantes essentielles au niveau administratif : l'administration centrale parisienne géographiquement proche du Ministre et de son cabinet ("la rue de Grenelle") ; les services déconcentrés situés sur le territoire des académies, regroupés au sein des rectorats, et ceux des inspections académiques qui se situent au niveau du département ; les établissements publics nationaux, et enfin les établissements publics locaux d'enseignement (EPLE) et les écoles. Deux corps d'inspection de compétence nationale sont chargés de procéder, sur lettre de mission du ministre, à l'évaluation du système éducatif : l'inspection générale de l'Éducation nationale (IGEN) et l'inspection générale de l'administration de l'Éducation nationale (IGAEN).

144,8

C'est en milliards d'euros la somme que la France a consacrée en 2015 à son système éducatif. L'État reste le premier financeur de l'éducation (57 %).
(Source : MENESR-DEPP, 2014.)

Les instances de consultation

Le Conseil supérieur de l'éducation (CSE), présidé par le ministre de l'Éducation, est composé des représentants des enseignants et personnels, des parents d'élèves, des élèves, des collectivités territoriales et d'associations. Le Haut conseil de l'éducation (HCE), créé par la loi d'orientation du 23 avril 2005, organe consultatif indépendant, remplace le Conseil national des programmes et le Haut conseil de l'évaluation de l'école. Le Conseil national de la vie lycéenne (CNVL) comprend des représentants des lycéens élus au sein de chaque conseil académique et les trois élus du CSE. La Commission académique d'appel des conseils de discipline des élèves est chargée d'examiner les appels déposés par les familles.

Les catégories professionnelles

Les personnels enseignants. Ce sont les professeurs des écoles (PE), professeurs des lycées et collèges (PLC), professeurs de lycées professionnels (PLP). Dans le premier degré, des enseignants spécialisés titulaires d'un certificat d'aptitude professionnelle pour les enseignements adaptés et la scolarisation des élèves handicapés (CAPASH) prennent en charge, dans le Réseau d'aides spécialisées (RASED) ou dans un dispositif collectif d'intégration, les enfants qui sont en difficulté scolaire.

Les personnels de direction. Dans le premier degré, le directeur d'école est un enseignant qui représente l'institution auprès de la commune et des parents. Il n'est pas chef d'établissement. Dans le second degré, le chef d'établissement (principal, proviseur) est à la fois l'exécutif de l'établissement et le représentant de l'État. Il est assisté du Conseiller principal d'éducation (CPE).

Les personnels sociaux et de santé. Ce sont les médecins de l'Éducation nationale, les infirmières/iers dans les établissements du second degré, ainsi que les assistantes/s sociales. Le psychologue scolaire est un enseignant titulaire d'un troisième cycle universitaire de psychologie qui a suivi une année de formation pour se spécialiser.

Les auxiliaires de vie scolaire (AVS). Ils accompagnent individuellement les enfants handicapés, dans le cadre d'un projet personnalisé de scolarité (PPS).

Éclairage

Les médiateurs

Tous les usagers, tous les personnels de l'Éducation nationale peuvent saisir un médiateur par écrit. Lorsque la réclamation concerne le fonctionnement du ministère et ses services, il convient de saisir le médiateur de l'Éducation nationale. Quand elle concerne les services et les établissements situés dans l'académie, c'est le médiateur académique qui est saisi. Il aide au règlement au cas par cas des réclamations qui lui sont soumises. ■

> **“Lorsqu'on étudie historiquement la manière dont se sont formés et développés les systèmes d'éducation, on s'aperçoit qu'ils dépendent de la religion, de l'organisation politique, du degré de développement des sciences, de l'état de l'industrie, etc. Si on les détache de toutes ces causes historiques, ils deviennent incompréhensibles.”**
> Émile Durkheim, *Éducation et sociologie*, 1934

→ **Académie / Circonscription / Collège / Décentralisation / Direction / Primaire**

Pour aller plus loin

- Bernard Toulemonde, *Le système éducatif et son administration*, La Documentation française, 2009.
- www.education.gouv.fr/cid57111/l-education-nationale-en-chiffres.html

Théories de l'apprentissage

Les théories de l'apprentissage proposent des modèles explicatifs pour comprendre comment un enfant apprend. La connaissance des théories de l'apprentissage permet aux enseignants de mieux cerner les paramètres en jeu dans l'acte d'enseigner, d'en analyser ses effets sur la manière dont les élèves apprennent et comprennent.

Contexte

"Apprendre", du latin *apprehendere*, signifie saisir, s'emparer, comprendre. Connaître les théories de l'apprentissage permet de comprendre les rapports fondés entre les différents aspects de l'acte pédagogique : l'élève, l'enseignant, le savoir et le groupe.

Les quatre grandes théories

On distingue quatre grandes théories de l'apprentissage que l'on peut relier à des pratiques et des conceptions pédagogiques.

1. La conception transmissive de l'apprentissage considère que pour apprendre, l'élève doit être attentif, écouter, imiter, répéter et appliquer. Les méthodes pédagogiques sont conçues pour faciliter l'appropriation d'un savoir selon deux voies privilégiées : le langage et le visuel. Pour représenter le cerveau de celui qui apprend, on utilise souvent l'image d'un vase vide à remplir. L'apprentissage est considéré comme un processus qui consiste à acquérir continuellement de nouvelles connaissances. Le rôle du maître y est central.

2. Le béhaviorisme, dont B. F. Skinner fut l'un des fondateurs, suppose que l'acquisition des connaissances s'effectue par paliers successifs. Le passage d'un niveau de connaissance à un autre s'opère par le renforcement positif des réponses et comportements attendus. En élaborant des paliers aussi petits que possible, on accroît la fréquence des renforcements tout en réduisant au minimum les erreurs. Dans cette visée, les erreurs sont des manques et doivent être évitées ou corrigées, alors que les réponses correctes sont valorisées.

3. Le constructivisme précise que l'acquisition des connaissances est étroitement liée à l'activité du sujet dans son milieu. L'apprentissage résulte des constructions mentales de l'enfant, toujours activement engagé dans l'élaboration de ses savoirs. Cette perspective modifie la conception de l'apprentissage et les rapports entre les différents pôles de l'activité pédagogique. Le socioconstructivisme accorde une dimension sociale essentielle aux processus cognitifs qui déterminent l'apprentissage.

4. Le cognitivisme s'intéresse aux stratégies mentales mises en œuvre par l'enfant. L'essentiel de l'apprentissage est procédural. L'enfant cherche à établir une structure, à reconnaître les constantes dans ce qu'il perçoit pour comprendre les relations entre les choses. Il est plus important d'enseigner comment on s'y prend pour résoudre un problème que le produit de sa résolution. La fonction de résistance cognitive, mise en évidence par Olivier Houdé, montre que le cerveau fonctionne selon deux types de stratégies : sur un mode logique, rapide et intuitif, ou sur un mode analytique, nécessitant un effort cognitif. L'intelligence consiste à inhiber le système des automatismes pour activer celui de la logique.

Les styles d'apprentissage

Au cours des années 1960, les praticiens de l'enseignement ont ressenti le besoin de distinguer la notion générale de styles cognitifs, de celle essentiellement pédagogique de styles

Le modèle de compréhension de Kolb (1976)

- **Le style 1 :** concret, réfléchi, sa question caractéristique est : pourquoi ? Il répond bien à des explications ou du matériel fourni qui est relié à des expériences et des intérêts personnels
- **Le style 2 :** réfléchi, abstrait, sa question caractéristique est : quoi ? Il répond bien à une information présentée de manière organisée, logique. Il réagit bien si on lui laisse le temps de réfléchir.
- **Le style 3 :** abstrait, actif, sa question caractéristique est : comment ? Il répond bien à des occasions de travailler activement sur des tâches bien définies. Il apprend par essais-erreurs dans un environnement où l'échec est accepté.
- **Le style 4 :** concret, actif, sa question caractéristique est : que se passe-t-il ? Il répond bien à des occasions d'appliquer ce qu'il a appris à des situations nouvelles pour résoudre des problèmes.

d'apprentissage. Le style d'apprentissage fait référence aux caractéristiques d'apprentissage individuelles de toute personne. Plusieurs facteurs sont distingués : la recherche d'une meilleure modalité sensorielle à privilégier pour l'enseignement, l'accent mis sur la personne qui apprend, l'identification des différences individuelles, en fonction de variables telles que l'âge, les caractéristiques socio-culturelles des élèves, et la volonté de répondre aux besoins spécifiques.

Éclairage

Le rôle essentiel du langage

La théorie sur le lien entre langage, mémoire et récit développée par Michel Fayol a mis en évidence le rôle essentiel du langage dans la démarche d'apprentissage de l'enfant. Durant la période qui s'étend de la naissance à l'âge de 18 mois, l'acquisition du langage donne à la socialisation une dimension nouvelle, celle qui correspond à l'apprentissage d'un système symbolique “prêt à utiliser”. Une série de recherches a montré que les mères orientent les souvenirs de leurs enfants en leur indiquant d'abord de quoi ils doivent se souvenir, et ensuite comment ils peuvent le faire. Par exemple, les mères modèlent la mémoire des enfants au cours des interactions : elles introduisent des informations nouvelles, modifient et précisent les propos des enfants. Se produisent ainsi des situations de co-narration impliquant des adultes et des enfants. Elles mettent en évidence l'existence d'une interaction complexe entre le langage et la mémoire des événements. On a pu analyser les souvenirs d'enfants de 5 ans concernant deux activités, une visite au musée et une promenade. On a observé que les enfants se remémoraient mieux et plus facilement les faits qui avaient été discutés par les mères et les enfants, que ceux qui n'avaient été abordés que par l'un des deux partenaires. Le double encodage perceptif et langagier facilite la consolidation des souvenirs et leur mise en relation avec les connaissances déjà disponibles en mémoire. ■

> “ L'enfant, un chercheur… sous tutelle ”
> Georges Charpak, La main à la pâte

→ **Conceptions premières / Fayol / Houdé / Mémoire / Pédagogie**

Pour aller plus loin

- Jérome Seymour Bruner, *Le développement de l'enfant. Savoir faire, savoir dire*, PUF, 2011.
- Janet Wilde Astington, *Comment les enfants découvrent la pensée*, Retz, 1999.
- C. Bastien, J.-P. Caverni, P. Mendelsohn, G. Tiberghien, *Psychologie cognitive, modèles et méthodes*, Presses Universitaires de Grenoble, 1989.
- Olivier Houdé, *Apprendre à résister*, Le Pommier, 2014

Transversalité

Est transversal ce qui traverse et relie plusieurs éléments. On appelle compétences transversales toutes celles qui sont nécessaires pour acquérir des connaissances. Elles sont d'ordre méthodologique, cognitif, linguistique, personnel et social et sont sollicitées dans tous les domaines d'apprentissage.

Contexte

La transversalité est introduite dans les programmes officiels en 1991. Ceux-ci sont accompagnés d'une liste de compétences regroupées en trois types: les compétences transversales, relatives aux attitudes de l'enfant, à la construction des concepts fondamentaux d'espace et de temps et aux acquisitions méthodologiques; les compétences dans le domaine de la maîtrise de la langue; les compétences d'ordre disciplinaire, qui recouvrent à la fois des savoirs et des méthodes spécifiques à chacun des grands domaines.

La spécificité de l'école primaire

À l'école primaire, la transversalité des disciplines est assez aisée à réaliser parce que l'enseignant rend explicite une logique d'action qui peut s'appliquer dans diverses disciplines. Il est garant de la cohérence des procédures de l'élève et de l'acquisition des compétences définies par le socle commun. Au collège, elle n'est possible que si les enseignants travaillent en concertation. La réforme du collège est destinée à mettre en cohérence les savoirs enseignés et les compétences acquises. La dimension transversale est introduite par les enseignements pratiques interdisciplinaires (EPI). C'est un enjeu fort de la refondation de l'école primaire et de la réforme du collège.

Les différentes typologies

Les compétences méthodologiques se construisent essentiellement dans l'action: se repérer et agir dans le temps, utiliser l'emploi du temps pour planifier son travail, apprendre à travailler dans un temps limité; se repérer dans les espaces de la classe, de l'école, dans ses outils; effectuer une recherche dans un atlas; se repérer dans différents supports écrits, dictionnaire, multimédia…

Les compétences d'ordre cognitif concernent la mémorisation, la capacité à questionner et à raisonner, à traiter des informations, à expliciter ses procédures, à s'auto-évaluer…

Les compétences sociales, civiques occupent une place importante dans le socle. Elles concernent la capacité à vivre en groupe, en intégrant les règles de vie de la classe et de l'école, à respecter les autres et leur parole, à agir avec des personnes différentes, à coopérer, s'entraider…

Les compétences linguistiques font de la maîtrise de la langue une compétence transversale mobilisée dans toutes les disciplines, indispensable pour apprendre. Dans la mise en œuvre de son enseignement, l'enseignant contextualise les apprentissages langagiers selon les disciplines. Dans une démarche à la fois réflexive et pragmatique, il incite l'élève à réfléchir

5

C'est le nombre de domaines du socle: les langages pour penser et communiquer; les méthodes et outils pour apprendre; la formation de la personne et du citoyen; les systèmes naturels et les systèmes techniques; les représentations du monde et l'activité.

aux démarches imposées par la discipline, l'aide à identifier les étapes pour acquérir de nouveaux savoirs. En fonction de l'étape identifiée, il l'aide à mobiliser les outils de la langue nécessaires à l'élaboration de ces savoirs.

Interdisciplinarité, pluridisciplinarité et transdisciplinarité

La mention de compétence transversale est associée aux notions de transdisciplinarité, d'interdisciplinarité et de pluridisciplinarité. L'interdisciplinarité est une démarche pédagogique fondée sur le décloisonnement des disciplines. Les disciplines associées, tout en gardant leur spécificité, participent à un projet collectif en y apportant leurs savoirs et leurs méthodes. Elles collaborent et échangent entre elles pour répondre aux besoins de l'action et de la compréhension. La pluridisciplinarité recouvre toutes les formes de coopération entre les disciplines, qu'il s'agisse d'une association en vue d'une réalisation commune ou de démarches qui sollicitent et associent plusieurs disciplines. La transdisciplinarité dépasse le cadre des disciplines et implique le renforcement et/ou l'acquisition de compétences communes (transversales) aux disciplines associées. C'est l'occasion d'utiliser la spécificité de chacune de ces disciplines pour atteindre des compétences transversales. Dans les différentes activités, l'enseignant fait prendre conscience aux élèves des compétences dont ils ont eu besoin pour apprendre.

Éclairage

La transversalité de la langue au cycle 3

La transversalité de la langue est évidente en cycle 3, elle influence chaque domaine disciplinaire. Un élève qui a des problèmes de lecture et de passage à l'écrit aura des difficultés à construire des compétences disciplinaires. Par exemple, pour construire des compétences en mathématiques, il faut mobiliser l'expression orale, la lecture et l'écriture. À l'oral, l'élève est amené à utiliser de manière précise le lexique spécifique des mathématiques, à formuler un raisonnement rigoureux, à participer à un débat pour valider une solution. Dans le domaine de la lecture, il doit savoir lire et comprendre une consigne, repérer et traiter les informations pertinentes, y compris celles des diagrammes, schémas, graphiques… Dans le domaine de l'écrit, il est amené à rédiger un texte pour exposer sa démarche, le résultat d'une recherche. Il peut être amené à élaborer des écrits destinés à servir de référence, par exemple un affichage-mémoire pour le programme de tracé d'une figure géométrique. ■

> **« Depuis la mise en place du socle commun de connaissances et de compétences et la réécriture des programmes d'enseignement, les enseignants modifient progressivement leurs pratiques : en énonçant les objectifs en termes d'apprentissage et de compétences à maîtriser, l'organisation scolaire se fait plus interdisciplinaire, plus transversale. Le travail en équipe est davantage sollicité. »**
> http://eduscol.education.fr/pid28755/une-approche-transversale-pour-l-apprentissage-des-competences.html

→ Compétences / Évaluation / Méthodes / Projet / Socle

Pour aller plus loin

- Bernard Rey, *Les compétences transversales en question*, ESF Éditeur, 1999.

Valeurs

Une valeur est un principe d'action partagé, une référence commune à un groupe. Les valeurs de l'école sont au centre du fonctionnement du système éducatif et s'appuient sur les grands principes issus de la Révolution de 1789. L'école transmet les valeurs de la République de la Constitution de 1958 : liberté, égalité, fraternité, laïcité et refus de toutes les discriminations.

Contexte

Les valeurs de la République

Le système éducatif fonctionne sur des principes inspirés de la Révolution de 1789, ainsi que de la Constitution du 4 octobre 1958 : "L'*organisation de l'enseignement public obligatoire gratuit et laïque à tous les degrés est un devoir de l'État*".

L'École transmet ces valeurs à travers les savoirs et la culture scolaire. Elles sous-tendent l'ensemble des disciplines enseignées, chacune leur donnant sens dans le champ du savoir qui est le sien. Le socle commun de connaissances, de compétences et de culture intègre cette mission fondamentale. Il s'agit de préparer les élèves à vivre en société et à devenir des citoyens responsables, conscients des principes et des règles qui fondent la démocratie. Tous les adultes qui interviennent auprès des élèves dans l'exercice de leurs fonctions font partager ces valeurs.

Les valeurs liées au service public d'éducation

Les enseignants sont des fonctionnaires d'État. À ce titre, ils doivent connaître et prendre en compte les finalités du service public et notamment la notion d'intérêt général, qui n'est pas la somme des intérêts particuliers. Cette notion s'appuie sur l'affirmation de 7 valeurs :

- L'égalité d'accès, l'égalité de traitement, fondées sur l'article 6 de la Déclaration des droits de l'homme et du citoyen.
- La continuité du service, avec le droit d'accueil en cas de grève des enseignants, selon l'article L. 133.1 du code de l'éducation, août 2008.
- L'impartialité comme principe d'action.
- L'obligation de réserve, qui est une dimension du principe de neutralité.
- Le respect des convictions de chacun.
- Le respect de la pudeur et des bonnes mœurs.
- La gratuité comme devoir de l'État.

L'application des principes

Le socle des valeurs communes trouve son application dans un certain nombre de principes qui organisent le fonctionnement de l'école.

Le principe de gratuité, posé par la loi du 16 juin 1881 fait que les parents ne devraient pas avoir à acheter de fournitures ni de matériel scolaire, ni payer pour que leurs enfants suivent des enseignements obligatoires.

Le principe de neutralité, ainsi que le respect de toutes les convictions, s'impose aux enseignants. Il ne peut être un obstacle à la transmission des valeurs républicaines et constitutionnelles. Il ne peut, par exemple, conduire

80 854

C'est le nombre de personnes mobilisées en 2015 pour défendre les valeurs de la République dans le cadre des Assises de l'École. (9 février – 24 avril 2015). Elles se sont concrétisées par 1 325 réunions dans les établissements scolaires et au niveau départemental.

à transiger sur les principes de l'égalité entre les hommes et les femmes, le refus des discriminations ou la dignité de toute personne.
Le principe de laïcité est l'élément fondateur du système éducatif depuis la fin du XIXe siècle. Il interdit tout prosélytisme, ainsi que le port de signes d'appartenance religieuse. Ce principe est rappelé par la loi du 15 mars 2004. Toutes les activités éducatives et tous les enseignements disciplinaires participent au fondement des valeurs laïques.

Après Charlie ?

Les 7, 8 et 9 janvier 2015, des événements violents ont ébranlé les fondements de la société et de l'école. Face aux questionnements des enfants, les enseignants se sont retrouvés en première ligne pour aider à dépasser l'émotion, pour éduquer, pour rappeler les valeurs républicaines. L'école s'est trouvée interrogée dans sa capacité à transmettre et à faire vivre des valeurs mises à mal. La maîtrise de la langue, une pédagogie de la laïcité, des valeurs de la République, sont rappelées comme des conditions pour refonder un parcours citoyen, pour renforcer la lutte contre la radicalisation, le racisme et l'antisémitisme. Un Enseignement moral et civique (EMC) entre en vigueur à l'école élémentaire, au collège et au lycée à la rentrée 2015, à raison d'une heure, hebdomadaire à l'école élémentaire (BO spécial n° 6 du 25 juin 2015). Il fait partie des nouveaux contenus d'enseignement introduits par la loi de juillet 2013 pour la refondation. Il a pour objectif la transmission d'un socle de valeurs communes : la liberté, l'égalité, la fraternité, la laïcité, l'esprit de justice, le respect et l'absence de toutes formes de discriminations. Il a également pour objectif de développer le sens moral, l'esprit critique et de sensibiliser à la responsabilité individuelle et collective.

Éclairage

L'égalité fille/garçon

L'École compte parmi ses missions fondamentales celle de garantir l'égalité des chances des filles et des garçons. Un enseignant de maternelle cite en exemple les coins de jeux : "*En général, les enfants vont jouer dans tous les espaces de la classe, mais il est vrai que même si les filles de ma classe vont jouer dans l'espace « voiture », elles y resteront nettement moins longtemps que les garçons. C'est la même chose avec les garçons dans l'espace « poupée », ils joueront beaucoup plus vite et passeront à un autre jeu. [...] Je suis très sensible à ces questions de jeux et jouets stéréotypés. Pour ma classe, j'ai donc essayé de casser un maximum ces stéréotypes : l'espace « voiture » est devenu un espace « transports », l'espace « poupée » ou « maison » est devenu l'espace « hôpital » et j'ai également installé l'espace déguisement avec une table de maquillage contenant des masques.*" ■

> **« Deux voies s'ouvrent traditionnellement aux éducateurs, parents et enseignants, soucieux de transmettre un système de valeurs : le geste et la parole, c'est-à-dire l'exemplarité et le discours. »**
> Jean-Pierre Obin, "Les valeurs de l'école" in *Administration et éducation* n° 100, 2003

→ Civique / Droits / Éthique / Laïcité / Obligations

Pour aller plus loin

- Jean-Louis Auduc, *Faire partager les valeurs de la République*, Hachette, 2014.
- www.education.gouv.fr/cid162/les-grands-principes.html
- eduscol.education.fr/cid46702/valeurs-republicaines.html

Vie scolaire

La vie scolaire est l'ensemble des normes et des événements de la vie collective dans l'établissement scolaire. La vie scolaire est détaillée dans le règlement intérieur de l'école qui précise les règles à respecter, ce qui est permis et interdit, les droits et les devoirs de chacun, enfants, adultes.

Contexte

L'expression "vie scolaire" apparaît pour la première fois dans des textes de 1890, elle parle des sanctions et des "punitions infamantes" ainsi que des récréations. Elle peut être définie par analogie avec des expressions comme "la vie familiale", "la vie sociale".

L'école est à la fois un lieu d'enseignement et un lieu de vie en collectivité. L'organisation de la vie scolaire fait une place au développement de l'élève et doit permettre la construction de comportements sociaux. Elle recouvre trois grands domaines : le temps, l'espace, les relations entre les personnes et les groupes. Elle définit les droits et obligations des élèves, les règles de la laïcité, la conciliation entre les droits et les devoirs à l'intérieur de l'école, conçue comme un espace d'apprentissage à la vie sociale.

Le règlement type départemental

La circulaire n° 2014-088 du 9 juillet 2014 définit les dispositions législatives et réglementaires qui servent de cadre au **règlement type départemental des écoles maternelles et élémentaires**. Il est arrêté par chaque DASEN pour son département et constitue un guide, destiné aux directeurs d'école et à leurs équipes, pour établir le règlement intérieur présenté et voté par le conseil d'école, à chaque début d'année scolaire. Le règlement intérieur de l'école est présenté aux parents d'élèves qui attestent en avoir pris connaissance et affiché dans l'école. Il est également communiqué au maire de la commune et à l'IEN de circonscription.

Le règlement traite de l'organisation et du fonctionnement des écoles : admission et scolarisation, organisation du temps scolaire et des activités pédagogiques complémentaires, fréquentation de l'école, accueil et surveillance des élèves, dialogue avec les familles, l'usage des locaux, hygiène et sécurité, intervenants extérieurs à l'école, droits et obligations des membres de la communauté éducative (élèves, parents, personnels enseignants et non enseignants, partenaires et intervenants), règles de vie à l'école, règlement intérieur de l'école, texte normatif, éducatif et informatif.

Éclairage

Le climat scolaire

Le climat scolaire au sein de l'école relève d'une approche systémique. La loi du 8 juillet 2013 et son rapport annexé font une place importante au climat scolaire avec l'objectif "d'améliorer le climat scolaire pour refonder une école sereine et citoyenne en redynamisant la vie scolaire et en prévenant et en traitant les problèmes

1/10

Les dernières enquêtes de climat scolaire en France (OIVE/Unicef, 2011) montrent qu'une grande majorité d'élèves vivent plutôt heureux dans leur établissement mais que 1 élève sur 10 est victime de harcèlement douloureux en milieu scolaire. On observe une surreprésentation des garçons victimes et agresseurs.

Extrait du règlement type départemental de Paris (chapitre Vie scolaire)

L'enseignant s'interdit tout comportement discriminatoire ou raciste, tout geste ou parole qui traduirait indifférence ou mépris à l'égard de l'élève ou de sa famille, ou qui serait susceptible de blesser la sensibilité des enfants. De même, les élèves, comme leurs familles, doivent s'interdire tout comportement, geste ou parole qui porterait atteinte à la fonction ou à la personne de l'enseignant, et au respect dû à leurs camarades ou aux familles de ceux-ci.
La loi n° 2004-228 du 15 mars 2004 encadrant, en application du principe de laïcité, le port de signes ou de tenues manifestant une appartenance religieuse dans les écoles marque la volonté de réaffirmer l'importance de ce principe indissociable des valeurs d'égalité et de respect de l'autre. La neutralité du service public est un gage d'égalité et de respect de l'égalité de chacun. Les agents et autres personnes contribuant au service public de l'éducation, quel que soit leur fonction ou leur statut, sont soumis à un strict devoir de neutralité qui leur interdit le port de tout signe d'appartenance religieuse, même discret. Ils doivent également s'abstenir de toute attitude qui pourrait être interprétée comme une marque d'adhésion ou au contraire comme une critique à l'égard d'une croyance particulière (circulaire n° 04-084 du 18 mai 2004). L'enseignement public dispensé dans les écoles maternelles et élémentaires est gratuit (article L 132-1 du Code de l'éducation).

de violence et d'insécurité". Cette notion nouvelle de climat scolaire dans le paysage éducatif souligne la préoccupation de renouveler l'approche de la prévention des violences. L'idée est d'accorder une importance majeure à la vigilance afin de prévenir, anticiper tout ce qui peut créer des tensions dans les écoles. Le rapport OIVE/UNICEF (*À l'école des enfants heureux*, enfin presque, 2011) rappelle que l'amélioration du climat scolaire et le développement des compétences sociales des enfants, en particulier l'empathie, apaisent l'ensemble des relations au sein de l'école.

Le climat scolaire relève de sept facteurs interdépendants sur lesquels il est possible d'agir :

- la dynamique et les stratégies d'équipe, pour briser la solitude dans la classe,
- les stratégies pédagogiques en faveur de l'engagement et de la motivation des élèves,
- un cadre et des règles explicites et explicitées,
- prévenir les violences et le harcèlement,
- la coéducation avec les familles,
- le lien avec les partenaires,
- la qualité de vie à l'école : organiser le temps et l'espace.

Parmi les sept facteurs déterminants du climat scolaire, la relation avec les familles constitue un facteur protecteur puissant. ■

> **« Un principe de pédagogie que devraient surtout avoir devant les yeux les hommes qui font des plans d'éducation, c'est qu'on ne doit pas élever les enfants d'après l'état présent de l'espèce humaine, mais d'après un état meilleur, possible dans l'avenir, c'est-à-dire d'après l'idée que l'on se fait de l'humanité et de son entière destination. »**
> Emmanuel Kant, *Traité de pédagogie*, 1803

→ Conseils / Droits / Obligations / Valeurs

Pour aller plus loin

- http://eduscol.education.fr/cid73610/guide-sur-le-climat-scolaire-et-mediation-par-les-pairs-a-l-ecole-primaire.html
- www.agircontreleharcelementalecole.gouv.fr
- www.sergetisseron.com/le-jeu-des-trois-figures/videos/

Jerome Bruner

Jerome Seymour Bruner (1915) est un psychologue américain spécialiste de l'apprentissage et de la cognition chez l'enfant. Il est un des premiers "découvreurs" de l'ouvrage *Pensée et Langage* de Vygotski. Ses travaux ont contribué à ancrer dans la réalité de la classe la théorie de Piaget sur les stades du développement cognitif.

Sa vie

Jerome Seymour Bruner est né à New York en octobre 1915. Il perd son père à l'âge de douze ans. Il suit ses études à l'université Duke, à Durham, en Caroline du Nord, puis à Harvard, dont il sort docteur en psychologie en 1941. Pendant la Seconde Guerre mondiale, il sert comme "spécialiste de la guerre psychologique" en France. Il retourne à Harvard en 1945 et devient professeur de psychologie en 1952. En 1956, il publie avec Austin un ouvrage important, *A study of thinking*, salué par Jean Piaget comme révolutionnaire dans la psychologie de la pensée. De 1960 à 1972, il dirige le département des études cognitives de l'université. Il fonde le centre d'études cognitives. Il quitte Harvard pour enseigner la psychologie expérimentale à l'université d'Oxford (1972-1980). Il se consacre à l'étude de l'acquisition du langage. Il devient professeur à la New School for Social Research de New-York, tout en étant attaché à l'Institut des sciences humaines de l'université de cette même ville.

Son ouvrage le plus célèbre *The Process of Education* (1960) a servi de socle à la réforme de l'enseignement engagée aux États-Unis.

Ses apports pédagogiques

Ses travaux ont contribué à faire entrer dans les salles de classe la théorie de Jean Piaget sur les stades du développement cognitif. Il montre que les enfants peuvent apprendre n'importe quoi, quel que soit leur stade de développement, dès lors que l'objet d'étude est abordé de façon adaptée. Il met en évidence que les enfants ont une curiosité naturelle qui les encourage à engager diverses activités d'apprentissage. Cependant, quand l'activité leur paraît trop difficile, ils sont gagnés par l'ennui. L'enseignant doit donc présenter l'objet d'étude à un niveau qui correspond au stade de développement cognitif de ses élèves.

Bruner s'inspire du modèle de l'équilibration de Piaget pour proposer un modèle d'acquisition des connaissances "en spirale". Il considère l'enfant qui apprend comme un chercheur qui établit des régularités dans ce qu'il vit et tente de trouver des structures significatives pour organiser son expérience du monde. L'interaction sociale est nécessaire, c'est-à-dire l'interaction interpersonnelle entre l'enfant et l'adulte dans le contexte de la culture. C'est ce qu'il nomme l'interaction de tutelle. Il montre que l'éducation n'est pas seulement un travail qui porte sur un traitement d'informations apportées par l'enseignant. Elle est la tentative complexe d'adapter une culture

> **« On doit remercier l'auteur de nous avoir livré un ouvrage aussi stimulant, rappelant avec force cette proposition pédagogique contre laquelle tant de résistances, en nous et autour de nous, doivent être levées : l'apprentissage est un processus et non un produit. »**
> Philippe Meirieu, *Revue française de pédagogie*, n° 85, 1988

aux besoins des élèves pour les confronter à la culture. Selon lui, il existe deux modes d'enseignement, le mode fondé sur l'exposition, l'élève est auditeur, le modèle est transmissif, et le mode fondé sur l'hypothétique, il y a coopération entre l'élève et l'enseignant. Pour qu'il y ait un réel apprentissage, l'élève doit être impliqué, actif et engager un travail d'interprétation. Il met en évidence la fonction déterminante de la "médiation" et des "étayages" de l'enseignant.

Bruner s'intéresse aux débuts de l'apprentissage du langage, notamment dans les routines de communication avec la mère. C'est d'abord le développement d'un savoir-faire, il faut encourager l'enfant à prendre l'initiative et les encourager. Il définit deux axes, un premier qui montre comment l'environnement organise les contacts avec l'enfant. Un deuxième montre le rôle de l'adulte comme médiateur entre l'enfant et les formes codifiées de communication, les modes de représentations qui constituent "la boîte à outils" culturelle nécessaire aux apprentissages. Dans la situation d'enseignement-apprentissage, il parle de l'activité continue d'ajustement réciproque entre l'élève et l'enseignant, nommée action conjointe, à l'intérieur de "scénarios", de routines de communication.

En matière de perception, Bruner prend ses distances par aux conceptions de Piaget. Dans ses travaux, il met en évidence que chaque enfant est influencé de manière significative par la culture et son système de valeurs. Jerome Bruner confronte les travaux et les problématiques de nombreux courants de recherche en psychologie, linguistique, philosophie, sociologie, littérature, etc. ■

« Le programme d'une école ne se réduit pas aux disciplines qu'elle enseigne. La discipline principale d'une école, vue sous l'angle culturel, c'est l'école elle-même. C'est ainsi que les élèves la vivent, et c'est cela qui détermine le sens qu'elle a pour eux. »

Principaux écrits

- *L'éducation, entrée dans la culture (Les problèmes de l'école à la lumière de la psychologie culturelle)*, Retz, 1997.
- *Car la culture donne forme à l'esprit. De la révolution cognitive à la psychologie culturelle*, Georg, 1997.
- *Le développement de l'enfant : savoir faire, savoir dire*, PUF, 2002.
- *Comment les enfants apprennent à parler*, Retz, 2012.

Pour aller plus loin

- http://www.persee.fr/doc/colan_0336-1500_1985_num_66_1_3656
- www.ac-grenoble.fr/savoie/mat/group_de/theorie/etayage.htm#1http://www.ac-grenoble.fr/savoie/mat/group_de/theorie/etayage.htm#1

Émile Durkheim

David Émile Durkheim (1858-1917) est l'un des pères fondateurs de la sociologie de l'éducation. Il présente l'éducation comme "fait social", et non comme un moyen d'accomplissement individuel. Marqué par la pensée de Jean-Jacques Rousseau, il considère que la construction de l'individu en tant qu'être social se fait par l'éducation. L'apport de son œuvre touche presque toutes les disciplines des sciences humaines, en particulier la philosophie de l'éducation.

Sa vie

David Émile Durkheim est né à Épinal en 1858, d'un père rabbin. Il hérite d'une double tradition culturelle judaïque et classique. Il entre à l'École normale supérieure, obtient l'agrégation de philosophie en 1882, puis est chargé des cours de pédagogie et de sciences sociales à Bordeaux. Il fonde le premier département de sociologie et profite de son statut de professeur pour entamer la diffusion d'une approche sociologique dans ses cours sur la famille, la solidarité sociale, le suicide, la religion, la pédagogie. Entre 1885 et 1886, il passe une année en Allemagne, où il rencontre des penseurs de la théorie du réalisme social. Il est sensible aux lectures de Comte, Kant, Platon, William James et Descartes. **Il commence à Bordeaux la rédaction de ses ouvrages de sociologie** : *De la division du travail social* (1893), *Les Règles de la méthode sociologique* (1895), et *Le Suicide* (1897). Il fonde en 1898 une revue des sciences sociales intitulée *L'Année sociologique*. En 1902, il est nommé à la Sorbonne, où il remplace Ferdinand Buisson, mais il doit attendre 1913 pour que son enseignement soit officiellement élargi à la sociologie. Il est également professeur des Écoles normales d'instituteurs. Il impose la sociologie comme discipline universitaire. Au début de la Première Guerre mondiale, il rejoint l'Union sacrée et devient secrétaire d'un Comité d'études sur la guerre. Il livre une analyse psycho-sociale du culte allemand de la toute-puissance. Quand son fils meurt au combat en 1916, il sombre alors dans une grande tristesse, qui explique en partie son décès précoce en 1917. Son œuvre majeure, *La Morale*, reste inachevée. La lecture actuelle de Durkheim renvoie à la question de l'éducation morale aujourd'hui.

Sa démarche pédagogique

Durkheim est le premier à s'engager pour faire de la sociologie une discipline autonome. Il définit la société comme un ensemble d'idées, de croyances, de sentiments qui se réalisent par les individus. Il invente le concept de "fait social", qui constitue et exprime la conscience collective d'une société. Selon lui, tous les éléments de la société, y compris la moralité et la religion, sont des produits de l'histoire qui peuvent être étudiés scientifiquement. **La première règle de sa méthode** est de considérer les faits sociaux comme des choses. Il introduit des règles pour les étudier et établit une méthodologie pour garantir la scientificité et la spécificité de sa démarche.

> « D'une manière générale, le processus éducatif a pour fonction, non seulement d'assurer le développement de l'individu, d'en faire un être social, mais plus essentiellement d'assurer la survie d'une société, la pérennité de ses "conditions d'existence. »
>
> Jean-Claude Filloux (évoquant Durkheim), *Durkheim et l'éducation*, PUF, 1994

Pour éviter toute déformation perceptive, il s'appuie sur la comparaison plutôt que sur l'étude du fait social pris indépendamment. La deuxième règle est de faire apparaître l'influence du milieu social sur la perception du monde, sur les concepts et les catégories nécessaires pour la pensée logique. Il montre l'importance de la langue qui permet de mettre en mot la conception d'un monde d'idées. Dans la mise en mots se concentre une gamme d'expériences collectives.

Durkheim a fait entrer la sociologie dans la sphère de l'éducation, en analysant son rôle, qui a pour finalité l'adaptation de l'individu au groupe social. Dans son approche, la socialisation de l'enfant est l'objectif premier de l'institution éducative. En ce sens, Durkheim prend le contre-pied de Condorcet pour qui l'instruction était la condition de l'éducation sociale. Il est souvent présenté comme le défenseur *d'une éducation selon le devoir*: insistance sur l'effort, l'imposition, la transmission par les adultes de la culture nécessaire à l'intégration sociale.

Durkheim présente la religion comme une caractéristique de la condition humaine. Il l'analyse dans ses travaux comme un fait social. Son approche permet d'éclairer la dimension de l'histoire du fait religieux en lien aujourd'hui avec la laïcité et l'éducation morale et civique. La thématique du malaise qui touche la société occidentale aux XIXe et XXe siècles, développée dans son œuvre, trouve un écho aujourd'hui. Il considère que les transformations du monde moderne affaiblissent les traditions et génèrent une crise de moralité importante, que d'autres auteurs, comme, Nietzsche explorent alors aussi. Il met en évidence un individualisme grandissant qui fragilise la société, la rend vulnérable. Durkheim a développé le thème de la crise du lien social, et du culte de l'individu des démocraties modernes. ■

« L'éducation a pour objet de superposer, à l'être individuel et asocial que nous sommes en naissant, un être entièrement nouveau. Elle doit nous amener à dépasser notre nature initiale: c'est à cette condition que l'enfant deviendra un homme »

Principaux écrits

- *Les Règles de la méthode sociologique*, Alcan, 1895.
- *Le Suicide*, Alcan, 1897.
- *L'Évolution pédagogique en France*, Alcan, 1938.
- *L'Éducation morale*, Alcan, 1925.

Pour aller plus loin

- Charles-Henry Cuin, *Durkheim. Modernité d'un classique*, Éditions Hermann, 2011.
- Bernard Dantier, *La Chose sociologique et sa représentation : introduction aux Règles de la méthode sociologique d'Émile Durkheim*, 2003.
- Jean Claude Filloux, "Sur la pédagogie de Durkheim", *Revue française de pédagogie*, vol. 44, 1978.
- Jean-Claude Filloux, *Durkheim et l'éducation*, PUF, 1994.

Michel Fayol

Michel Fayol (1947) est enseignant-chercheur, psychologue cognitiviste, spécialiste des apprentissages fondamentaux. Il a dirigé le laboratoire LAPSCO du CNRS. Il est professeur émérite à l'Université Blaise Pascal de Clermont Ferrand.

Sa vie

Michel Fayol est né en janvier 1947 à Montluçon. Il a enseigné douze ans comme instituteur. Après un doctorat en psychologie soutenu à l'université de Bordeaux en 1977, il débute sa carrière comme maître de conférences à l'université de Montpellier 2. En 1981, il devient professeur des universités à l'université de Bourgogne à Dijon. En 1998, il est professeur à l'université de Clermont-Ferrand. En 1986, le ministère lui confie la responsabilité de la formation des inspecteurs de l'Éducation nationale, qu'il assurera plusieurs années.

Pour mener ses recherches en psychologie sociale, il s'appuie sur le laboratoire LAPSCO, Laboratoire de psychologie sociale et cognitive, associé au CNRS, qu'il dirige. Dans ses recherches de psychologie sociale, il articule des théories et des méthodologies pour comprendre et expliquer des comportements humains dans leurs dimensions sociologiques et culturelles. Il centre ses recherches sur les systèmes symboliques, l'écrit et la numération, plus particulièrement sur l'apprentissage et l'enseignement de l'orthographe. Il approfondit ses recherches sur l'acquisition du nombre et la résolution des problèmes arithmétiques. Ses sujets de recherche lui apportent une reconnaissance internationale. Il est membre de l'Observatoire de la lecture. Il donne de multiples conférences en France et hors de France.

Ses apports pédagogiques

Pour comprendre la construction du nombre, Michel Fayol met en évidence plusieurs dimensions, en particulier le passage d'un code à l'autre, du verbal à l'analogique ou aux chiffres arabes qui posent problème aux enfants. Les mots qui parlent des quantités sont du code symbolique. Par exemple dans le mot *deux* ou *vingt*, rien ne permet de connaître la quantité dont on parle, si ce n'est la place que les deux mots occupent dans la comptine numérique. Le passage de l'écriture chiffrée à la quantité qu'elle représente fait qu'un enfant français peut avoir du mal à comprendre que 20 se dit *vingt* et pas *deux-dix* comme en chinois. Pour écrire 80, certains ont tendance à écrire 4-20. Michel Fayol insiste sur la nécessité de représenter les quantités par des schémas pour pouvoir passer ensuite au code symbolique. L'utilisation du boulier permet de traiter les grandes quantités ; il donne des indices aux enseignants pour l'enseignement des correspondances, qui est lent et difficile. Pour apprendre à compter, l'enfant doit apprendre des “techniques”, des “procédures”, développer des habiletés, acquérir à la fois une bonne automatisation pour libérer la mémoire de travail et

> **“ Michel Fayol nous montre que près d'un enfant sur cinq manifeste à l'égard des mathématiques un sentiment qui va d'une légère anxiété à la phobie. Désamorcer ces craintes passe par une meilleure compréhension de la façon dont chacun apprend à manier les nombres et acquiert des raisonnements mathématiques. ”**
> Introduction de la conférence *Le nombre et son apprentissage*, ESEN, 2009

utiliser des stratégies pour réussir à choisir entre des "opérations" possibles. La maîtrise des différentes opérations l'amène à manipuler des signes symboliques comme =, < ou >. Il découvre que même sans manipuler des objets, on peut trouver la quantité si on ajoute, supprime, multiplie ou partage une collection. Les recherches de Michel Fayol confirment que les difficultés liées à la multiplication viennent souvent de la difficulté à "récupérer" les résultats en mémoire. Pour la division, il démontre qu'elle ne reste que très partiellement automatisée, jusqu'à l'âge adulte.

Il applique la même démarche de recherche sur l'orthographe, qui repose sur un système alphabétique de 26 lettres liées à 36 phonèmes. L'orthographe des mots ne correspond pas à leur forme phonologique. Le mot "beau" a 2 phonèmes et s'écrit avec 4 lettres. Le recours à la phonologie ne suffit pas, il faut aussi faire appel à la morphologie lexicale. Un nouvel apprentissage doit se faire pour une langue que l'enfant a découverte d'abord à l'oral. Pour lire et écrire, l'enfant doit connaître les relations phonèmes-graphèmes. Il faut donc tout particulièrement les enseigner. Les activités de conscience phonologique améliorent rapidement les performances. Tout au long des cycles 2 et 3, l'enseignant doit doter les élèves d'un stock de mots, formes syntaxiques, organisations textuelles, pour qu'ils puissent affronter par eux-mêmes la lecture de textes de plus en plus longs et complexes.

Pour lutter contre l'illettrisme, Michel Fayol a conçu des instruments d'évaluation-diagnostic précis, qui permettent de déterminer la nature et l'intensité des troubles rencontrés par les élèves. Ses apports à la didactique de la lecture-écriture et des mathématiques sont majeurs. ■

"Nous, psychologues, intervenons comme des ingénieurs et nous avons le devoir de fournir les instruments conceptuels et, si possible, les techniques permettant l'application et le succès des programmes scolaires, quels qu'ils soient."

Principaux écrits

- *Le Récit et sa construction*, Delachaux & Niestlé, 1990.
- (avec Jean-Émile Gombert, Pierre Lecocq, Lilianne Sprenger-Charolles) *Psychologie cognitive de la lecture*, Daniel Zagar, PUF, 1992.
- *Orthographes. Des systèmes aux usages*, avec Jean-Pierre Jaffré, Flammarion, 1997.
- *Maîtriser la lecture*, CNDP, Odile Jacob, 2000.
- *L'Acquisition du nombre*, PUF, 2012.

Pour aller plus loin

- Michel Fayol, *L'acquisition du nombre*, PUF, 2013.
- Michel Fayol, *L'acquisition de l'écrit*, , PUF, 2017.
- Pour des précisions sur le laboratoire et les travaux de Michel Fayol : http://www.psy.univ-bpclermont.fr/lapsco/membres/fayol.html

Célestin Freinet

Célestin Freinet (1896-1966) a milité tout au long de son parcours professionnel, avec son épouse Élise, pour une école moderne, c'est-à-dire basée sur le tâtonnement expérimental et les méthodes naturelles.
Sa pédagogie continue d'être mise en œuvre par l'Institut Coopératif de l'École Moderne, qu'il a créé en 1947.

Sa vie

Célestin Freinet est un pédagogue français né en 1896 à Gars, dans les Alpes Maritimes. Reçu au certificat d'études primaires, il est admis à l'école primaire supérieure à Grasse en 1909. Il fréquente l'école normale d'instituteurs de Nice de 1912 à 1914. Il prend un poste d'instituteur intérimaire à Saint-Cézaire, en remplacement du titulaire appelé sous les drapeaux. Mobilisé lui aussi, il participe à l'offensive du Chemin des Dames. Le 27 octobre 1917, il est grièvement blessé par balle au poumon. Le 31 décembre 1919, il reçoit son avis d'affectation à l'école du Bar-sur-Loup. Il se lie d'amitié avec le romancier Henri Barbusse et noue des relations avec Henry Poulaille.

Il voyage et découvre des méthodes pédagogiques inconnues en France. En 1923, il participe en Suisse au Congrès de la Ligue internationale pour l'Éducation nouvelle, où il fait la connaissance d'Adolphe Ferrière, à qui il vouera une amitié fidèle. *L'école active* de Ferrière, publié en 1924, est un de ses livres de chevet. Freinet rencontre également le Dr Decroly, Cousinet, le professeur genevois Charles Baudouin, Émile Coué…

À la rentrée scolaire d'octobre 1924, il fait l'acquisition d'une presse et modifie sa pédagogie en la centrant autour de l'écriture et de la lecture de textes imprimés. Il introduit la pratique de la correspondance scolaire. En septembre 1925, il visite l'URSS en tant que membre d'une délégation syndicale.

À la rentrée scolaire de 1926, il lance la première expérience de correspondance interscolaire régulière, entre sa classe du Bar-sur-Loup et celle de René Daniel de Saint-Philibert-en-Trégun. Ils échangent également des films tournés en 9,5 mm. Il lance une coopérative d'entraide pédagogique dont le bulletin mensuel a pour titre *L'imprimerie à l'école*. En 1928, il quitte Le Bar-sur-Loup pour s'installer à Saint-Paul-de-Vence. Il a déjà mis au point diverses techniques : l'imprimerie, la correspondance interscolaire, la coopérative scolaire, et, au niveau national, la coopérative de l'enseignement laïc (CEL).

À Saint-Paul-de-Vence, Freinet a une classe de 49 élèves. Il sollicite l'ouverture d'une deuxième classe, espérant que le poste pourrait être attribué à sa femme Élise. Il se heurte à une certaine incompréhension de son environnement et de son administration. Il songe alors à la création d'une école coopérative, indépendante du pouvoir politique et donc privée. En 1935, il se met à la retraite pour pouvoir réaliser son projet. Après quelques péripéties, le 23 juillet 1936, Jean Zay, ministre de l'Éducation, autorise l'ouverture de son école du Pioulier à Vence. La plupart des élèves sont internes.

> « La double originalité de ce fondateur de l'école moderne française est d'avoir compris, d'une part, que l'action effective, et non la logique […] est le moteur essentiel du développement des fonctions cognitives; d'autre part, d'avoir saisi la dimension sociale de toute éducation et de tout apprentissage. »
> Piaget, à propos de Freinet

Jusqu'en 1940, le couple Freinet est totalement impliqué dans la vie des enfants, qui les appellent "papa et maman".
Célestin Freinet décède en 1966 à Vence. Il est enterré dans son village natal de Gars.

Sa démarche pédagogique

Sa pédagogie fait de la classe un atelier. Comme celle de Dewey, elle insiste sur le rôle du travail et de la coopération dans l'apprentissage, ainsi que sur l'insertion de l'école dans la vie locale. Freinet a également théorisé le "tâtonnement expérimental". Cette pédagogie est d'inspiration socialiste, mais aussi volontiers naturaliste. Freinet critique la pédagogie du jeu. C'est parce que l'enfant est dépouillé de responsabilités réelles que son activité se réfugie dans le jeu. Le maître, en le responsabilisant et en le considérant comme un adulte, l'aidera à grandir de façon naturelle. Il distingue cependant le "jeu-haschich" du "jeu-travail", et enfin du "travail-jeu", c'est-à-dire du travail non aliéné, en accord avec la spontanéité de l'enfant. Freinet emprunte l'idée de coopération à Barthélemy Profit.

Dans son roman autobiographique *Une enfance volée* (Denoël, 1994), René Frégni consacre un long passage aux deux années scolaires que le narrateur, un petit garçon prénommé René-Jean, passe à l'école de Vence, sous l'autorité de "papa Freinet" et "maman Freinet". "À l'école Freinet, il faut l'avouer, des grilles il n'y en avait pas. Une école à discipline gentille. Chacun a choisi sa place, je me suis précipité contre la fenêtre où les pins viennent jouer si près de votre joue qu'on se croirait dehors. Les autres se sont occupés comme s'ils n'avaient jamais quitté la classe, ils se sont organisés par petits groupes pour faire de l'imprimerie, de la gravure et du dessin, ils s'expliquaient les choses comme des artisans. Ils pouvaient parler assez fort. Papa Freinet passait d'un groupe à l'autre avec un bon conseil, il n'avait pas de blouse et comme il était petit, on aurait dit une classe sans instituteur avec des enfants qui jouent à être devenus grands. Il n'y avait pas de livres, rien pour trahir les mauvais yeux." ■

« Supprimez l'estrade. Vous serez, du coup, au niveau des enfants. Vous les verrez avec des yeux, non de pédagogues et de chefs, mais avec des yeux d'hommes et d'enfants, et vous réduirez tout de suite de ce fait, l'écart dangereux qui existe, dans les classes traditionnelles, entre l'élève et le maître. »

Principaux écrits

- *L'imprimerie à l'école*, 1927.
- *L'École Moderne Française*, éditions Ophrys, 1946.
- *Conseils aux Parents,* 1943.
- *L'Éducation du Travail*, éditions Ophrys, 1949.
- *Essai de psychologie sensible appliquée à l'éducation*, C.E.L., 1950.
- *Œuvres pédagogiques*, Seuil, 1994 (2 tomes).

Pour aller plus loin

- www.icem-pedagogie-freinet.org/ : site Internet de l'Institut coopératif de l'école (ICEM).

Howard Gardner

Howard Earl Gardner (1943) est un psychologue cognitiviste, spécialiste du développement de l'enfant. Il s'est fait connaître dans le monde entier par sa théorie sur les intelligences multiples. Il est professeur en cognition et en éducation à la Harvard Graduate School of Education.

Sa vie

Howard Earl Gardner est né le 11 juillet 1943 à Scranton, en Pennsylvanie. Il se décrit comme un enfant studieux qui a beaucoup de plaisir à jouer du piano. Il fait ses études à l'Université d'Harvard, obtient son diplôme de premier cycle en 1965 et son doctorat en 1971. Il avait initialement prévu d'étudier le droit, mais inspiré par les travaux de Jean Piaget, il s'intéresse à la psychologie du développement. Ses lectures du psychanalyste Erik Erikson et de Jerome Bruner l'incitent à étudier le développement humain.

Il mène ses premières recherches sur les lésions cérébrales et leurs conséquences. Il constate que des malades privés d'une faculté intellectuelle précise sont parfaitement capables d'en stimuler d'autres. Il travaille sur ce qu'il nomme "les idiots savants". Souvent autistes, ces personnes sont capables de reproduire un concerto pour piano après une seule écoute. Il en conclut qu'il doit y avoir des formes d'intelligence, indépendantes les unes des autres, dans la mesure où, lorsque certaines sont détruites, les autres ne sont pas affectées. Il codirige le Projet Zéro à l'Université d'Harvard. Ce programme de recherche étudie les activités artistiques des enfants sous l'angle de la psychologie cognitive.

Il expose sa théorie des intelligences multiples en 1983 dans le livre *Frames of Minds: the Theory of Multiple Intelligence*. Il montre que le test du Q.I. n'explore en fait qu'un éventail restreint d'intelligences : les capacités logico-mathématiques et langagières, c'est-à-dire essentiellement les capacités d'abstraction. Il montre comment des contextes d'apprentissage mettant en jeu l'expérience concrète, la coopération entre enfants, la pédagogie de projet peuvent être développés. Il dirige le projet appelé "Spectre". La classe "Spectre" propose douze espaces d'activités différents. Les enfants sont immergés dans un environnement de matériaux stimulants et attirants, sollicitant un large éventail d'intelligences. Par exemple, le coin "science" réunit des spécimens biologiques que les élèves peuvent examiner et comparer à d'autres matériaux. Dans le "coin du conte", les enfants inventent des histoires en utilisant des accessoires et fabriquent leurs propres récits.

Ses travaux sont introduits en France par Bruno Hourst, enseignant et chercheur en pédagogie, et publiés en 1996.

Ses apports pédagogiques

Sa théorie n'est ni une méthode éducative, ni une démarche pédagogique. Elle offre aux enseignants une manière nouvelle de prendre en compte des capacités présentes chez l'enfant, qui ne sont en général pas sollicitées dans les pratiques d'enseignement. Face à l'hétérogénéité des élèves, souvent présentée comme un frein aux apprentissages, le prisme des intelligences

> « Il est clair que Gardner n'est pas un universitaire de facture classique. Il n'hésite pas à mettre son nez dans des réalités riches mais confuses, celles des projets pédagogiques expérimentaux. »
> Goery Delacôte, *Savoir apprendre, les nouvelles méthodes*, Odile Jacob, 1996

multiples peut enrichir les pratiques de différenciation. Il est un moyen de répondre aux besoins particuliers des élèves et une bonne perspective de travail dans le cadre de la mise en place des P.P.R.E. (programme personnalisé de réussite éducative).
Sa théorie distingue huit principales formes d'intelligences:
- **L'intelligence corporelle/kinesthésique:** c'est la capacité à utiliser son corps d'une manière fine et élaborée, à s'exprimer à travers le mouvement, à être habile avec les objets.
- **L'intelligence interpersonnelle:** c'est la capacité d'entrer en relation avec les autres et de comprendre comment ils peuvent agir et réagir. C'est une capacité de type psychologique et sociale.
- **L'intelligence intrapersonnelle:** c'est la capacité à avoir une bonne connaissance de soi-même (atouts et fragilités). C'est le "connais-toi toi-même" de la philosophie antique.
- **L'intelligence logique-mathématique:** c'est la capacité à raisonner, à compter et à calculer, à tenir un raisonnement logique. C'est cette forme d'intelligence qui est évaluée dans les tests dits de QI.
- **L'intelligence musicale/rythmique:** c'est la capacité à percevoir les structures rythmiques, sonores et musicales. On l'évoque quand on parle "d'oreille absolue".
- **L'intelligence naturaliste:** c'est la capacité à observer la nature sous toutes ses formes, la capacité à reconnaître et à classifier des formes et des structures par une observation fine.
- **L'intelligence langagière, verbale-linguistique** (qu'on peut localiser dans la sphère de Broca): c'est la capacité à percevoir et à manier aisément les structures linguistiques sous toutes leurs formes.
- **L'intelligence visuelle/spatiale**, appelée aussi kinesthésique: c'est la capacité à créer des images mentales et à percevoir le monde

« Il s'agit d'une conception plurielle de l'intelligence qui prend en compte les nombreuses et différentes facettes de l'activité cognitive. »

visible avec précision dans ses trois dimensions. Les danseurs développent ce type de compétences pour évoluer avec des repères stables dans l'espace. ■

Principaux écrits traduits en français

- *Gribouillages et dessins d'enfants*, Pierre Mardaga, 1997.
- *Les Formes de l'intelligence*, Odile Jacob, 1999.
- *Les Personnalités exceptionnelles*, Odile Jacob, 1999.
- *Les Intelligences Multiples*, Retz, 2005.
- *L'intelligence et l'école*, Retz, 2012.

Pour aller plus loin

- Thomas Armstrong, *Les intelligences multiples dans votre classe*, Chenelière/McGraw-Hill, 1998.
- http://howardgardner.com/
- www.ia94.ac-creteil.fr/premier_degre/intmult/intverb_intmult.htm

Olivier Houdé

Olivier Houdé (1963) est professeur de psychologie à l'Université Paris-Descartes. Il dirige le Laboratoire de Psychologie du Développement et de l'Éducation de l'enfant (LaPsyDÉ) du CNRS. Spécialiste de psychologie expérimentale, il est un des premiers à avoir utilisé l'imagerie cérébrale dans ses travaux.

Sa vie

Olivier Houdé est né à Bruxelles en juin 1963. Il a suivi une formation d'instituteur à l'École Normale Saint-Thomas à Bruxelles. Il obtient sa licence de Psychologie à La Sorbonne en 1986, puis la maîtrise et le DEA de Psychologie des Acquisitions, du Développement et de l'Éducation de l'Enfant. En 1991, il devient docteur de Psychologie. Il engage une formation complémentaire à l'imagerie cérébrale en neurosciences en 1998 à l'Université Claude Bernard (Lyon). Il dirige depuis 2000, l'équipe de recherche "Développement & fonctionnement cognitifs" dans le Groupe d'Imagerie neurofonctionnelle du CNRS et du CEA.

Il a reçu de nombreuses distinctions qui saluent la qualité de ses travaux : lauréat de l'Académie des sciences morales et politiques (Prix Dagnan-Bouveret en 2002, prix Binoux en 2014), lauréat de l'Académie française (Grand Prix Moron en 2015, Institut de France pour son ouvrage *Apprendre à résister*. En 2013, il contribue avec Serge Tisseron, Pierre Léna et Jean-François Bach pour rendre un rapport à la demande de l'Académie des sciences sur "L'enfant et les écrans" (Éditions Le pommier, 2013). Il analyse la question de l'impact des écrans sur le cerveau des enfants.

Sa démarche pédagogique

Olivier Houdé est parti des travaux de Jean Piaget, en reprenant notamment l'idée d'un développement non linéaire de l'intelligence. Il a mis en évidence la dynamique activation – inhibition, qui permet de prendre en compte les erreurs de raisonnement pour progresser. Il démontre que le développement de l'enfant est plutôt non linéaire. Se développer, c'est construire et activer des stratégies cognitives nouvelles, mais aussi apprendre à inhiber des stratégies déjà existantes qui entrent en compétition dans le cerveau. Il incite à voir les enfants comme des petits savants qui, chacun dans leur style, ont des fulgurances intellectuelles précoces mais peuvent aussi se tromper à tout moment. Il mène des expérimentations en laboratoire avec des enfants de manière à approfondir les connaissances sur le développement de cette machine complexe qu'est le cerveau.

Il remarque que "*l'enseignement repose toujours sur l'idée qu'il faut accumuler et activer des fonctions cognitives, et jamais sur l'idée de travailler sur les capacités d'inhibition*" (Olivier Houdé, *La Recherche* n° 388, 30 juin 2005). Il montre pourquoi certaines situations d'apprentissage sont plus efficaces que d'autres, en mettant en évidence trois systèmes cognitifs dans le cerveau. L'un est rapide, automatique et intuitif (le Système 1). L'autre est

> **« Toute science apprend de ses erreurs et c'est finalement en analysant celles de ce petit homme dans sa quête de savoir et d'expérimentation sur son environnement que la recherche actuelle dépasse les siennes. »**
> Fabien Fenouillet, à propos de l'ouvrage *La psychologie de l'enfant*, d'Olivier Houdé, in *Revue française de pédagogie*, 2006

plus lent, logique et réfléchi (le Système 2). Le troisième, sous-tendu par le cortex préfrontal, permet l'arbitrage entre les deux premiers. Ce Système 3 assure l'inhibition des automatismes de pensée (issus du Système 1) quand l'application de la logique (Système 2) est nécessaire. En partant de ce constat, il propose de revoir le statut de l'erreur cognitive, le développement cognitif étant jalonné d'erreurs, de biais perceptifs et de décalages inattendus. Il ne faut toutefois pas se tromper sur la nature des erreurs. Le défaut d'inhibition peut expliquer des difficultés d'apprentissage (erreurs, biais de raisonnement, etc.) et d'adaptation tant cognitive que sociale. Son concept-clef, l'inhibition, est présenté comme une fonction exécutive déterminante dans le choix sélectif d'une stratégie adaptée. Il donne des exemples à l'école. Les élèves en classe buttent souvent sur des énoncés verbaux comme: "Louise a 25 billes. Elle a 5 billes de plus que Léo. Combien Léo a-t-il de billes?" L'élève ne bloque pas l'automatisme implicite, *il y a le mot "plus" alors je dois additionner (25+5=30)*. Il ne peut activer la soustraction logique dans la situation (25-5 = 20). Il est inutile de répéter à ces élèves les règles logiques de l'addition et de la soustraction. C'est le Système 3 inhibiteur, le plus sollicité du point de vue cérébral, qui doit être activé. L'enseignant doit leur apprendre à inhiber l'automatisme "plus alors addition".

Il applique les nouveaux acquis des sciences du cerveau, de la cognition et des comportements à la problématique de l'usage des écrans (*cf.* Avis de l'Académie des Sciences "L'enfant et les écrans"). Il caractérise les effets jugés bénéfiques, les effets jugés délétères et fait des recommandations. Ses éclairages sont majeurs pour les enseignants qui accompagnent les enfants dans leur découverte du monde numérique. ■

“Des bébés aux adultes, on découvre aujourd'hui qu'apprendre à résister aux conflits intracérébraux est important pour notre développement cognitif, c'est-à-dire pour l'acquisition des connaissances et la capacité de raisonnement.”

Principaux écrits

- *10 leçons de psychologie et pédagogie*, PUF, 2006.
- *Les 100 mots de la psychologie*, coll. "Que sais-je?", PUF, 2008.
- Avec Gaëlle Leroux, *Psychologie du développement cognitif*, PUF, 2013
- Avec Jean-François Bach, Pierre Léna, Serge Tisseron, *L'enfant et les écrans. Un Avis de l'Académie des sciences*, Éditions Le Pommier et Institut de France, 2013.
- *Apprendre à résister*, Le Pommier, 2015.

Pour aller plus loin

- http://olivier.houde.free.fr
- https://www.lapsyde.com/
- www2.ac-lyon.fr/etab/ien/loire/ressources/maternelle/spip.php?article117

Philippe Meirieu

Philippe Meirieu (1949) est professeur émérite de sciences de l'éducation, chercheur en pédagogie. Il a contribué à faire connaître les principes pédagogiques issus de l'Éducation nouvelle. Il a été l'inspirateur de réformes, dont la création des IUFM au début des années 1990 puis les modules au lycée. Il est un grand militant de la pédagogie différenciée.

Sa vie

Philippe Meirieu est né le 29 novembre 1949 à Alès dans le Gard. Il s'engage très tôt dans des mouvements d'éducation populaire, obtient un CAP d'instituteur après avoir poursuivi des études de littérature et philosophie à Paris. Il enseigne d'abord le français en collège puis la philosophie au lycée. En 1983, il soutient sa thèse d'État es Lettres et Sciences humaines, avec comme sujet de recherche les pratiques de groupe en situation scolaire. Il enseigne à l'université Lyon II à partir de 1984. De 1990 à 1993 il est membre du Conseil national des programmes (il participera à sa création impulsée par la loi Jospin). En parallèle, il crée en 1991 la collection *Pédagogies* chez ESF éditeur.

À la rentrée 1993-1994, à côté de ses activités universitaires, il reprend un enseignement de français dans un lycée professionnel à Vénissieux. De 1994 à 1998, il est directeur de l'Institut des sciences et pratiques d'éducation et de formation (ISPEF) de l'université Lumière-Lyon 2. À la demande du ministre Claude Allègre, il préside le Comité d'organisation de la consultation et du colloque "Quels savoirs enseigner dans les lycées ?". Il prend la direction de l'Institut national de recherche pédagogique (INRP) en 1998, mais démissionne en 2000. Il devient directeur de l'Institut universitaire de formation des maîtres (IUFM) de l'académie de Lyon jusqu'en 2006. Se sentant en désaccord avec les décisions prises les années précédentes, il ne souhaite pas poursuivre.

En 2006, il est parrain du projet culturel et éducatif "Cité des savoirs du XXIe siècle" sur l'île Seguin (Boulogne-Billancourt). De septembre 2006 à décembre 2009, il est nommé directeur de la chaîne de télévision éducative Cap Canal, où il anime le magazine Cap Infos qui traite de toutes les questions pédagogiques liées à l'école et à la formation des professeurs. En 2009, il s'engage dans le mouvement Europe Écologie. Tête de liste dans la région Rhône-Alpes pour les élections de 2010, il est élu et devient vice-président Europe Écologie. Le 11 décembre 2010, il est élu à la tête du conseil fédéral du parti. En 2014 il se démarque du mouvement.

Il prend sa retraite de l'Éducation Nationale en octobre 2014 à presque 65 ans.

Sa démarche pédagogique

Les textes de Rousseau, de Pestalozzi, les écrits de Freinet, d'Oury ont d'abord orienté ses travaux. Il s'interroge notamment sur l'interaction entre pairs dans les apprentissages et s'intéresse au travail en groupes.

> « Pour qu'une situation soit productrice d'un surcroît d'humanité, vous (Philippe Meirieu) nous enseignez que trois composantes sont nécessaires : la singularité des acteurs, la solidarité de leur compagnonnage, la socialité des rituels de leur institution. »
>
> Extrait du discours de Daniel Hameline lors de la remise de la légion d'honneur à Philippe Meirieu le 29 mai 1999

Il est convaincu du postulat d'éducabilité tel que développé par le philosophe et pédagogue Herbart : toute personne est susceptible d'être éduquée. Le postulat de liberté est présenté comme le pendant du principe d'éducabilité ; l'éducation n'est pas le dressage.

Face à l'hétérogénéité des classes, il propose d'utiliser la pédagogie différenciée et de faire travailler les élèves en groupes de besoin. Dans ses travaux, il montre que l'accès de tous les élèves aux apprentissages fondamentaux doit se faire grâce à des itinéraires adaptés. Il développe le thème de l'élève actif dans le processus éducatif, thème qui sera repris dans la loi d'orientation de 1989.

Philippe Meirieu met en évidence le rôle de l'école qui, à la fois, instruit et éduque pour émanciper l'élève et pour favoriser le développement de son autonomie. Il théorise l'acte d'enseigner, l'enseignant doit transmettre des normes sociales pour favoriser l'insertion de l'enfant dans la société. Il doit aussi lui apprendre à penser par lui-même et utiliser son esprit critique. Pour Philippe Meirieu, l'éducation à la liberté passe par une remise en cause des normes existantes. Il fournit aux enseignants une analyse des tensions qui existent entre la nécessité de faire acquérir des savoirs et la prise en compte des centres d'intérêt de l'élève pour favoriser la construction de compétences.

Ses travaux ont fait l'objet de critiques, ses idées ont été taxées de pédagogistes. Il est souvent vu par les médias comme le pédagogue le plus écouté des gouvernants. Il a été fait docteur honoris causa de plusieurs universités à travers le monde. ■

« Aujourd'hui, la machinerie publicitaire et médiatique susurre en permanence à nos enfants que le plaisir vient d'abord par le corps quand le travail de l'intelligence, de la réflexion et de la culture est, lui, générateur de difficultés, voire de souffrances. »

Principaux écrits

[illegible] d'une série de vingt-six émissions diffusées sur France 5 *L'éducation en questions*, consacrées aux grands pédagogues et aux grandes questions de la pédagogie.

- *Apprendre… oui mais comment*, ESF éditeur, collection Pédagogies, 1987 (réédition 2009).
- *L'École mode d'emploi : des méthodes actives à la pédagogie différenciée*, ESF éditeur, 1989.
- *La Pédagogie entre le dire et le faire*, ESF éditeur, 1995.
- *Faire l'école, faire la classe*, ESF éditeur, 2004 (réédition en 2011).
- *Frankenstein pédagogue*, ESF éditeur, 2007.
- Collectif, *Le plaisir d'apprendre*, Autrement, 2014.

Pour aller plus loin

- www.meirieu.com

Maria Montessori

Maria Montessori (1870-1952), première femme médecin en Italie, a développé une méthode pédagogique qui porte son nom. La pédagogie Montessori décline les principes d'une éducation nouvelle pour les très jeunes enfants, où l'idée de l'éducation est conçue comme l'accompagnement du développement naturel de l'enfant.

Sa vie

Maria Montessori est née le 31 août 1870 à Chiaravalle en Italie, dans une famille bourgeoise. En 1882, ses parents déménagent à Rome pour qu'elle fasse des études et devienne enseignante. Elle découvre la biologie et décide de devenir médecin. Elle s'inscrit à la faculté de médecine, contre la volonté de son père. À 26 ans, elle devient une des premières femmes diplômée de médecine en Italie. Elle travaille deux ans à la clinique psychiatrique de l'université de Rome et étudie le comportement de jeunes "retardés mentaux". Elle découvre que les enfants ont besoin d'action pour progresser et de leurs mains pour développer leur intelligence. Elle s'intéresse aux recherches de Jean Itard et à ses écrits sur Victor, l'enfant sauvage de l'Aveyron. À partir de 1900, elle se consacre à la pédagogie et travaille à la Scuola Magistrale Ortofrenica. Elle crée une école d'orthophrénie (éducation et rééducation de jeunes sujets atteints de troubles mentaux partiellement améliorables), où elle forme les "éducateurs" à l'observation. Elle participe à de nombreux congrès à Rome, puis à Paris. Elle travaille avec des enfants déficients auxquels elle apprend à lire, à écrire. En 1901, elle commence à s'intéresser aux enfants "normaux". Elle entreprend des études de psychologie et de philosophie. En 1906, elle crée sa méthode pédagogique pour les enfants d'âge préscolaire.

La première Maison des enfants (*Casa dei bambini*) voit le jour en 1907 dans un quartier populaire de Rome. C'est une "petite maison" dans une "grande maison" pour y vivre la journée. L'institutrice a l'obligation d'habiter dans l'immeuble pour mieux collaborer avec les parents. La *Casa dei bambini* devient une base de recherche, un laboratoire d'expérimentation où Maria Montessori éprouve ses méthodes. Pendant la Première Guerre mondiale, elle part aux États-Unis et rencontre des pédagogues tels qu'Adolphe Ferrière, John Dewey et Roger Cousinet.

En 1929, elle fonde l'Association Montessori Internationale (sa "filière" française sera créée en 1931). En 1936, le gouvernement italien fasciste ferme toutes les écoles Montessori ; Maria Montessori quitte son pays. Elle s'installe d'abord en Espagne puis aux Pays-Bas. En 1939, elle est invitée en Inde, à Chennai (Madras). Elle y restera après la guerre jusqu'en 1946, avant de revenir en Europe et de s'installer aux Pays-Bas. Elle décède à Noordwijk aan Zee (Pays-Bas) en 1952 à l'âge de 81 ans. Son fils Mario continue son œuvre jusqu'à son décès en 1982, à l'âge de 83 ans.

Aujourd'hui il existe plus de 22 000 écoles Montessori sur tous les continents.

> « Maria Montessori ne s'est pas contentée d'édifier une pédagogie ; elle a posé devant l'opinion la "question sociale" de l'enfant, pour qui il n'y a pas de place dans l'espace familial où l'enfant est le dérangeur de l'adulte fatigué par des occupations pressantes. »
>
> Louis Raillon, *Dictionnaire encyclopédique de l'éducation et de la formation*, Nathan, 1994

Sa démarche pédagogique

Maria Montessori qualifie sa pédagogie de "scientifique". Ses travaux portent à la fois sur la connaissance de l'enfant et de l'adolescent et, de ce fait, sur la façon de concevoir leur éducation. Son concept-clé est l'idée de l'éducation conçue comme l'accompagnement du développement naturel de l'enfant, à travers un environnement préparé et adapté aux caractéristiques et aux besoins de son âge. Pour elle, l'enfant apprend par une sorte d'osmose ; elle parle de "l'esprit absorbant" de l'enfant. L'art de l'éduquer consiste à lui proposer des tâches présentant une difficulté surmontable, qu'il va réussir grâce à l'adulte bienveillant. "Aide-moi à faire tout seul", tel est l'objectif de Maria Montessori. Ceci implique de créer un environnement éducatif, de reconnaître les potentialités de l'enfant, de lui offrir une aide et du matériel éducatif stimulant. C'est le concept "d'environnement préparé", qui vise autant le groupe d'enfants et leur éducateur que l'ambiance et le matériel pédagogique proposé. Quand il est "au travail", l'enfant peut se concentrer sur une occupation de son choix, se montrer capable d'atteindre un niveau d'indépendance dans un cadre qui éveille sa conscience sociale.

Maria Montessori voit l'enfant comme le bâtisseur de l'avenir, un lien entre les générations. Son idée sociale est qu'en aidant l'enfant à développer pleinement ses potentialités (grâce à l'activité autonome, physique, sensorielle, intellectuelle, manuelle ou sociale), on aide au développement d'un monde plus pacifique et harmonieux. Le travail sur les sens, la manipulation, l'autonomie sont des concepts forts dans sa pédagogie.

Aujourd'hui, en France, la pédagogie Montessori continue d'être mise en œuvre à travers l'Association Montessori de France (affiliée à l'Association Montessori Internationale, AMI) et ses écoles membres. ■

"Il s'agit de défendre le droit de l'enfant d'être actif, d'explorer son environnement et de développer son patrimoine intérieur à travers toutes sortes de recherches et d'efforts créatifs. Éduquer consiste à guider l'activité, pas à la réprimer... Le rôle du maître est de nourrir, d'aider, d'observer, d'encourager, de guider, d'inciter, et non pas de se mêler, d'ordonner ou d'interdire."

Principaux écrits

- *L'Enfant*, Desclée de Brouwer, 1935.
- *De l'enfant à l'adolescent*, Desclée de Brouwer, 1958.
- *L'esprit absorbant de l'enfant*, Desclée de Brower, 1959.

Pour aller plus loin

- www.montessori-france.asso.fr
- Dir. Jean Houssaye, *Quinze pédagogues, : Idées principales et textes choisis*, Armand Colin, 1994.
- Paula Polk Lillard, *Pourquoi Montessori aujourd'hui ?*, Desclée de Brouwer, 1984.
- Anne Sizaire. *Maria Montessori, l'éducation libératrice.*, Desclée de Brouwer. 1994.

Johann Heinrich Pestalozzi

Johann Heinrich Pestalozzi (1746-1827) est un pédagogue suisse qui s'est fait connaître pour avoir cherché à appliquer les principes de *L'Émile* de Rousseau. Il est considéré comme l'un des pères de la pédagogie moderne.

Sa vie

Johann Heinrich Pestalozzi est né en 1746 à Zurich dans une famille originaire d'Italie. Son père meurt alors qu'il a 6 ans. Il est élevé avec son frère et sa sœur par sa mère, veuve. À l'école il est assez solitaire, il a l'habitude de vivre et de rêver "dans son coin". Il fait des études de théologie et de droit, où il se distingue par son enthousiasme politique et ses audaces révolutionnaires.

Sa vocation pédagogique se manifeste dans les articles qu'il publie vers 20 ans dans un journal d'étudiants.

Il s'installe à Neuhof et ouvre une exploitation agricole. Malgré sa bonne volonté et l'assistance de sa femme dévouée, Pestalozzi échoue dans son projet. En 1775, il ouvre dans sa ferme un asile pour les enfants pauvres. C'est la première étape de sa carrière pédagogique. Il fonde ensuite l'asile des orphelins de Stans (1798-1799), les écoles primaires de Berthoud (1799), l'institut de Berthoud (1801-1804) et enfin l'institut d'Yverdun (1805-1825).

En 1770 naît son fils unique, Hans Jakob, dit Jakobli, élevé selon les principes de Rousseau. Dans son écrit *Journal d'un père*, Pestalozzi note les progrès de Hans Jakob; l'éducation qu'il lui donne est une véritable expérimentation pédagogique. Il met au point quelques-unes des idées qui deviennent les principes de ses méthodes. En 1781, il publie *Léonard et Gertrude*, sorte de roman populaire où il met en scène une famille d'ouvriers. Gertrude est le porte-parole des idées de Pestalozzi sur l'éducation des enfants. Il est proclamé citoyen français par l'Assemblée législative en 1792.

En 1809, les critiques commencent à circuler sur la faiblesse du fonctionnement de l'institut de Berthoud. Pestalozzi quitte Yverdun en 1824 après des années d'intenses activités, et regagne sa maison du Neuhof. Il se remet à la culture des champs et écrit d'autres ouvrages. Ses deux derniers écrits sont *le Chant du cygne* et *Mes destinées*. Le 23 janvier 1827, il se fait transporter à Brugg pour consulter un médecin et meurt le 17 février.

Certains de ses ouvrages restent inachevés à sa mort.

Sa démarche pédagogique

Le climat de la Révolution helvétique lui permet de faire l'essai de ses théories. Entre 1798 et 1799, il dirige un orphelinat à Stans pour être instituteur, c'est-à-dire au contact des enfants. Ses méthodes sont novatrices ; pour chaque enseignement, le point de départ est approprié aux facultés de l'enfant, le mode d'enseignement est simultané mais aussi mutuel, la lecture combinée avec l'écriture. Il veut éveiller chez ses élèves des sentiments d'amitié fra-

> **“ Pestalozzi a été le grand inspirateur de la réforme de l'éducation populaire en Allemagne. Philanthrope, il a été un promoteur de l'éducation par le travail. Toute sa vie il a privilégié l'éducation des enfants mais aussi celle des adultes, quel que soit leur milieu social. [...] Sa vision de l'éducabilité, du potentiel de changement de tout enfant, est très en avance sur son époque. ”**
> Philippe Meirieu, www.meirieu.com

ternelle, les “moraliser” par l’influence de la nature et par l’activité qui leur est proposée. Il obtient des résultats surprenants. Il expose en 1801, dans l’ouvrage *Comment Gertrude instruit ses enfants*, un exposé de ses principes et de ses manières de procéder dans l’éducation et l’enseignement. Une de ses idées favorites, support des exercices scolaires, est que toutes les connaissances élémentaires peuvent et doivent être rattachées à trois principes : le mot, la forme, le nombre. Au mot il rattachait le langage, à la forme l’écriture et le dessin, au nombre le calcul.

En 1803 il dirige l’institut Berthoud, internat d’enseignement primaire supérieur. Il y applique la méthode naturelle. Les élèves se font remarquer surtout par leur habileté en dessin et en calcul mental. Il s’établit à Yverdun, dans une école d’enseignement secondaire consacrée aux classes moyennes. L’institut fait partie des curiosités de la Suisse ; de toutes parts les élèves y affluent, ainsi que de nombreux visiteurs. Quelques principes de sa pédagogie ont été repris dans les pédagogies modernes : l’enseignement doit suivre l’ordre du développement naturel de l’enfant ; l’intuition est le fondement de l’instruction ; l’individualité de l’enfant est sacrée ; former l’esprit, ne pas se contenter de le meubler. ■

Principaux écrits

- *Léonard et Gertrude*, 1781-1787.
- *Des principes fondamentaux de ma pensée*, 1797.
- *Lettres de Stans*, 1799.
- *Comment Gertrude instruisit ses enfants*, 1801.
- *Le Livre des mères*, 1803.

« Pour l’écriture, ma méthode était la suivante : rester très longtemps sur trois ou quatre lettres qui contiennent les éléments fondamentaux de nombreuses autres, puis leur [aux élèves] faire former et composer des mots à partir de ces lettres, avant de leur permettre d’en essayer d’autres. Dès qu’ils savaient écrire *m* et *a*, ils devaient écrire *man*, et cela jusqu’à ce qu’ils eussent écrit le mot correctement et sur une ligne parfaitement droite »

Pour aller plus loin

- Michel Soëtard, *Pestalozzi*, PUF, 1995.
- Fondation Village d’enfants Pestalozzi : http://www.pestalozzi.ch/fr/home/
- www.centrepestalozzi.ch/index.php?id=340#c681
- http://www.ecolepestalozzi.ch/

Jean Piaget

Jean William Fritz Piaget (1896-1980) est une figure majeure de la psychologie de l'enfant du XXe siècle. L'influence de ses travaux sur la pédagogie a été importante. Son œuvre, gigantesque, s'étend sur plus de soixante-dix ans. Il a construit ce qu'il appelle "une épistémologie génétique" qui consiste à étudier la genèse des fonctions cognitives dans le développement de l'enfant.

Sa vie

Jean William Fritz Piaget naît en Suisse. Toute sa scolarité, jusqu'au doctorat en sciences naturelles, s'est faite à Neuchâtel. Il s'installe en 1921 à Genève. Il épouse en 1923 Valentine Châtenay. Ses trois enfants, Jacqueline, Lucienne et Laurent, sont les personnages centraux de trois des plus importants ouvrages de la psychologie scientifique du XXe siècle (*La Naissance de l'intelligence* en 1936, *La Construction du réel* en 1937, *La Formation du symbole chez l'enfant* en 1945). **En 1921, il est nommé chef de travaux à l'Institut Jean-Jacques Rousseau** ainsi que *privatdocent* à la Faculté des sciences de Genève. En 1925, il reprend la chaire de son professeur Arnold Reymond à l'Université de Neuchâtel, tout en poursuivant à Genève son enseignement et ses recherches de psychologie de l'enfant. En 1929, il est professeur d'histoire de la pensée scientifique à la faculté des sciences de Genève. Il devient directeur du Bureau International de l'Éducation, et directeur adjoint de l'Institut Rousseau. En 1936, il enseigne la psychologie expérimentale et la sociologie à Lausanne. En 1940, il prend la direction du laboratoire de psychologie où il dirige de nombreuses expériences sur la genèse des structures perceptives. De 1952 à 1963, il enseigne à l'Université de Paris, où il succède à Merleau-Ponty. En 1955, il crée le Centre international d'épistémologie génétique, et associe de prestigieux savants et philosophes. La diffusion géographique de son œuvre est remarquable.

Ses apports pédagogiques

Piaget s'appuie sur les travaux de Binet pour mettre au point son "épistémologie génétique" qui étudie la genèse des processus mentaux pour accéder aux connaissances. Il établit des liens étroits entre le biologique et la problématique psychologique du développement de l'intelligence. Selon Piaget, la pensée humaine se construit lorsque l'enfant entre en contact avec le monde. Grâce à des contacts répétés, il développe des unités élémentaires de l'activité intellectuelle, appelés schèmes. Un schème est une entité abstraite qui organise une action (ex. la succion). Les schèmes se transforment en devenant plus généraux (succion d'autres objets), plus nombreux et plus "mobiles". Ils se combinent dans une organisation de type moyen-but (ex. le râteau pour prendre un objet). Ces schèmes s'ancrent dans l'esprit, lorsque l'expérience les conforte, ou se modifient lorsqu'ils sont contredits par les faits. **À chaque fois que l'enfant perçoit un objet**, il essaie de l'assimiler. Si cette assimilation ne réussit pas, un processus d'accommodation se met en place. L'assimilation est un mécanisme qui consiste à intégrer un nouvel objet à un ensemble d'objets pour

> **« Piaget souligne à propos de la globalisation que l'esprit ne débute ni par l'analyse ni par la synthèse mais par un troisième terme qui les précède tous les deux. L'esprit procède bien comme le veut Decroly, du syncrétisme. »**
> *Encyclopédie française*, Larousse, 1969

lesquels il existe déjà un schème. L'accommodation est un mécanisme qui consiste à modifier un schème existant afin de pouvoir intégrer un nouvel objet.

Dans la théorie des stades, Piaget divise le développement psychologique de l'enfant en plusieurs périodes, chacune elle-même divisée en stades. Les différents moments du développement sont (âges indicatifs basés sur une moyenne) :

- **La période de l'intelligence sensori-motrice** (de la naissance à 2 ans) divisée en 6 stades. Au début, l'intelligence est essentiellement pratique. Elle se construit en fonction des sens et de la motricité de l'enfant. Elle lui permet d'organiser le réel selon un ensemble de données spatio-temporelles et causales. Au cours de cette période, les principales acquisitions cognitives sont la causalité, la permanence de l'objet et la représentation symbolique.
- **La période de l'intelligence préopératoire** (de 2 à 6 ans) divisée en 2 stades : le stade de la pensée symbolique et le stade de la pensée intuitive. Cette période est marquée par diverses acquisitions ; l'enfant développe fortement ses capacités langagières. Il est capable de dialoguer. C'est aussi durant cette période que se forme la notion de quantité.
- **La période des opérations concrètes ou de l'intelligence opératoire** (de 6 à 10 ans) : cette intelligence reste dépendante de la présence dans le champ de la perception des éléments sur lesquels porte la réflexion. La période des opérations concrètes correspond au stade des conduites opératoires. Les acquisitions essentielles sont les conservations physiques et spatiales.
- **La période des opérations formelles** (de 10 à 16 ans) caractérisée par 5 éléments : le passage du concret à l'abstrait, le passage du réel au possible, la prévision des conséquences à long terme, la logique déductive et la résolution systématique des problèmes. L'adolescent met en place les schèmes définitifs qu'il utilisera tout au long de sa vie et peut établir des hypothèses détachées du monde sensible. ■

« Sans que l'on puisse actuellement fixer avec certitude la limite entre ce qui provient de la maturation structurale de l'esprit et ce qui émane de l'expérience de l'enfant ou des influences de son milieu physique et social, on peut admettre que les deux facteurs interviennent sans cesse et que le développement est dû à leur interaction continue. »

Principaux écrits

- *La Construction du réel chez l'enfant* (1937), Delachaux et Niestlé, 1998.
- *La Représentation du monde chez l'enfant* (1955), Paris, PUF, 2003
- *Psychologie et pédagogie*, Denoël, 1969.
- *Psychologie de l'enfant* (1966), PUF, 2004.

Pour aller plus loin

- Jean-Jacques Ducret, *Jean Piaget*, Delachaux et Niestlé, 1990.
- www.fondationjeanpiaget.ch/fjp/site/textes/index.php

Jean-Jacques Rousseau

Jean-Jacques Rousseau (1712-1778) est un écrivain, philosophe et musicien genevois. Il incarne le moment fondateur de la pensée éducative. Philosophe majeur du siècle des Lumières, il a mis l'enfant au centre du processus d'éducation. *Émile, ou De l'éducation* est considéré comme le premier ouvrage de philosophie de l'éducation.

Sa vie

Jean-Jacques Rousseau est né à Genève en 1712 d'un père horloger. Il perd sa mère neuf jours après sa naissance. Il est élevé par son oncle, un pasteur protestant. La baronne Françoise-Louise de Warens, qui l'accueille à l'adolescence, est à l'origine d'une grande partie de son éducation sentimentale et amoureuse. Tous deux s'installent pendant l'été et l'automne dans une propriété (les Charmettes). Rousseau se convertit au catholicisme.

En 1740, il trouve un emploi de précepteur. Il est introduit dans les salons parisiens, où il se lie d'amitié avec Denis Diderot. En 1743, il est embauché comme secrétaire de Pierre-François, ambassadeur à Venise. De nouveau à Paris en 1744, il travaille au projet d'un grand ouvrage sur les institutions politiques. Il se "met en ménage" avec une jeune lingère, Marie-Thérèse Le Vasseur, qui restera auprès de lui toute sa vie. Entre 1747 et 1751, cinq enfants naissent, qu'il fera placer aux Enfants-Trouvés, l'assistance publique de l'époque. Il explique qu'il fait ce choix pour soustraire ses enfants à l'emprise de sa belle-famille, qu'il jugeait néfaste. Il gagne sa vie en exerçant les fonctions de secrétaire, puis de précepteur.

Il fréquente Condillac, d'Alembert, Grimm et Diderot, qui l'invite à participer au projet de *l'Encyclopédie*. Il écrit des articles sur la musique. Ses idées vont l'éloigner progressivement des philosophes de l'Encyclopédie. Il abandonne ses emplois pour être indépendant et vit grâce à son activité de copiste.

En 1754, il écrit son *Discours sur l'origine et les fondements de l'inégalité parmi les hommes*. En 1756, Madame d'Épinay met à sa disposition l'Ermitage, une maisonnette située à l'orée de la forêt de Montmorency. Il achève son roman *Julie ou la Nouvelle Héloïse*, qui obtient un immense succès, et travaille à ses essais *Émile, ou De l'éducation* et *Du contrat social* qui paraissent en 1762. Les livres sont condamnés par le Parlement de Paris et interdits en France, aux Pays-Bas, à Genève et à Berne. En 1762, il doit fuir la France ; il se réfugie près de Neufchâtel. Il fait un séjour en Angleterre, regagne la France sous le nom d'emprunt de Jean-Joseph Renou.

À Paris, il survit grâce à ses travaux de copiste en partition de musique. *Les Rêveries du promeneur solitaire*, rédigé entre 1776 et 1778, restera inachevé. En 1778, le marquis de Girardin lui offre l'hospitalité, dans son domaine du Château d'Ermenonville, près de Paris. Rousseau meurt subitement le 2 juillet 1778, d'un accident vasculaire

> « Ma théorie a pour elle l'autorité du plus grand des moralistes modernes: car tel est assurément le rang qui revient à J.-J. Rousseau, à celui qui a connu si à fond le cœur humain, à celui qui puisa sa sagesse, non dans des livres, mais dans la vie; qui produisit sa doctrine non pour la Chaire, mais pour l'humanité. »
>
> Arthur Schopenhauer, *Le fondement de la morale*, 1879

cérébral. L'hommage solennel de la nation française a lieu le 11 octobre 1794. Au cours d'une grande cérémonie, ses cendres sont transférées d'Ermenonville au Panthéon à Paris.

> “ Savez-vous quel est le plus sûr moyen de rendre votre enfant misérable ? C'est de l'accoutumer à tout obtenir. ”

Ses apports pédagogiques

Le "plus grand des moralistes modernes", c'est ainsi qu'Arthur Schopenhauer décrit Rousseau. Il est devenu célèbre pour ses travaux sur l'homme, la société, ainsi que sur l'éducation, en dépit du fait qu'il ait abandonné ses propres enfants. Dans *Émile, ou De l'éducation*, il donne une synthèse de ses idées sur la société, sur l'enfance et sur l'éducation. Les hommes naissent bons et deviennent méchants. Pour éviter cette dégradation, il faut donner aux enfants une éducation qui prend le "contre-pied" de l'usage. L'enfant n'est pas un adulte en devenir, il a ses spécificités. La pédagogie doit se fonder sur la liberté, sur le sentiment, sur la prise en compte de la nature. C'est après une première phase d'éducation négative pour préserver l'enfant du vice et de l'erreur, que doit commencer une deuxième phase d'éducation positive par l'acquisition de savoirs.

Précurseur de la psychologie génétique, Rousseau distingue, de même que Piaget, différentes phases de développement. Il préconise de connaître et de respecter l'enfant. Ses idées nourriront notamment la réflexion de Janusz Korkzack. L'influence de Rousseau a été déterminante sur Pestalozzi et sur Ferrières, à qui on l'associe comme initiateur du courant de pensée de l'Éducation nouvelle en Europe. ■

Principaux écrits

- *Discours sur l'origine et les fondements de l'inégalité parmi les hommes,* 1755.
- *Julie ou la Nouvelle Héloïse,* 1761.
- *Émile, ou De l'éducation*, dans lequel est incluse *La profession de foi du vicaire savoyard*, au livre IV, 1762.
- *Du contrat social,* 1762.
- *Les Confessions*, écrites de 1765 à 1770, publication posthume.
- *Les Rêveries du promeneur solitaire*, écrites en 1776, publication posthume.

Pour aller plus loin

- Bernard Groethuysen, *Jean-Jacques Rousseau*, Gallimard, 1983.
- Bernard et Monique Cottret, *Jean-Jacques Rousseau, en son temps*, Perrin, 2005.

Lev Vygotski

Lev Semionovitch Vygotski (1896-1934) est un psychologue biélorusse, considéré comme l'alter ego de Piaget. Il est connu pour ses recherches en psychologie du développement, et notamment le concept de zone proximale de développement (ZPD). Ses travaux sur le constructivisme social ont permis de préciser la compréhension du développement de l'enfant.

Sa vie

Lev Semionovitch Vygotski est né dans une famille juive aisée en 1896 à Orcha. Il fait des études en philosophie, en histoire puis en droit à l'Université de Moscou. Il devient député de l'Armée rouge tout en continuant ses travaux en pédagogie. Il lit Spinoza et Hegel, Marx et Engels, Freud, Ivan Pavlov. En 1919, il attrape la tuberculose et fait un séjour en sanatorium. Il sait que sa vie sera brève. Il crée un laboratoire de psychologie pour étudier des enfants, en particulier des enfants handicapés, sourds et aveugles. Il cherche à reformuler la théorie psychologique sur des bases marxistes et à inventer des démarches pédagogiques pour lutter contre l'analphabétisme. Il soutient sa thèse *Psychologie de l'art*, et écrit un essai sur *La Signification historique de la crise en psychologie*.

À partir de 1929, sa réputation s'étend en URSS. En 1933, il débute l'écriture de *Pensée et langage*, livre qui ne sera publié qu'après sa mort. Ses travaux subissent la censure car considérés comme "antimarxistes et antiprolétariens". C'est sur son lit de mort qu'il dicte le dernier chapitre de *Pensée et Langage*, il meurt à l'âge de 37 ans, en 1934. Sa bibliographie comporte 180 titres, dont 80 non publiés. L'intérêt pour son œuvre se manifeste hors de la Russie à partir des années 1960, principalement aux USA et au Japon, mais aussi dans plusieurs pays d'Europe.

Ses apports pédagogiques

Vygotski part de l'idée que les transmissions ne sont pas simplement d'ordre héréditaire, mais qu'elles sont aussi culturelles. Il met en évidence que l'intelligence se développe grâce à des outils psychologiques que l'enfant trouve dans son environnement. Le langage est un médiateur nécessaire dans le développement et le fonctionnement de la pensée. Il montre que les enfants peuvent réaliser et maîtriser des problèmes difficiles quand ils sont aidés par un adulte. Sans le livre de Piaget *Le langage et la pensée chez l'enfant*, Vygotski n'aurait peut-être pas apporté sa contribution essentielle sur le langage intérieur et la pensée. Il reproche en effet à Piaget de séparer apprentissage et développement et veut montrer que l'apprentissage devance par principe et stimule le développement intellectuel de l'enfant. Pour lui, le mouvement réel du développe-

> « On a dit combien, pour Vygotski, le développement mental doit être pensé comme étant de nature sociale en un double sens ; il est le produit de l'appropriation d'outils et d'instruments psychologiques [...], cette appropriation ne peut se réaliser que dans les pratiques de communication et de coopération sociale asymétrique qui règlent les rapports de l'enfant avec autrui. »
>
> Jean Yves Rochex, "L'oeuvre de Vygotski : fondements pour une psychologie historico-culturelle", *Revue française de pédagogie*, n° 120, 1997

ment de la pensée enfantine s'effectue non pas "de l'individuel au social mais du social à l'individuel". Il se différencie également de Piaget en accordant une place majeure, dans le développement de l'enfant, au langage "égocentrique" (l'enfant parle sans se soucier de qui l'écoute et si on lui répond). Alors que Piaget y verrait plutôt une forme de rêverie, Vygotski le rapproche du langage intérieur, dont il serait une ébauche.

Un de ses concepts les plus importants est celui de zone proximale de développement (ZPD), zone où l'enfant, à l'aide de ressources que l'adulte lui propose, est capable de se mobiliser pour exécuter une tâche. Grâce à l'imitation, dans une activité collective et avec de l'aide, l'enfant peut réaliser beaucoup plus que ce qu'il réussit tout seul. La différence entre le niveau de résolution de problèmes avec de l'aide et celui qu'il atteint seul définit la zone proximale du développement. Au départ, cette ZPD concernait les enfants handicapés mentaux, avec lesquels Vygotski a travaillé.

Appliquée à la pédagogie, cette notion permet de sortir de l'éternel dilemme de l'éducation : faut-il attendre que l'enfant ait atteint un niveau de développement particulier pour commencer les apprentissages ou bien faut-il l'exposer à certaines situations pour qu'il atteigne un niveau de développement ? Pour l'enseignant, il s'agit de proposer à l'élève des activités dont le niveau de difficulté se situe en avant de la zone de rupture (trop difficile = non-mobilisation), mais au-delà de la zone d'autonomie (trop facile = pas d'apprentissage). Il met en évidence que chaque fonction psychique supérieure apparaît deux fois au cours du développement : d'abord comme activité collective, sociale, puis une deuxième fois comme activité individuelle, cheminement intérieur de la pensée de l'enfant. L'apprentissage active chez l'enfant une série de processus de développements internes, grâce à la communication avec l'adulte et avec des camarades. Une fois intériorisés, ils deviendront sa conquête propre.

« Absolument tout dans le comportement de l'enfant est fondu, enraciné dans le social [...] Ainsi, les relations de l'enfant avec la réalité sont dès le début des relations sociales. Dans ce sens, on pourrait dire du nourrisson qu'il est un être social au plus haut degré. »

La théorie de Vygotski est historiquement et scientifiquement la seule source de recherche sur les processus métacognitifs dans la psychologie contemporaine. ■

Principaux écrits

Beaucoup de ses écrits ne sont pas encore traduits.

- *Théorie des émotions* (titre original *Étude des émotions*), L'Harmattan, 1998.
- *Pensée et langage* (1933), Éditions sociales, 1985.

Pour aller plus loin

- Yves Clot, *Avec Vygotski*, La Dispute, 1999.

Annexes

Chronologie

Index

Bibliographie

Sitographie

Sigles

Les principaux repères historiques du système éducatif français

Dates	Événements	Législation
1791-1905 La naissance de l'école républicaine		
1791	Création d'une Instruction publique commune pour tous les citoyens	Constitution de 1791
1793	Plan d'Éducation nationale élaboré par Félix Lepeletier de Saint-Fargeau	Loi Bouquier : l'instruction est gratuite et obligatoire pour tout enfant de 6 à 8 ans
1794	Création des grandes écoles (Polytechnique, École normale supérieure…)	
1801	Le Concordat institué par Napoléon autorise le catéchisme dans les écoles publiques (toujours en vigueur dans les départements d'Alsace-Lorraine)	Loi du 11 floréal an X (11 mai 1802) : confie la charge de l'enseignement primaire aux communes
1808	Création de l'Université impériale ; organisation administrative en académies, rectorats et inspections académiques	
1810	Création de la première école normale à Strasbourg 1810-1850 : le nombre d'élèves de l'enseignement primaire est multiplié par 15.	
1824	Création du ministère de l'Instruction publique	
1826	Ouverture des premières salles d'asile à Paris, à l'initiative de dames patronnesses	
1830	Création de l'agrégation ; concours national de recrutement des enseignants du second degré	
1833	Ouverture d'une école de garçons dans toutes les communes de plus de 500 habitants	Loi Guizot : organisation de l'enseignement primaire (18 juin)
1835	Création du corps des inspecteurs de l'enseignement primaire	
1848	Création de l'enseignement agricole	
1850	Organisation de l'enseignement "libre" sous la tutelle de l'État. 1850-1914 : le nombre d'enfants des écoles primaires publiques laïques passe de 1,9 à 4,6 millions ; triplement du nombre d'élèves dans l'enseignement secondaire en 1866	Loi Falloux sur l'enseignement congréganiste
1866	Création de la Ligue de l'enseignement par Jean Macé	
1867	Création d'une école de filles dans chaque commune de plus de 500 habitants ; première étape de la gratuité de l'école	Loi Duruy : ouverture des écoles de filles
1879	Ouverture d'une école normale de filles dans chaque département Jules Ferry ministre de l'Instruction publique Ferdinand Buisson publie le *Dictionnaire de pédagogie et d'instruction publique*	Loi Paul Bert : établissement des écoles normales pour l'enseignement primaire

Dates	Événements	Législation
1881	Gratuité des écoles primaires Création du certificat d'études primaires à 11 ans Création des écoles maternelles, non obligatoires mais gratuites et laïques	Loi Ferry sur la gratuité (16 juin)
1882	Publication des programmes de 1882	Loi Ferry sur la laïcité et l'obligation scolaire de 6 à 13 ans (28 mars)
1886	Les enseignants deviennent des fonctionnaires laïcs	Loi Goblet : organisation de l'enseignement primaire
1905-1945 Vers un dualisme primaire/secondaire		
1905	L'idée de “morale scientifique” commence à voir le jour ; l'approche sociologique de la morale séduit de nombreux instituteurs et inspecteurs. Émile Combes, président du Conseil, ancien ministre de l'instruction publique et des cultes, joue un rôle déterminant dans le vote de la loi	Loi de séparation des églises et de l'État (9 décembre)
1920	Création du syndicat national des instituteurs	
1923	Modification des horaires et programmes des écoles primaires Les instructions officielles recommandent la coopérative scolaire L'enseignement de la morale est jumelé avec celui de l'instruction civique Célestin Freinet est instituteur à Bar-sur-Loup ; En 1928 il crée la Coopérative de l'enseignement laïc (CEL)	Nouveaux programmes
1930	Gratuité des établissements secondaires Le réseau primaire scolarise les enfants du “peuple” ; le réseau secondaire est réservé aux enfants des classes plus aisées ; la sélection se fait par le latin	
1934	Le ministère de l'Instruction publique devient ministère de l'Éducation Nationale Création de la Mutuelle d'assurance automobile pour les enseignants	
1936	Jean Zay est ministre de l'Éducation nationale (gouvernement du Front populaire) 6,5 % d'une classe d'âge entre en 6e dans le “petit lycée”	Loi Jean Zay sur la scolarité obligatoire jusqu'à 14 ans
1940-1944	Le gouvernement de Vichy prend des mesures contre l'école publique et laïque : abandon de la tradition laïque, suppression des écoles normales, aides aux écoles privées, devoirs envers Dieu…	
1945-2005 Vers une massification de l'enseignement		
1945	Suppression des classes primaires et élémentaires des lycées et collèges	
1947	Plan Langevin-Wallon : école unique avec tronc commun, définition du parcours par cycles, enseignement obligatoire jusqu'à 18 ans Le plan, non appliqué, devient la référence des propositions de réforme dans les décennies suivantes	

Chronologie

Dates	Événements	Législation
1951	Crédits d'État pour construire et réparer les bâtiments scolaires Création d'une allocation pour les enfants scolarisés dans l'enseignement privé	Loi Barangé : allocations de l'État aux familles pour les enfants scolarisés à l'école primaire
1959	Obligation scolaire jusqu'à 16 ans Création des CEG (collèges d'enseignement général) Intégration de l'enseignement privé au système éducatif (majorité des établissements privés sous contrat avec l'État)	Réforme Berthoin (ministre de l'Éducation nationale) Loi Debré : contrat entre l'État et les écoles privées
1963	Création de la carte scolaire et des CES (collèges d'enseignement secondaire)	
1972	Olivier Guichard, ministre de l'Éducation initie deux réformes : le tiers-temps pédagogique et l'aménagement de la semaine scolaire	
1975	Réforme du système éducatif et création du collège unique	Loi Haby (ministre de l'Éducation nationale) du 11 juillet 1975 sur le collège unique Loi du 30 juin sur l'intégration du handicap
1981	Création des zones d'éducation prioritaire (ZEP)	Décret du 18 mars (fonctions et responsabilités des directeurs d'école primaires)
1982-1983		Lois de décentralisation État/régions Arrêté du 23 avril 1983 : instructions pour l'école élémentaire (27 heures ; 9 demi-journées ; nouveaux programmes ; orientations pour l'école maternelle)
1985	Réforme Chevènement (ministre de l'Éducation nationale) : objectif 80 % d'une classe d'âge au niveau bac	
1989	Création des cycles à l'école primaire. Création des IUFM Évaluation nationale au CE2 et à l'entrée en 6e	Loi d'orientation sur l'éducation, dite loi Jospin (10 juillet)
1990	Création des RASED, du corps des professeurs des écoles, du projet d'école	
1994	Nouveau contrat pour l'école de François Bayrou (ministre de l'Éducation nationale) avec 150 propositions Mise en place des études dirigées sur le temps scolaire	Circulaire réglementant le port de signes religieux ostentatoires dans les établissements scolaires
1995	Réécriture des programmes de l'école, en cohérence avec les compétences définies pour chacun des cycles Premiers programmes pour l'école maternelle	Nouveaux programmes pour l'école primaire
1997	Création d'emplois-jeunes dans les écoles	Charte pour bâtir l'école du XXIe siècle
2000	Création du B2i	Code de l'éducation

Dates	Événements	Législation
2002		Nouveaux programmes pour l'école primaire
2004	Plan de lutte contre l'illettrisme mis en place Luc Ferry (ministre de l'Éducation nationale)	Loi sur la laïcité (15 mars) : interdiction du port de signes manifestant une appartenance religieuse dans les établissements publics
2005-2009 Les rapprochements européens et le socle commun		
2005	Mise en place des programmes personnalisés de réussite éducative (PPRE)	Loi d'orientation et de programme pour l'avenir de l'école, dite Loi Fillon (23 avril) Socle commun de connaissances et de compétences Décret sur la scolarisation des élèves handicapés, dite Loi handicap Décret n° 2005-1631 du 26 décembre 2005 : transfert de services du ministère de l'Éducation nationale aux départements et aux régions
2008	Suppression du samedi matin ; la semaine des écoliers passe à 24 heures	Nouveaux programmes pour l'école, en adéquation avec les objectifs du socle commun Nouveaux horaires
2009	Réforme du recrutement des enseignants du premier degré, désormais au niveau Master Suppression des IUFM	
Depuis 2009 Politique de refondation de l'école		
2013	Réforme des rythmes scolaires : retour des 4 jours et demi de classe hebdomadaires Restauration de la formation des enseignants et création des ESPE Engagement de la réécriture du socle commun et des programmes de l'école primaire	Décret 2013-77 du 24 janvier 2013 Circulaire 2013-017 du 6 février 2013 Loi n° 2013-595 du 8 juillet 2013 d'orientation et de programmation pour la Refondation de l'École de la République
2014	Najat Vallaud-Belkacem, première femme ministre de l'Éducation nationale	
2015	L'école maternelle devient un cycle unique en trois ans	Nouveau programme de l'école maternelle Nouveau socle commun de connaissances, de compétences et de culture Nouveau programme d'enseignement moral et civique

Index

Les mots définis dans le Dictionnaire ainsi que les principales notions figurent dans l'index, à l'exclusion de celles dont l' occurrence est trop fréquente (ex. apprentissage, connaissances, école).

Bibliographie

- Arielle Adda, Hélène Catroux, *L'Enfant doué : L'intelligence réconciliée*, Odile Jacob, 2003.
- Alain, *Propos sur l'éducation*, PUF, 2015.
- Jean-Luc Allain, Christian Frin, *Les Figures de la polyvalence,* CRDP des Pays de Loire, 2003.
- Franck Amadieu, André Tricot, *Apprendre avec le numérique, mythes et réalités*, Retz, 2014.
- Janet Wilde Astington, *Comment les enfants découvrent la pensée. La théorie de l'esprit chez l'enfant*, Retz, 1999.
- Jean-Pierre Astolfi, *Placer les élèves en situations-problèmes,* INRP, 1993.
- Jean-Pierre Astolfi, *L'Erreur, un outil pour enseigner*, ESF Éditeur, 1997.
- Jean-Pierre Astolfi, *Comment les enfants apprennent les sciences*, Retz, 2006.
- Jean-Pierre Astolfi, *L'École pour apprendre*, ESF éditeur, 2010.
- Jean-Louis Auduc, *Faire partager les valeurs de la République*, Hachette, 2014.
- Normand Baillargeon, *Petit cours d'autodéfense intellectuelle*, Lux éditeur, 2005.
- Albert Bandura (trad. Jacques Lecomte), *Auto-efficacité : Le Sentiment d'efficacité personnelle*, De Boeck, 2007.
- Françoise Barbe-Gal, *Comment parler d'art aux enfants*, édition Adam Biro, 2002.
- Michel Barlow, *Le Travail en groupe des élèves*, Armand Colin, 1996.
- Stella Baruk, *L'Âge du capitaine : de l'erreur en mathématiques*, Seuil, 1985.
- C. Bastien, J.-P. Caverni, P. Mendelsohn, G. Tiberghien, *Psychologie cognitive, modèles et méthodes*, Presses Universitaires de Grenoble, 1989.
- Eric Battut, Daniel Bensihmon, *Comment différencier la pédagogie*, Retz, 2006.
- Daniel Bensimon, *Préparer et conduire sa classe à l'école élémentaire*, Retz, 2010.
- Alain Bentolila, *De l'Illettrisme en général et de l'école en particulier*, Plon, 1996.
- Catherine Berdonneau, *Aider les élèves en difficultés en mathématiques*, Hachette, 2006.
- Abdennour Bidar, *Pour une pédagogie de la laïcité à l'école*, La documentation française, 2012.
- Stéphane Bonnery, *Comprendre l'échec scolaire, élèves en difficulté et dispositifs pédagogiques,* La Dispute, 2007.
- Pierre Bourdieu, et Jean-Claude Passeron, *La Reproduction*, Minuit, 1970.
- Gilles Brougère, *Jouer/Apprendre*, Economica-Anthropos, 2005.
- Gilles Brougère, Hélène Bézille, "De l'Usage de la notion d'informel dans le champ de l'éducation", *Revue française de pédagogie*, n° 158, 2007.
- Guy Brousseau, *Théorie des situations didactiques*, La Pensée sauvage, 1998.
- Marc Bru, Louis Not, *Où va la pédagogie du projet ?*, Éditions Universitaires du Sud, 1991.
- Jerome Seymour Bruner, *Car la culture donne forme à l'esprit*, Georg, 1997.
- Jerome Seymour Bruner, *Le Développement de l'enfant. Savoir faire, savoir dire*, PUF, 2011
- Dir. Dominique Bucheton, *L'Agir enseignant : des gestes professionnels ajustés*, 2009, Octares éditions, 2014.
- C. M. Charles, *La Discipline en classe, modèles, doctrines et conduites*, De Boeck, 2009
- Gérard Chauveau, *Comment réussir en ZEP ? Vers des zones d'excellence pédagogique*, Retz, 2000.
- Yves Chevallard, *La Transposition didactique*, La Pensée Sauvage, 1985.
- Collectif, *Le Guide de la protection de l'enfant*, ESF éditeur, 2009
- Stanilas Dehaene, *Les Neurones de la lecture*, Odile Jacob, 2007.
- Jean-Marie de Ketele, "L'Évaluation conjuguée en paradigmes", *Revue Française de pédagogie*, n° 103, 1993.
- Françoise Dekeuwer-Défossez, *Les Droits de l'enfant*, coll. "Que sais-je ?", PUF, 2004.
- Cécile Delannoy, *Une mémoire pour apprendre*, Hachette éducation/Sceren, 2007.

- Françoise Dekeuwer-Défossez, *Les Droits de l'enfant*, coll. "Que sais-je ?", PUF, 2004.
- André de Peretti, François Muller, *Mille et une propositions pédagogiques*, ESF, 2008
- Gérard de Vecchi, Nicole Carmona-Magnaldi, *Faire vivre de véritables situations-problèmes*, Hachette Éducation, 2007
- François Dubet, *L'École des chances*, Le Seuil, 2004.
- Jacques Fiard, Emmanuèle Auriac, *L'Erreur à l'école. Petite didactique de l'erreur scolaire*, L'Harmattan, 2006.
- Benoît Galand, "Réussite scolaire et estime de soi" in "L'école en questions", Sciences humaines, Hors-série n° 5, 2006.
- François-Marie Gérard, Xavier Roegiers, *Des manuels scolaires pour apprendre : concevoir, évaluer, utiliser,* De Boeck, 2009.
- André Giordan, *Une didactique pour les sciences expérimentales*, Belin, 1999.
- André Giordan, Yves Girault, Pierre Clement, *Conceptions et connaissances*, Peter Lang, 1994.
- André Giordan, Gérard Vecchi, *L'Enseignement scientifique : Comment faire pour que "ça marche" ?*, Z'éditions, 1994.
- Dominique Glasman (dir.), *L'École réinventée ? le partenariat dans les zones d'éducation prioritaire*, L'Harmattan, 1992.
- Marie-Claude Grandguillot, *Des équipes pédagogiques et éducatives pour l'établissement*, Hachette Éducation, 2001.
- Coord. Michel Grangeat, *La Métacognition, une aide au travail des élèves*, ESF, 1997.
- Jean-Jacques Guillarmé, *Écouter l'enfant, aider l'élève (Les outils de la réussite)*, Érès, 2007.
- Peter Gumble, *On achève bien les écoliers*, Grasset, 2010.
- Claude Hagège, *Contre la pensée unique*, Odile Jacob, 2012.
- Paul L. Harris, *L'Imagination chez l'enfant, son rôle crucial dans le développement cognitif et affectif*, Retz, 2007.
- Olivier Houdé, *La Psychologie de l'enfant*, PUF, 2004.
- Olivier Houdé, *Apprendre à résister*, Le Pommier, 2014.
- Jean Houssaye, *La pédagogie traditionnelle*, Fabert, 2014.
- Jean Houssaye (dir.), *La Pédagogie : une encyclopédie pour aujourd'hui*, ESF, 2013.
- Aniko Husti, *La Dynamique du temps scolaire*, Hachette Éducation, 1999.
- Anne Jorro, *L'Enseignant et l'évaluation, des gestes évaluatifs en question*, De Boeck. 2000.
- Michèle Kail (dir), *L'Acquisition du langage*, PUF, 2003.
- Alain Kerlan, *l'Art pour éduquer ? La tentation esthétique*, PU de Laval, 2004.
- Janusz Korczak, *Le Droit de l'enfant au respect*, Fabert (rééd.), 2009.
- Bernard Lahire, *L'Invention de l'illettrisme*, La découverte, 2005.
- Corine Letor, *Comment travailler en équipe au sein des établissements scolaires*, De Boeck Éditeur, 2009.
- Ève Leleu-Galland, *L'École maternelle, quels piliers pour la refondation ?*, Canopé, 2015.
- Alain Lieury, *Mémoire et réussite scolaire*, Dunod, 2012.
- Vincent Liquète, Yolande Maury, *Le Travail autonome : comment aider les élèves à devenir autonomes*, Armand Colin, 2007
- Philippe Meirieu, *Apprendre en groupe ?*, Chronique sociale, 1992.
- Philippe Meirieu, *La Pédagogie entre le dire et le faire*, ESF, 1995.
- Philippe Meirieu, *Apprendre… oui, mais comment*, ESF Éditeur, 2002.
- Philippe Meirieu, *Faire l'École, faire la classe*, ESF, 2004.
- Hubert Montagner, *Les Rythmes de l'enfant et de l'adolescent*, Stock, 1990.
- Roger Mucchielli, *Le Travail en équipe*, ESF Éditeur, 2008.
- Jane Nielsen, adaptation Béatrice Sabaté, *La Discipline positive*, Éditions du toucan, 2012.
- Jean-Pierre Obin, *Être enseignant aujourd'hui*, Hachette Éducation, 2011.

Bibliographie

- André Ouzoulias, *Lecture, écriture, quatre chantiers prioritaires pour la réussite*, Retz, 2013.
- Madeleine Paccaud, “Les conceptions comme levier d’apprentissage du concept de respiration”, in *Revue Aster*, n° 13, 1991.
- L. Paquay, M. Altet, E. Charlier, Philippe Perrenoud, *Former des enseignants professionnels*, De Boeck, 2001.
- Philippe Perrenoud, *La Formation des enseignants*, L’Harmattan, 1994.
- Philippe Perrenoud, *Apprendre à l’école à travers des projets, pourquoi, comment ?*, Université de Genève, 1999.
- Philippe Perrenoud, *La Pédagogie à l’école des différences*, ESF, 2005.
- Philippe Perrenoud, *Construire des compétences dès l’école*, ESF éditeur, 2011.
- Eirick Prairat, *Sanction et socialisation*, PUF, 2002.
- Eirick Prairat et Annick Rétornaz, *La Polyvalence des maîtres en France : une question en débat*, Revue des sciences de l’éducation, Volume 28, numéro 3, 2002.
- Eirick Prairat, *Questions de discipline à l’école*, Erès, 2013.
- Patrick Rayou, *Faire ses devoirs*, Presses Universitaires de Rennes, 2009.
- Alain Renaut, *La Libération des enfants*, Bayard, 2002.
- Yves Reuter, *Panser l’erreur à l’école. De l’erreur au dysfonctionnement*, Presses universitaires du septentrion, 2013.
- Bernard Rey, *Les Compétences transversales en question*, ESF Éditeur, 1999.
- Bernard Rey, Vincent Carette, Anne Defrance, Sabine Kahn, *Les Compétences à l’école*, De Boeck, 2012.
- Bruno Robbes, *L’Autorité éducative, la construire, l’exercer*, Sceren, Amiens, 2013
- Sophie Rosenberg, *Guide pour enseigner l’anglais à l’école élémentaire*, Retz, 2003.
- Colette Samson, *333 idées pour l’anglais*, Nathan, 2005.
- Jeanne Siaud-Facchin, *L’Enfant surdoué*, Odile Jacob, 2012.
- Alain Simonato, *Rendre les élèves autonomes dans leurs apprentissages*, Chronique sociale, 2007.
- Michel Soëtard, *Qu’est ce que la pédagogie ?*, ESF, 2001.
- Alain Taurisson, Claire Herviou, *Pédagogie de l’activité, pour une nouvelle classe inversée*, ESF éditeur, 2015.
- François Testu, *Rythmes de vie et rythmes scolaires*, Elsevier-Masson, 2011.
- Irène Théry, Anne-Marie Leroyer, *Filiation, origines, parentalité*, Odile Jacob, 2014.
- Bernard Toulemonde, *Le système éducatif et son administration*, La Documentation française, 2009.
- Philippe Tremblay, *Inclusion scolaire. Dispositifs et pratiques pédagogiques*, De Boeck, 2012.
- Robert Van Cleef, Michèle Viel, *Apprendre à apprendre*, Magnard, 1996.
- Bertrand Vergely, *Petit précis de morale*, Milan, 2005.
- Rolland Viau, *La Motivation en contexte scolaire*, De Boeck, 2009.
- Lev Vygostski, *Pensée et langage*, La dispute, 2003.
- Jean-Michel Zakhartchouk, *Apprendre à apprendre*, Canopé, 2015.
- Danielle Zay, *Prévenir l’exclusion scolaire et sociale des jeunes. Une approche francobritannique*, PUF, 2005.
- *Dictionnaire encyclopédique de l’éducation et de la formation*, Nathan, 1994.
- *La direction d’école*, coll. “Livres bleus”, CRDP de l’académie d’Amiens, 2013.

Sitographie

- http://clic2015.sciencesconf.org
- http://eduscol.education.fr
- http://ecole-inclusive.org
- http://ife.ens-lyon.fr/ife/recherche/lireecrire/lire-et-ecrire
- http://inshea.fr/fr/content/ressources
- http://media. education.gouv.fr/file/11/5/6115.pdf : Rapport de l'IGEN sur l'organisation pédagogique des circonscriptions de l'enseignement primaire, 2003.
- http://media.education.gouv. fr/file/2008/46/6/2008-086-IGEN_216466.pdf : Rapport IGEN sur le travail des élèves en dehors de la classe, 2008.
- http://national.pairformance.education.fr
- http://onl.inrp.fr/ONL
- http://tacit.univ-rennes2.fr/presentation/accueil
- www.academie-sciences.fr/activite/rapport/avis0113.htm : L'enfant et les écrans, avis de l'Académie des sciences.
- www.ac-versailles.fr/public/jcms/ mb_6741/droits-et-obligations-des-personnels
- www.allo119.gouv.fr
- www.agircontreleharcelementalecole.gouv.fr
- www.anlci.gouv.fr
- www.banqoutils.education.gouv.fr/index.php
- www.cndp.fr/bienlire
- www.classeinversee.com
- www.dei-france.org
- www.ecolechangerdecap.net
- www.ecolepourtous.education.fr/accueil-scolarisationdeslv.html
- www.education.gouv.fr
- www.educationprioritaire.education.fr/agir/aider-et-accompagner.html
- www.ent.ac-versailles.fr
- www.espe.education.fr
- www.fondation-lamap.org
- www.gouvernement.fr/action/l-ecolenumerique
- www.hce.education.fr/gallery_files/site/21/100.pdf : Rapport "Glasman" du Haut conseil de l'évaluation de l'école, 2004.
- www.icem-pedagogie-freinet.org
- www.inrp.fr/Tecne/Savoirplus/Rech40124/Pdf/annee00/inrp40124_00.pdf
- www.ijvs.org/4-6035-L-Observatoire- International-de-la-Violence-a-l-Ecole-OIVE.php
- www.legifrance.gouv.fr
- www.oecd.org/pisa/aboutpisa/pisa-enfrancais.htm
- www.primlangues.education.fr
- www.savoirlivre.com/manuels-scolaires/vecteur-culturel.php
- www.sergetisseron.com/le-jeu-des-troisfigures/videos
- www.signesetsens.com/psychopsychanalyse-psychologie-communicationsanction-ou-punition-apprenons-a-faire-ladifference-jacques-salome.html
- www.versunecoleinclusive.fr

Sigles

AEFE Agence pour l'enseignement français à l'étranger
AIS Adaptation et intégration scolaire
ANLCI Agence nationale de lutte contre l'illettrisme
APC Activités pédagogique complémentaire
APP Atelier de pédagogie personnalisée
ARS Allocation de rentrée scolaire
ASEM Agent spécialisé d'école maternelle
ASH Adaptation scolaire et scolarisation des élèves handicapés
ASSR Attestation scolaire de sécurité routière
ATSEM Agent territorial spécialisé d'école maternelle
AVS Auxiliaire de vie scolaire
BCD Bibliothèque centre documentaire
BEP Besoin éducatif particulier
BOEN Bulletin officiel de l'Éducation nationale
B2i Brevet informatique et internet
CAEF Certificat d'aptitude au professorat de l'enseignement privé
CAFIPEMF Certificat d'aptitude aux fonctions de professeur des écoles maître formateur
CAPA-SH Certificat d'aptitude professionnelle pour les aides spécialisées, les enseignements adaptés et de la scolarisation des élèves en situation de handicap
CAPE Certificat d'aptitude au professorat des écoles
CAPES Certificat d'aptitude au professorat de l'enseignement du second degré
CDDP Centre départemental de documentation pédagogique
CE1/CE2 Cours élémentaire première année/deuxième année
CFP Congé de formation professionnelle
CIF Congé individuel formation
CLEMI Centre de liaison de l'enseignement et des moyens d'information
CLIN Classe d'initiation pour enfants primo arrivants non francophones
CM1/CM2 Cours moyen première année/deuxième année
CNDP Centre national de documentation pédagogique
CNE Comité national d'évaluation
CNED Centre national d'enseignement à distance
CNIL Commission nationale informatique et libertés
CNIRE Conseil National de l'Innovation pour la Réussite Éducative
CNRS Centre national de la recherche scientifique
CP Cours préparatoire
CPAICC Conseiller pédagogique auprès d'un inspecteur chargé de circonscription
CPE Conseiller principal d'éducation
CRDP Centre régional de documentation pédagogique
CRPE Concours de recrutement de professeurs des écoles
CSE Conseil supérieur de l'éducation
CSP Conseil supérieur des programmes
DASEN directeur académique des services de l'éducation nationale
DDASS Direction départementale de l'action sanitaire et sociale
DDJS Direction départementale de la jeunesse et des sports
DEPP Direction de l'évaluation, de la prospective et de la performance
DGESCO Direction générale de l'enseignement scolaire
DIF Droit individuel à la formation
DNB Diplôme national du brevet
DRAC Direction régionale de l'action culturelle
EAP Emploi d'avenir professeur
ECLAIR Écoles, collèges et lycées pour l'ambition, l'innovation et la réussite
EDD Éducation au développement durable
EGPA Enseignement Général et Préprofessionnel Adapté
EMC Enseignement moral et civique
ENT Espace ou Environnement numérique de travail
EPLE Établissement public local d'enseignement

Comment consulter le dictionnaire

Définition

Contexte historique, institutionnel ou réglementaire

Mot renvoyant vers une définition dans le dictionnaire

Chiffre-clé

Démarche expérimentale

La démarche expérimentale consiste à tester par des expériences répétées la validité d'une hypothèse. L'obtention de données nouvelles confirme ou infirme l'hypothèse initiale. Elle repose sur une méthodologie décrite, exige une démarche que d'autres expérimentateurs pourraient reproduire en obtenant les mêmes résultats.

Contexte

Aussi dénommée "démarche d'investigation" ou "démarche scientifique", la démarche expérimentale permet de construire des savoirs en s'appuyant sur l'expérimentation, elle développe des compétences transversales telles que la curiosité, la créativité, l'esprit critique et l'intérêt pour les sciences. Elle repose en général sur un protocole avec différentes phases : questionnement, observation, expérience, description, raisonnement, conclusion.

Entrer dans la démarche expérimentale

Pour que l'élève entre vraiment dans une démarche expérimentale, il faut qu'il ait envie de répondre à une question qui l'intéresse. Il doit formuler des hypothèses, passer d'une question à une recherche d'explication plausible, ou imaginer des éléments qui pourraient répondre à cette question. Il doit oser se tromper, recommencer, modifier ses hypothèses et rebondir sur d'autres questions. L'expérience permet de rendre sensibles des phénomènes complexes, de les illustrer, de mettre en évidence certaines lois. Faire des expériences intéresse les élèves, les rend actifs et participatifs et les motive pour le travail d'apprentissage.

La démarche de *La main à la Pâte*

La démarche préconisée par *La main à la pâte* (dispositif lancé en 1995 par l'Académie des sciences à l'initiative de Georges Charpak) privilégie la construction des connaissances par l'action, l'interrogation, l'investigation, l'expérimentation. Les élèves réalisent eux-mêmes des expériences, et discutent pour en comprendre les apports. Ils apprennent progressivement, en se trompant, en interagissant avec leurs pairs et avec des experts, en explicitant par écrit leur point de vue, en l'exposant aux autres, en le confrontant à d'autres points de vue et aux résultats expérimentaux pour en tester la pertinence et la validité. L'enseignant propose des situations, guide les élèves sans faire à leur place ; il fait expliciter et discuter les points de vue, en accordant une grande attention à la maîtrise du langage. Il fait énoncer des conclusions valides par rapport aux résultats obtenus, les repère par rapport au savoir scientifique.

Les séances de classe sont organisées autour de thèmes. Des progrès sont recherchés en matière d'acquisition de connaissances, d'acquisition de démarches et d'acquisition de langage oral et écrit. Des éléments de cette démarche sont conservés dans le cahier d'expériences. On y trouve des schémas, des

46,5 %

C'est le pourcentage de filles inscrites en série S au baccalauréat général. Preuve qu'elles ont un esprit scientifique (au moins) aussi développé que chez les garçons, elles sont 93,8 % de cette série à réussir, contre 91,5 % de garçons.

(Source : DEEP MEN, session 2013.)

46

Biographies des grands noms de la pédagogie

100 MOTS
pour l'école

DICTIONNAIRE de l'école primaire

Ève Leleu-Galland

l'école aujourd'hui.fr

Nathan

me scolaire français

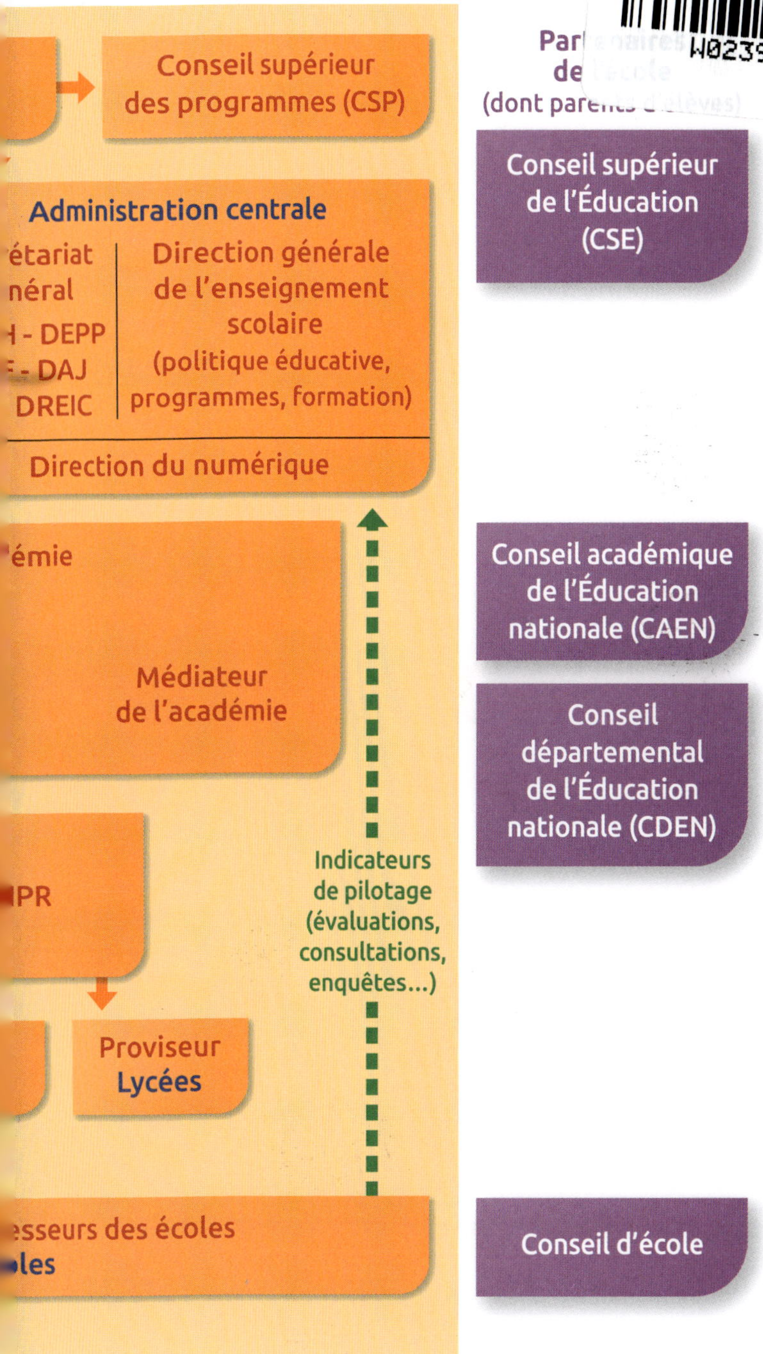